中国特色城镇化研究 | 中国特色城镇化研究中心研究成果
东吴智库研究成果

胡玉鸿
段进军 /主编

创新与中国城镇化的转型发展

中国特色城镇化研究报告 2016

苏州大学出版社
Soochow University Press

图书在版编目(CIP)数据

创新与中国城镇化的转型发展:中国特色城镇化研究报告. 2016 / 胡玉鸿,段进军主编. —苏州:苏州大学出版社,2017.6

中国特色城镇化研究中心研究成果. 东吴智库研究成果

ISBN 978-7-5672-2155-0

Ⅰ. ①创… Ⅱ. ①胡…②段… Ⅲ. ①城市化—研究报告—中国—2016 Ⅳ. ①F299.21

中国版本图书馆 CIP 数据核字(2017)第 156189 号

书　　名:	创新与中国城镇化的转型发展
	——中国特色城镇化研究报告 2016
主　　编:	胡玉鸿　段进军
责任编辑:	巫　洁
装帧设计:	吴　钰
出版发行:	苏州大学出版社(Soochow University Press)
社　　址:	苏州市十梓街1号　邮编:215006
印　　装:	宜兴市盛世文化印刷有限公司
网　　址:	www.sudapress.com
邮购热线:	0512-67480030
销售热线:	0512-65225020
开　　本:	787mm×1092mm　1/16　印张:17.75　字数:319千
版　　次:	2017年6月第1版
印　　次:	2017年6月第1次印刷
书　　号:	ISBN 978-7-5672-2155-0
定　　价:	38.00元

凡购本社图书发现印装错误,请与本社联系调换。服务热线:0512-65225020

序 言

为进一步探讨创新视阈下中国城镇化如何转型发展,中国新型城镇化国际首发论坛于2015年在浙江大学成功举办。为了延续和深化第一届论坛的内容与精神,2016年11月20日,第二届中国新型城镇化国际论坛在苏州圆满落下帷幕。论坛已成为学术界、政府、企业间交流的重要平台,同时也是城市规划、金融、房地产等行业一场资源共享、智力激情碰撞的盛会。

本届论坛围绕"创新与中国城镇化的转型发展"这一主题,着眼于社会转型、城市社会治理、城乡一体化、产城融合、创新发展等方面,吸引了来自新加坡国立大学、苏州大学、浙江大学、上海交通大学、江苏省哲学社会科学界联合会、上海世界城市日事务协调中心等50余个政府、高校和企业的300余名专家学者围绕主题进行多角度对话和探索,共商中国新型城镇化转型发展之路。此次论坛的征文活动也得到了国内外众多专家、学者的大力支持,纷纷踊跃投稿。论坛共收到论文37篇,经过认真评审,择选19篇录入本论文集。

该论文集所汇集的19篇论文紧紧围绕我国新型城镇化问题展开研究,其视野开阔、观点明确、对策切实可行。具体地讲,这部论文集中所研究的问题聚焦于以下四个方面:

1. 新型城镇化内涵研究

十八大以来,中央就深入推进新型城镇化建设做出了一系列重大决策部署。为此,新型城镇化要以"创新、协调、绿色、开放、共享"五大发展理念作为指导,进一步推进以"人的城镇化"为核心的新型城镇化,因地制宜地建设宜居小城市,逐步实现产城融合,并且创新融资模式、跟进"互联网+"战略等,助推新型城镇化的发展。在新型城镇化推进过程中,必须以更为协调、系统和可持续的思路来实现治理理念的创新,要从结构和功能两个方面着手,逐步实现国家治理的现代化。同时,随着我国经济发展进入"新常态",发展速度逐步由高速增长转变为中高速增长,传统产业必须转型升级、向中高端水平迈进,也要大力发展战略性新型产业,这样才能实现新常态下我国新型城镇化的持续健康发展动力转换。因此,供给侧改革成为产业升级和新型城镇化融合的重要驱动力,要通过供给侧改革有效地实现产、城、人之间的有效融合。

2. 城乡一体化发展

我国三十多年的城镇化历程表明,它是在农民无处不在地参与建设和牺牲贡献中进行的,因而,让这种以农民参与为显著特征的城镇化发展成果及时反哺与惠普农民应该成为其道义高点与发展趋势,从而真正走出一条以人为核心的新型城镇化发展道路。城乡一体化是我国现代化和城市化发展必经的重要阶段,也是解决"三农"问题的根本途径。按照统筹城乡经济社会发展的要求,要实现城乡资源互动、人力互助、产业互补,逐步实现城乡产业一体化、市场一体化,以工业化带动城镇化,这样才能最终实现城乡一体化。此外,还要大力推动制度创新,逐步废除城乡二元结构的制度壁垒。在城镇化进程中,土地财政成为一大突出矛盾,政府也逐步推进了土地整治工作、耕地占补平衡政策以及农业结构调整政策,目前已取得显著成效,确保了全国大部分地区城市化和农地非农化较高的协调程度。同时,为了缓解在城镇化进程中失地农户的风险冲击和福利损失,防止贫困和脆弱农户陷入持续性贫困,使得城乡土地财政权制度更加合理与公平,政府干预的政策措施应该围绕增强失地农户经济资本禀赋和社会资本禀赋,防范经济和健康风险,最终达到城乡公民在土地财产权益上的公平分配。

3. 特色小镇发展规划

2016年7月,住房城乡建设部、国家发展改革委员会、财政部联合发布《关于开展特色小镇培育工作的通知》,该通知明确提出,到2020年,全国将培育出1000个左右的各具特色、富有活力的休闲旅游、商贸物流、现代制造、教育科技、传统文化、美丽宜居等的特色小镇。特色小镇建设是新型城镇化的重要推手,也是"十三五"期间打造新增长极的重点工作。而建设特色小镇,在规划和设计前要正确认识"特色"二字,避免各地一哄而上,避免特色小镇的同质化现象。各乡镇都具有自身独特的经济发展现状、资源禀赋优势、产业发展特色、人文地理基础等,只有充分结合当地的发展现状,通过对各地区进行有针对性的研究与设计,制定最符合本地发展现状的城乡建设规划,并注重各城市群、城市、乡镇之间的协同性、均衡化、共享型发展,才能真正意义上实现新型城镇化的建设。

4. 城镇化国际比较研究

我国在城镇化迈步的过程中,要充分借鉴国外城镇建设的多中心化、郊区建设的得失、绿色花园城市理念、社区建设理念等,进一步优化城镇布局和形态,规范新城新区建设,改善城乡接合部环境,努力实现城市发展模式的转型,营造城镇人文魅力空间。例如:城市经理制作为美国市政管理体制的重要组成部分,有其独特的优势与特点,其所遵循的"企业家政府"理念,对中国社会治理就有相当大的借鉴意义,通过市场化、企业化、竞争性政府的建立,可以进一步提高社会治理的效果,实现社会的"善治"。还有以加拿大城乡边界开发的策略为借鉴,要科学认识城乡边界区,有效激活边界效益,从而有利于抑制我国城市化不断扩张对农田和自然林地的侵蚀,维持社会平衡发展所需的生态活力。

此次论文集的出版不仅标志着有关新型城镇化的研究工作更上一层楼,而且也标志着新型城镇化国际论坛已经成为一个重要的学术平台,它对于集聚各方面的资源,深入研究中国新型城镇起到重要的组织作用,为此我们深受鼓舞,并在此表达我们对城镇化研究领域的教授及专家学者们的深深敬意和衷心感谢。

目录 CONTENTS

第一部分 新型城镇化研究

新常态下产业发展与新型城镇(城市)化融合供给侧分析 ………… 唐德淼(3)

经济新常态下深化新型城镇化建设的问题研究 ……………… 彭明唱(15)

基于"多规合一"的城市增长边界划定研究 ……………… 孟 展(31)

"城市中国"的治理逻辑与国家治理现代化 ……… 黄建洪 祁文博(38)

新型城镇化建设中的差异性分析 ……………………… 岳 梁(56)

变革与重构:泛旅游产业线上线下整合的农产品流通
　　——基于连片特困区小城镇的建设 ……………… 杨辉鹏(62)

新型城镇化进程中融资模式创新:实现PPP模式的推广
　　　　　　　　　　　　　　　　　　　　　　孙 红 张乐柱(86)

东北老工业基地"产城融合"中的瓶颈与解决对策分析
　　　　　　　　　　　　　　　　　　谢东颖 李世斌 李 钢(96)

我国新型城镇化的研究综述 ……………………… 张荣天(109)

第二部分 城乡一体化发展

城镇化进程中失地农户收入流动性及其政策含义 …… 杨 晶 丁士军(125)

农地非农化与城市化相关性实证分析
　　——以浙江省湖州市为例 …………………………… 胡振华　杨国新(141)
造福农民：我国城镇化建设的道义高点与动能转向 ………… 刘歆立(154)

第三部分　特色乡镇发展规划

轴带引领战略下长江中下游城市群发展
　　——基于两大城市群比较与对接视角 ………………………… 刘西忠(169)
基于多尺度地理空间的江苏省"美丽乡村"研究 ……………… 姚亦锋(182)
新型城镇化背景下云南省各州市城市发展质量的统计综合评价分析
　　——基于熵权的TOPSIS方法 …………………………………… 聂　飒(198)
劳动力流动对江苏城镇化影响的实证研究 ………… 樊士德　徐友红(215)

第四部分　城镇化国际比较研究

基于国际城镇化经验的中国新型城镇化建设研究 …………… 卞素萍(233)
美国城市经理制对中国地方治理改革的启示研究 …………… 任　禹(246)
以加拿大于人村为例探讨城乡接合部边界效应 ……………… 章心怡(260)

第一部分

新型城镇化研究

新常态下产业发展与新型城镇(城市)化融合供给侧分析

唐德淼

(无锡环境科学与工程研究中心,江苏 无锡 214063)

摘　要:我国经济发展已经进入"新常态",发展速度将从高速增长转为中高速增长,经济增长更趋平稳;增长动力更为多元,从要素驱动、投资驱动转向创新驱动;新型城镇(城市)化、工业化、信息化、农业现代化,将进一步促进产业优化升级,服务经济将成为经济增长主体。基于供给侧改革逻辑,探究新常态下产业发展与新型城镇(城市)化融合发展的影响因素、驱动机制、实现路径及其发展模式,能更好地促进产业发展与新型城镇(城市)化良性协同融合以及经济的快速发展。

关键词:新常态　产业升级　新型城镇(城市)化　融合

一、问题的提出

产业发展是指产业的产生、成长和进化过程,既包括单个产业的进化过程,又包括产业总体,即整个国民经济的进化过程。而进化过程既包括某一产业中企业数量、产品或者服务产量等数量上的变化,也包括产业结构的调整、变化、更替和产业主导位置等质量上的变化,而且主要以结构变化为核心,以产业结构优化为发展方向。因此,产业发展包括量的增加和质的飞跃,包括绝对的增长和相对的增长。

产业升级是指产业结构的改善和产业素质与效率的提高。产业升级关键

基金项目:无锡市社科精品课题"无锡推进智能制造业发展研究"(16-B-07);江苏省社科精品课题"江苏'众创空间'的发展路径与成长机制研究"(16SYB-040);江苏省第五期"333高层次人才培养工程";国家社会科学基金重大项目"现代产业体系发展的理论与政策研究"(11&ZD142)资助。

作者简介:唐德淼,男,复旦大学博士后、副教授、高级经济师、高级工程师,主要从事产业经济和工商管理等方面研究。E-mail:2503335835@qq.com。

是依靠技术进步。产业结构的改善表现为产业的协调发展和结构的提升；产业素质与效率的提高表现为生产要素的优化组合、技术水平和管理水平以及产品质量的提高。

城镇（城市）化（Urbanization）是现代化水平的重要标志，是随着工业化发展，非农产业不断向城镇集聚，从而农村人口不断向非农产业和城镇转移、农村地域向城镇地域转化、城镇数量增加和规模不断扩大、城镇生产生活方式和城镇文明不断向农村传播扩散的历史过程。

城镇（城市）化，就是指农村人口不断向城镇转移，第二、三产业不断向城镇聚集，从而使城镇数量增加，城镇规模扩大的一种历史过程。城镇（城市）化是一个国家实现现代化的必由之路。推进新型城镇（城市）化建设，是解决我国农业、农村、农民问题的重要途径、推动区域协调发展的有力支撑、扩大内需和促进产业升级的重要抓手，对于全面建成小康社会、加快推进社会主义现代化有重大意义。

"城镇（城市）化"提法在"城市化"之后，是我国学者创造的一个词汇，两者无本质区别。新型城镇（城市）化则是以城乡统筹、城乡一体、产城互动、节约集约、生态宜居、和谐发展为基本特征的城镇（城市）化，是大中小城市、小城镇、新型农村社区协调发展、互促共进的城镇（城市）化。新型城镇（城市）化的"新"就是要由过去片面注重追求城市规模扩大、空间扩张，改变为以提升城市的文化、公共服务等内涵为中心，真正使我们的城镇成为具有较高品质的适宜人居之所。新型城镇（城市）化的核心在于不以牺牲农业和粮食、生态和环境为代价，着眼农民，涵盖农村，实现城乡基础设施一体化和公共服务均等化，促进经济社会发展，实现共同富裕。"新型城市化"是指资源集约利用、城市功能完善、主体特色鲜明、人居环境优良的城市化，是一条既注重外延拓展、更注重内涵提升的城市化道路。

供给侧结构性改革，就是从提高供给质量出发，用改革的办法推进结构调整，矫正要素配置扭曲，扩大有效供给，提高供给结构对需求变化的适应性和灵活性，提高全要素生产率，更好满足广大人民群众的需要，促进经济社会持续健康发展。面对中国经济当下的困局，仅从需求侧着手已经很难有所突破，从供给侧与需求侧双侧入手改革，能有效促进新常态下产业发展与新型城镇（城市）化协同融合。

产业发展与新型城镇（城市）化融合的供给侧改革，要通过产业结构的调整，通过科技和产业化创新提高生产率，适应市场需求结构的变化。积极培育产业和经济的新增长点,在需求结构、投资结构、城乡结构、区域结构、产业结构、分配结构以及供给侧结构等方面共同发力。

新常态对产业发展和新型城镇(城市)化将产生深远影响,政府推出的供给侧改革等政策措施使产能过剩、能源制约和人力资源成本上升等困境有所缓解,在这些变革中,产业升级的先进生产力和新比较优势将不断孕育与成熟,将出现"新产业、新业态、新技术和新模式"的"四新"经济,进一步涌现一系列新的经济增长点,进一步释放市场和供给侧改革的活力,"改革红利"将进一步彰显。但是,在我国经济发展、产业发展以及新型城镇(城市)化的进程中,对产业发展和新型城镇(城市)化良性融合发展的举措不是非常有效,统筹考虑和协同发展的推进也略显不足;理论界基于供给侧改革逻辑框架进行新常态下产业发展与新型城镇(城市)化融合发展的研究很少,也难寻这方面行之有效的实践指导理论。因此,在经济新常态的发展背景下,基于供给侧改革逻辑框架,进行产业发展与新型城镇(城市)化融合发展模式的研究,对丰富产业发展理论、新型城镇(城市)化发展模式理论以及两者良性融合协同理论有重要的理论价值,对于在供给侧改革逻辑框架下把握产业发展和新型城镇(城市)化融合发展路径与战略对策有很强的现实指导意义。

二、产业发展与新型城镇(城市)化融合机理

国际比较表明,我国城镇(城市)化的道路仍然漫长而艰难。改革开放以来,伴随着工业化进程的加速,我国城镇(城市)化经历了一个起点低、速度快的发展过程。1978—2013年,城镇常住人口从1.7亿人增加到7.3亿人,城镇(城市)化率从17.9%提升到53.7%,年均提高1.02个百分点;城市数量从193个增加到658个,建制镇数量从2173个增加到20113个。罗康瑞强调,2014年,我国城镇(城市)化率达54.8%,今后还有2亿多的人口仍会往城市转移。因此,城镇(城市)化进程的推进客观上会创造大量的房地产需求,再加上中国30多年发展累积的财富,会为房地产业提供有力的支撑。

2015年,我国城镇(城市)化率已达56.1%,比世界平均水平高约1.2个百分点。"十三五"规划纲要提出,到2020年我国常住人口城镇(城市)化率达60%,户籍人口城镇(城市)化率达45%。目前,我国户籍人口城镇(城市)化率为39.9%,未来还要提高5个百分点,相当于有1亿人在城镇落户,这个任务非常艰巨。国家发改委徐林说,到2020年常住人口城镇(城市)化率达60%,仍有

2亿左右农业转移人口,这部分人的市民化主要体现在基于居住证制度的基本公共服务全覆盖。我国必须适时调整城镇(城市)化发展战略和模式,我国城镇(城市)化已经超过了50%这个拐点,尽管仍然处于快速推进的时期,但是正在由加速推进向减速推进转变,我国未来城镇(城市)化的速度要适度,2030年以前,全国城镇(城市)化率年均提高不能超过1个百分点。要提升城镇(城市)化质量,把它放到更加突出的位置上,避免出现"中等收入陷阱"的局面。根据预测,在GDP年均增长7.5%的情形下,未来我国的城镇(城市)化水平平均每年将增加0.7个百分点。2020—2030年间我国GDP年均增长6%~7%,城镇(城市)化率将年均增长0.5个百分点。这种源于经济增长拉动的发展速度有其必然性,因此应当更加注重提升城镇(城市)化的质量。

《2012中国新型城市化报告》指出,我国的城市化发展历程迄今大致包括1949—1957年城市化起步发展、1958—1965年城市化曲折发展、1966—1978年城市化停滞发展、1979—1984年城市化恢复发展、1985—1991年城市化稳步发展、1992年至今城市化快速发展6个阶段。

根据联合国2012年4月份发布的《世界城市化展望》,从2011年到2050年,世界城镇人口将从现在的36.3亿增加到62.5亿,城市化率由52.08%提高到67.13%,其中较发达地区将提高到86.26%,而欠发达地区也将提高到64.08%。实际上,发达国家在现代化过程中都有过城市化较快推进的时期,而且这个时期往往也是工业化较快推进的时期。我国要实现从经济大国向经济强国迈进,必须自觉遵循城镇(城市)化发展规律的内在要求,努力推进新型城镇(城市)化,进而实现国家的现代化。

产业是城市发展的基础,城市是产业发展的载体。工业化与城镇(城市)化的发展,催生了一批批新兴产业集中区,聚集了产业,带动了一个个与产业发展相关的城镇、新区,形成了产业新城,这是新型城镇(城市)化的发展的必然趋势。产业新城模式涵盖城镇与产业发展的方方面面,既区别于原来的开发区、工业园,又不同于普通城镇、城市郊区,其最为显著的特征就是产业发展与新型城镇(城市)化有机融合,是工业化和城镇(城市)化相结合的一种城市发展方式,是城镇(城市)化与工业化互动发展的良好契合点。

城镇(城市)化与产业发展是经济发展的"两大引擎","城市之痛"与"产业之痛"是制约发展的两大难题。应从两者结合的角度谋划对策,加快城市化与产业化融合发展,以产业化促进城市化,以城市化推进产业化。产业与新型城镇(城市)化的融合,有利于加快产业聚集,推动"产城"融合,进而促进工业化、城镇(城市)化互动发展;有利于统筹城乡发展,有效增强工业反哺能力,发挥城市辐射带动作用,促进人口合理流动,缓解城乡人口与就业压力,形成城乡协调互动、共同发展的格局。

产业升级与新型城镇(城市)化是互为因果、双向互动的关系。新型城镇(城市)化的发展如果没有产业支撑,发展就不会稳定;产业升级没有城镇(城市)化依托,将缺乏后劲。一方面,产业升级影响、决定城镇(城市)化的发展,产业是立城之本、兴市之基,是城市发展的"推进器""动力源"。发展演进表明,农业是城镇(城市)化的初始动力,工业是城镇(城市)化的根本动力,服务业则是城镇(城市)化的后续动力。产业转型升级发展的过程,就是现代城市发展的过程。实例证明,20世纪70—80年代美国的纽约、波士顿等城市,其金融服务业、高科技产业发展快,因此人口集聚也较快;而底特律、匹兹堡等历史上重要的工业基地所在城市,因产业结构过于单一或集中于制造业发展,人口一直处于流失或低增长状况,导致城市化进程缓慢。另一方面,城镇(城市)化发展影响、决定产业升级发展。城市是产业发展的平台和载体。没有城市,产业发展就缺乏支撑。产业结构的升级变化,离不开城市空间扩展、城市功能调整等空间支撑和需求拉动。城市空间布局上的变化,是产业重新集聚的决定性因素之一。

城镇(城市)化是产业升级发展的重要基础。城镇(城市)化产生的集聚效益、规模效益和分工协作效益,极大地推动了工业化进程。同时,城镇(城市)化不仅能够推动以教育、医疗、就业、社会保障等为主要内容的公共服务发展,也能推动以商贸、餐饮、旅游等为主要内容的消费型服务业和以金融、保险、物流等为主要内容的生产型服务业的发展。城镇(城市)化形成更多的就业机会,提高劳动生产率,有利于提高劳动力的工资和劳动报酬在初次分配中的比重;同时,城市服务产业也是培育中产阶级或者中等收入人群最重要的产业载体。

城镇(城市)化与工业化、信息化和农业现代化同步发展,是现代化建设的核心内容,相辅相成。工业化处于主导地位,是发展的动力;农业现代化是重要基础,是发展的根基;信息化具有后发优势,为发展注入新的活力;城镇(城市)化是载体和平台,是保持经济持续健康发展的强大引擎,承载工业化和信息化的发展空间,带动农业现代化加快发展,发挥着不可替代的融合作用。同时,城镇(城市)化是加快产业结构转型升级的重要抓手,产业结构转型升级是转变经济发展方式的战略任务,加快发展服务业是产业结构优化升级的主攻方向。目前我国服务业增加值占国内生产总值比重仅为46.1%,与发达国家74%的平均水平相距甚远,与中等收入国家53%的平均水平也有较大差距。城镇(城市)化与服务业的发展密切相关,因为城镇(城市)化过程中的人口集聚、生活方式的变革以及生活水平的提高,都会扩大生活性服务需求;生产要素的优化配置、三次产业的联动、社会分工的细化,也会扩大生产性服务需求。城镇(城市)化带来的创新要素集聚和知识传播扩散,有利于增强创新活力,驱动传统产业升级和新兴产业发展。

三、产业发展与新型城镇(城市)化融合的模式

产业发展与新型城镇(城市)化的融合,是一个动态的匹配过程,互为促进,协同发展。产业转型升级应该与新型城镇(城市)化的建设进程节奏协调一致,这样才能取得共同发展。目前,产业升级与新型城镇(城市)化融合发展有以下几种模式:

(一)政府强推城镇(城市)化而产业发展"滞后式"融合模式

拉美地区就属此类典型。为了吸引大量农村人口进入少数大中城市,拉美各国重复进行低水平投资建设,结果城市(城镇)化率上去了,但产业化发展滞后。拉美各国的城市化率早在20世纪90年代初就已经达到了70%以上,其中阿根廷、智利等国竟然高达80%以上,明显超过了同期不少欧美发达国家。这种模式将推动我国高速城镇(城市)化发展,城镇(城市)化的速度进一步加快,城镇(城市)化率每年仍然以1个百分点以上的水平上升,甚至有可能超过1.4个百分点。

(二)产业转移与布局推动下的"工业式"城镇(城市)化融合模式

我国不少城市属于此类情况。我国城镇(城市)化底子薄,长期以来采取城乡二元体制,限制了城市化发展,而对工业化格外重视,工业化仍然是我国城镇(城市)化进程的主要拉动力,形成了工业化超前、城镇(城市)化滞后的错位局面,城市(城镇)化的基本公共体系很不完善,也不能适应超前工业化以及综合产业发展的要求,两者的融合协同发展是我国城镇(城市)化科学健康发展的关键。在这种"工业化"模式的影响下,出现了一种工业速成式的城镇(城市)化现象,基础设施条件配备不是很充分,空间布局不协调,建设进程不均衡,产业要素聚集不合理,公共服务不均等,这就导致部分人口进一步由镇流向县城,即

向高一层级转移,这是中国现在一个很普遍的现象。结合我国经济发展的新常态,未来我国城镇(城市)化速度应该适当控制,应在年均提高0.6到0.7个百分点的范围内。我国在许多具体的建设思路上重复了西方发达国家的急功近利等不当做法,例如热衷于CBD建设、城市更新、资本友好型城市建设等。

同时,转型升级现有产业,提高质量效益,淘汰落后和过剩产业;创新驱动,促进新兴产业的成长与发展;大力发展服务业,发展和提升生产型服务业、生活型服务业和公共服务业。进一步降低生活型服务业的门槛,加大公共服务业的覆盖面,逐步实行均等化;形成合理的产业组织机构,大力培育"舵手型"企业,依托完整产业链和市场需求,发挥核心优势,提高竞争力;延长产业链,以现代信息技术推进经济社会发展,实现工业化与信息化的深度融合,向数字化、智能化、生态化发展。

(三)新型城镇(城市)化与产业发展"协同演进"的融合模式

这是理想的融合模式,也就是产业发展与新型城镇(城市)化的科学融合协同。如苏州工业园,按照产业发展与新型城镇(城市)化融合的理念进行规划建设,如今已成为苏州市经济社会发展的重要增长极,苏州也因此成为"新城+老城"发展模式的典范。当前,各地纷纷结合自身产业优势或城市特色,探索各自产业发展与新型城镇(城市)化融合的实施路径。特别是一些工业园区的建设,坚持"建区与建城"相结合,努力使单一生产型区域向集生产、消费、休闲为一体的多元化、多功能的城市转型,防止人员不合理流动,导致工作地晚上成为"空城",居住地成为"生活城",也就是"产城"不能有效融合的现象。

城镇(城市)化未来的趋势,是以适度的增长为目标,坚持以人为本,以新型产业化为动力,以统筹兼顾地推动城市现代化、城市集群化、城市生态化、农村城镇(城市)化,全面提升城镇(城市)化质量和水平,走科学发展、集约高效、功能完善、环境友好、社会和谐、新型城镇(城市)化与产业发展真正"协同"、集约高效、完善的城市化之路。从而,保证城镇(城市)化程度和产业发展的相互协调,充分发挥空间集聚,突出循环经济,提高知识、技术、信息贡献,强化规模效应,节能降耗,转变发展方式,促进宜业宜居。把新型城市化与城市现代化结合起来,不断增强城市综合承载能力、完善城市功能、培育城市个性,形成城市特色。推进产业发展与新型城镇(城市)化融合,破除产业与城市相互脱节的"两张皮"现象,注重以产业发展带动城市建设,以城市建设促进产业发展,使城市建设与产业转型升级互相影响、协调发展、融为一体、互动并进,达到"1+1>2"

的效果。

四、产业发展与新型城镇(城市)化融合的供给侧对策

我国产业发展与新型城镇(城市)化的融合总体是协调的。但是,在城镇(城市)化宏观布局上,还存在着大城市过度集聚、小城镇发展无序、地区发展失衡、城市之间的关系不协调等问题,出现"病态"城镇(城市)化的倾向,如半城镇(城市)化、被城镇(城市)化和"工业化"城镇(城市)化等现象。国务院发展研究中心副主任王一鸣指出,实现"十三五"规划纲要设定的目标,要通过深化改革推进以人为核心的新型城镇(城市)化,重点推进户籍制度、土地制度、基本公共服务、住房制度、财政体制、金融体制、城镇管理体制等一系列改革,要从供给侧,推进产业发展与新型城镇(城市)化进程的科学协同、融合发展。

(一) 推进"四化"协调融合

通过产业发展、科技进步和产业积聚推动"四化"——工业化、信息化、城镇(城市)化、农业现代化的深度融合,实现统筹城乡发展,推进内涵式、集约化的融合发展模式。促进人口、经济、资源、环境相互协调,突出资源集约节约和生态环境友好,体现集约、智能、绿色、低碳的产业发展和城镇(城市)化的融合方式。构建与经济发展和产业布局相适应的城市格局,以城市群为主体形态,大、中、小城市与小城镇协调发展,提高城市承载能力。实现人的全面发展,建设包容性、和谐式城镇(城市),体现产业转移、集聚以及升级和新型城镇(城市)化科学匹配。

新型城镇(城市)化是促进"产城"融合的重要基础和重要推动力、提升产业"四化"的支撑力与永续发展能力,为推进产业新城建设创造条件。以推进新型城镇(城市)化为依托,通过大力加强园区和城镇建设,有效整合资源。加快产业升级,积极引导发展新材料、新能源与节能环保产业和高新技术、战略性新兴产业,增强产业竞争力和可持续发展能力;强化产业集聚、集约发展,形成多元化的产业发展格局,增强新型城镇(城市)对产业的吸纳能力,形成产业发展与新型城镇(城市)化的良性协同。

(二) 优化与城市定位相匹配的产业体系

根据新型城镇(城市)资源环境承载能力、要素禀赋和比较优势,培育发展

各具特色的城市产业体系。推进产业转型升级,改造提升传统产业,加强主导产业培育,明确产业转型升级战略方向,延伸产业链条,壮大产业集群,增强产业竞争力;培育战略性新兴产业,壮大先进制造业和节能环保、新一代信息技术、生物、新能源、新材料等战略性新兴产业,增强产业后续支撑发展能力;加快园区发展,推进城市建设与产业布局、园区发展同步规划、同步实施,把各类园区纳入城镇统一规划,统筹产业发展、空间布局、基础设施和公共服务设施建设,促进产业向园区集聚、园区向城镇集中、人口向城镇集聚,使产业园区逐步发展成功能性城市新区;适应制造业转型升级要求,推动生产型服务业专业化、市场化、社会化发展,引导生产型服务业在中心城市、制造业密集区域集聚,坚持生产型服务业与生活型服务业并举;强化城市间专业化分工协作,增强中小城市产业承接能力,构建大中小城市和小城镇特色鲜明、优势互补的产业发展格局。积极发展现代农业,以规模农业、科技农业、节水农业和现代农业示范区为突破点,创新农业产业化龙头企业扶持机制和农业经营体系;实施创新驱动发展战略,以产业创新为主攻方向,全面推动技术创新、商业模式创新和管理创新,发挥创业平台作用,充分利用城市规模经济产生的专业化分工效应,放宽政府管制,降低交易成本,激发创业活力,增强产业创新发展的核心竞争力。

同时,推进新型产业化和新型城镇(城市)化良性互动,实现空间上"产城"一体、布局上功能分区、产业上"三产"融合。优化城镇产业结构,探索产业集聚发展和承接产业转移新模式,做强特色产业,引进新兴产业,着力调优结构、提升层次,努力构建支撑新型城镇(城市)发展的现代产业体系。

(三)规划"先行"推进"产城"协同融合

研究表明,我国城镇(城市)化发展未来将呈现5个趋势:农村剩余劳动力由"无限供给"转向"有限剩余",未来5—10年城镇(城市)化速度将趋于放缓;农村进城务工人员近域流动态势增强,人口红利地区逐步由沿海转向内陆;内陆地区城镇(城市)化进入加速发展期,区域间城镇(城市)化差距趋于缩减;国家交通体系日趋完善,核心城镇群引领下的经济与人口集聚的区域化格局正在强化;人口向大城市、县城和小城镇"两端集聚"态势明显,县级单元人口与产业集聚能力增强,成为城镇(城市)化的重要层级。

推进产业发展与新型城镇(城市)化融合,首先要求城市规划与产业规划统筹考虑、同向同步、有机融合,科学规划城市群内各城市功能定位和产业布局,强化新型城镇(城市)化的产业功能,坚持差异化发展,对城镇(城市)化产业空间进行分类指引,因地制宜地利用比较优势,对新型城镇空间进行产业分区优化。

坚持产业发展与新型城镇(城市)化融合的规划建设理念,更加注重郊区新城的功能完善、产业融合、用地集约、生态良好等方面。在规划时序上,对一些重点开发区块,要坚持同步规划。在规划理念上,要坚持同向规划,遵循一致的总体理念和规划方向,强化城市转型与产业转型、土地城市化与人口城市化、经济增长与环境保护、城市风貌提升与城市个性塑造、区域发展与改善民生相结合的要求,更好地引领产业发展与新型城镇(城市)化融合发展。在规划实施上,要抓落实,强化规划的刚性和执行力,切实发挥规划的作用。要把产业问题与城市问题结合起来整体谋划、统筹推进,强化产业发展与新型城镇(城市)化融合的发展理念,探索新的产业发展与新型城镇(城市)化融合的实施路径,不断推进新型城市化与产业高级化深度融合发展,防止"产城分割"现象。引导人口流向和产业转移,逐步形成分工协作、优势互补、内涵集约的产业发展与新型城镇(城市)化的高效融合。

推进产业发展与新型城镇(城市)化融合,要"特色同构、竞合发展"。特色是比较优势,主要靠产业和城市个性来彰显。推进产业发展与新型城镇(城市)化融合发展,城市定位与产业特色要有机融合、互促互进,要注重城市特色与产业特色有机统一、相得益彰。坚持差异竞争、错位发展、优势互补,实现与邻近区域的竞合发展。推进产业发展与新型城镇(城市)化融合,要"开放同兴、带动发展"。要坚持内生发展与借力发展,实施全方位开放发展战略,以开放促进产业发展与新型城镇(城市)化融合发展。推进产业发展与新型城镇(城市)化融合,要"生态同优、永续发展"。无论是产业发展,还是城市建设,都要始终坚持生态优先。推进产业发展与新型城镇(城市)化融合,要"要素同聚、支撑发展"。产业发展与新型城镇(城市)化融合,需要以土地、资金、人才等高端要素为支撑。在要素保障上,既要深挖潜力,盘活存量,又要借势借力,扩大增量,切实把有限的高端要素资源,集中到发展战略性新兴产业,发挥要素资源的保障作用。推进产业发展与新型城镇(城市)化融合,要坚持市场调节与政府引导相结合,综合发挥"无形之手"和"有形之手"的联动作用。

(四)深化产业与新型城镇(城市)化融合发展的供给侧对策

第一,深化户籍制度改革,必须以城乡一体化、迁徙自由化为目标和方向,加快剥离户口所附着的福利功能,打破城乡分割的农业、非农业二元户口管理结构,建立城乡统一的户口制度;建立健全深化户籍制度改革的配套制度;同时解决劳动就业制度、社会保障制度等的配套改革问题。

第二,深化土地管理制度改革,提高土地利用效率和城镇(城市)化的质量,完善征地和流转土地产权法律制度。建立土地节约集约利用优惠政策,提高土地利用集约度。重视土地环境的整治与保护,实现土地资源的可持续利用。推进住房保障制度改革,完善住房保障制度体系。坚持市场供应为主,加大保障性住房供给,建立覆盖不同收入群体的城镇住房多元化供应体系。

第三,深化财税金融行政体制改革。要通过财税金融体制改革,形成有利于产业发展与新型城镇(城市)化融合健康发展的激励机制。在深化产业发展和城镇建设投融资体制改革方面,要根据城镇基础设施和公共服务性质的不同,建立多元化、多渠道的资金供给模式。优化行政区划设置改革,加快形成设置科学、布局合理、功能完善、集约高效的有力产业和新型城镇(城市)化融合行政管理体制。

第四,推进产业发展的制度改革,创新体制机制,坚持市场配置资源的基础作用,引导建立产业发展与新型城镇(城市)化的进程相协调的现代产业体系。结合城镇或城市的特色定位和资源禀赋,科学建立该地区产业发展的负面清单目录,有计划地有条不紊地推进发展;同时,从供给侧摒弃滞后的不合理的产业规章制度,科学建立新的产业规章制度,鼓励科技和产业化创新,建立融合发展的动力机制,激发产业发展和新型城镇(城市)化融合发展的活力。

五、结 语

国务院发展研究中心研究员李佐军说,"十三五"期间,我国新型城镇(城市)化,将处于加速推进和品质提升的阶段。在创新、协调、绿色、开放、共享发展理念引领下的新型城镇(城市)化,需要产业创新升级,迈向中高端水平发展,才能保证新常态下我国经济的健康中高速发展。当然,新常态是产业升级与新型城镇(城市)化融合发展的重要影响变量,而供给侧改革,是产业升级与新型城镇(城市)化融合发展的重要驱动力,新常态和供给侧改革对产业升级与新型城镇(城市)化融合发展的影响和驱动是全方位的、内生的,产业转型升级必须与新型城镇(城市)化融合协同发展。

参考文献

[1] 洪银兴,刘志彪. 长江三角洲地区经济发展的模式和机制[M]. 北京:清华大学出版社,2003.

[2] "中国特色城镇(城市)化发展战略研究"课题组. 关于新型城镇(城市)化发展战略的建议[N]. 光明日报,2013-11-04.

[3] 罗伯特·M.索洛,等. 经济增长因素分析[M]. 史清琪,等,译,北京:商务印书馆,1999.

[4] 胡大平. 从"地方性空间生产知识"中寻找中国特色的新型城镇(城市)化思路[J]. 探索与争鸣,2016(8).

[5] 张占斌. 推进我国城镇(城市)化的基本思路和体制机制[N]. 中国经济时报,2012-11-15.

[6] 唐德淼. 产业优化升级视角经济持续增长动力研究[J]. 云南社会科学,2014(4).

[7] 刘志彪,安同良. 现代产业经济分析[M]. 南京:南京大学出版社,2007.

[8] 芮明杰. 中国产业发展的战略选择[M]. 上海:格致出版社,2010.

[9] 张占斌. 新型城镇(城市)化的战略意义和改革难题[J]. 国家行政学院学报,2013(7).

经济新常态下深化新型城镇化建设的问题研究

彭明唱

（徐州工程学院，江苏 徐州 221008）

摘　要：城镇化是经济社会发展的必然趋势，也是供给侧结构改革顺利推进的主要驱动力量。伴随着中国城镇化进程的快速推进，数以亿计的农业转移人口从农村流向城镇，推动着社会转变。随之而来的是城乡差距日益拉大，土地城镇化快于人口城镇化，城市拥挤，资源、环境和社会矛盾日益突出等诸多问题，使传统城镇化发展模式难以为继，已成为推进中国社会主义现代化建设进程，构建社会主义和谐社会，实现城乡一体化的制约因素。当前中国的城镇化发展进入新的时期，面临新的形势，这就要求我们必须适应经济新常态，改变过去城镇化发展的方式，在提升城市治理能力和环境质量的同时，加大改革创新力度，破解体制机制障碍，因地制宜培育和建设宜居小城市，紧随"互联网＋"发展步伐助推智慧城市转型发展。

关键词：新常态　深化　新型城镇化　研究

一、引　言

　　2015 年中央经济工作会议从 9 个方面总结了新常态，标志着我国经济发展步入新常态。新常态是指我国经济正从高速增长转向中高速稳定增长，经济发展方式正从规模速度型粗放增长转向质量效率型集约增长，经济结构正从增量扩能为主转向调整存量、做优增量并存的深度调整，经济发展动力正从传统增长点转向新的增长点。进入新常态改变的是经济发展方式和经济结构；改变的是重要战略机遇期的内涵和条件。它是一个潜在的经济增长在波动中逐步回落的过程，是一个去杠杆、去产能的风险释放过程，更是一个对经济系统与社会

作者简介：彭明唱，男，出生于 1979 年 3 月，江苏徐州人，徐州工程学院经济学院讲师。主要从事城镇化方面的研究，主持城镇化相关课题 10 项，参与 3 项，发表相关论文 6 篇。通讯地址：江苏省徐州工程学院南三环校区，邮编：221008，联系电话：13775997558，E - mail：pmc@xzit.edu.cn

系统改革与大重构的过程。如何进一步适应经济新常态,有效地推进供给侧结构改革,实施创新驱动,寻找和培育新的增长点,是当前我国社会所关注的焦点。而新型城镇化进一步的深化与创新是决定我国经济进入新常态后,推进供给侧结构改革成功,继续保持健康发展的主要支撑点。因此深入研究新常态下供给侧结构改革进程中城镇化发展的战略方向与创新路径,具有重要的现实意义。

二、相关文献综述

在当前经济新常态形势下,如何在实践层面实施新型城镇化建设既是一个系统化的协调性工程,也是一个需要深入细化、综合推进的结构型设计。国外对城镇化的实践和推进路径主要是从城镇化的过程、城镇化与经济发展、城镇化与城镇集中度等方面开展的。刘易斯(Lewis,1954)提出了二元经济结构理论,指出发展中国家现代化的工业和技术落后的传统农业同时并存,认为劳动力迁移是由边际收益率高低所导致的,边际收益率高的工业部门不断吸收农业部门的剩余劳动力,直到两部门的劳动生产率相等为止。李(E. S. Lee,1966)提出了包括原居住地因素等影响人口迁移的4个因素。由此,逐步形成了人口迁移的"推拉力"理论(push-pull theory),说明人口迁移受农村内部推力和城市拉力的同时作用和影响。诺瑟姆(Ray M. Northam, 1975)指出城镇化进程呈现一条被拉平的倒 S 形曲线,不同阶段城镇化发展速度不同,但在每个阶段中都伴随着人口由农村到城市的迁移,表现为人口迁移过程。德国城镇化遵循"小的即美的"发展理念,200 多个 10 万人口以下的城镇,居住了全国 70% 的人口;在产业布局上,80% 的大企业和高校都在小镇上,很少在大城市。日本城镇化进程主要靠工业化的强有力推动,针对大城市发展过于集中而中小城市和农村地区出现"过疏化"的现象,投入大笔资金在全国进行基础设施建设,促进了中小城市和农村地区的发展。

由于体制约束不同,国外城镇化研究与实践并不适用于我国,但启示有四:一是我国特有的城乡二元结构制度体系,是产生流动群体的主要原因,也是推进新型城镇化的落脚点;二是坚持有序引导流动人口,注重中小城镇和美丽乡村的吸引力,避免再次出现一线、二线城市的拥挤现象;三是要使农民进城后脱离对乡村的依赖并在城镇定居下来,应让其享受与市民同等的福利和权利,以及持续性发展机会;四是中国进入新常态以来城市发展已经进入新的拐点,城市的规划与发展需要新的改革。由于发展的原始资本积累不足,实现新型城镇化尤其需要多方面协调。

国内学者针对我国城镇化建设与创新做了许多研究,且基本上围绕以下4个方面展开:(1)基于推—拉理论的小城镇主导型城市化。主张小城镇发展的学者认为,中国农村剩余劳动力多达2亿多人,仅仅依靠大城市解决不了人口转移问题,应该集中力量发展小城镇(周民良,2005);王小鲁(2010)认为我国小城镇数量的增加,主要是撤乡变镇的行政建制的结果,而不是人口自然向小城镇集中的结果,没给城镇化带来实质进展,而是由于中小城镇缺乏吸引力和自身发展动力,一些小城镇建设投资没有得到相应的回报,导致了资金和土地资源的浪费。(2)统筹城乡发展的城镇化道路。近几年,随着统筹城乡战略思想思路的提出,一些学者认为中国城镇化道路应该是乡村城镇化与城乡一体化并存同步的双轨制(陈光庭,2008;聂高民,2008);潘海生、曹小锋(2010)通过对浙江小城镇建设的调查,提出"就地城镇化"。(3)基于城镇化的微观机制研究。部分学者研究了东部沿海地区城镇化的影响因素,提出发达地区乡村的拉力(就业机会、收入水平、社会保障与乡土情结)的作用强度远远高于大中城市的拉力(就业机会、收入水平、居住环境、子女教育等)的解释(祁新华等,2012)。也有学者研究了近年来的资产置换与股份模式,即农民通过宅基地的置换,进入重新规划的"城镇化功能型社区"集中居住;通过土地的股份置换,进入新的农业工厂、工业园区工作(张向东,2010)。(4)基于新常态视角的新型城镇化发展模式。侯云春(2014)提出基于新常态分析我国经济面临的挑战,提出通过新型城镇化的方式来促进经济健康发展。张占斌(2014)通过探讨经济新常态对城镇化的新要求,提出我国今后一段时期城镇化建设要从发展战略上、发展动力上和发展方式上进行深刻的转变。宋立(2015)通过分析中国经济新常态与城镇化新趋势,系统地提出在经济新常态下我国的新型城镇化发展方向应有别于传统的城镇化发展模式,应基于消费的角度推进消费者城镇化建设。姚士谋等(2016)通过分析全球化的背景,归纳了中国城镇化的4个特征,并在国情分析的基础上提出了在新常态下中国新型城镇化要走创新发展道路,应结合资源环境条件,因地制宜,适度发展,合理规划,提升质量。

综上所述,国内外学术界对城镇化展开了较为全面的讨论与实践,取得了比较丰富的成果,但仍存在若干不足,有待今后进一步完善。一是新常态下对中国新型城镇化面临的新的变化与挑战分析不足,现有的研究还处在发展阶段,有必要在这一背景下进行系统的理论分析和实践探讨。二是对城镇化动力机制的理论研究需要加强。而城镇化实践创新和路径实现必须要系统地考察动力机制中的各个因素，没有必要的理论框架支撑，讨论分析就容易陷入表面化。三是由于各地区差异较大，社会经济发展不平衡，不同地区应有差别地开展不同的城镇化，但现有的研究对这个问题重视不够，因此有必要展开讨论，以深化认识。

三、新常态下中国城镇化发展出现了深刻的变化

（一）城镇化发展速度从高速转入中高速

改革开放以来，伴随着工业化进程的加速，中国城镇化经历了一个起点低、速度快的发展过程。1978—2013年，城镇常住人口从1.7亿人增加到7.3亿人，城镇化率从17.9%提升到53.7%，年均提高1.02个百分点。城镇化的快速推进，吸纳了大量农村劳动力转移就业，提高了城乡生产要素配置效率，推动了国民经济持续快速发展，带来了社会结构深刻变革，促进了城乡居民生活水平全面提升，取得了举世瞩目的成就。特别是2000—2012年，中国城镇化率由36.2%提高至52.6%，年均增长近1.4个百分点。城镇常住人口从4.59亿增加到7.12亿，平均每年增加近2106万，这是中国经济发展最快的12年，也是城镇化进程最快的时期。2013—2015年中国的城镇化率从53.73%上升到56.1%，年均增长近1.16个百分点，增长的速度与2000—2012年相比明显下降。这说明在很大程度上城镇化与经济增长之间呈一定的相关关系。国外发达国家城镇化发展经验表明，城镇化率从30%到70%是城镇化快速发展时期，其中50%是一个重要转折点，从30%到50%是高速发展期，从50%到70%是中高速发展期。2011年中国城镇化率开始超过50%，经济增长也开始进入换挡减速期。经济进入新常态、中国城镇化率进入50%至70%的中高速增长期，下半场的主要特征是在提升城市治理能力和城市环境质量的同时，必须协调城乡、区域差距，建设宜居及具有现代特色的城镇化。

（二）户籍体制改革已成为新型城镇化建设中的常态化问题

2014年国务院在一系列户籍制度变革的基础上颁布《国务院关于进一步推进户籍制度改革的意见》，取消农业户口与非农业户口性质区分，将农业户口与非农业户口统一登记为居民户口。这意味着，城乡二元户籍制度中农业户口将

第一部分　新型城镇化研究

正式退出历史舞台,中国城乡居民进入"平权"时代,农业人口转移将步入新常态。"十三五"规划明确提出,到2020年城镇化率达到60%,户籍城镇化达到45%,努力实现1亿左右农业转移人口在城镇落户,这将是一项巨大的挑战。

随着新型城镇化发展战略的全面实施,中国将有越来越多的农业人口"离农""脱农"成为市民。其中有些人因长年在城市工作,具备了成为城市市民的基本条件,将成为主动融入城市的群体;有些人因城市空间扩张失去了土地和住房,将在政府拆迁、补偿、安置下被动市民化;有些人因村庄综合整治、土地规模经营和产业结构调整,被政府统一安置到新社区,将成为村镇或中心社区的居村市民;还有一些人,虽然他们仍散居在大小不等的村庄中,继续从事着农业相关劳动,但他们正在"去小农化",将逐渐成为有知识、懂管理、会经营的新型农民或职业农民,或由于受到城乡公共服务均等化发展的惠及,成为拥有城镇居民同质生活的市民化农民。毋庸置疑,随着中国城镇化程度的进一步提高,必将有更多的农业人口"去农"而成为市民。但是,当下人口市民化严重滞后于空间城镇化和土地城镇化,一些深层次矛盾与问题还很尖锐,如何有效、全面地完善户籍体制改革,提高农业转移人口素质,使其在教育、就业、养老等方面享受与城市居民同样的基本公共服务,真正在城市扎根,仍是新型城镇化进程中所面临的常态化问题。

(三)城镇化建设方式由粗放型向生态文明型转变

随着"创新、协调、绿色、开放、共享"五大发展理念深入贯彻实践,城镇化发展理念正在发生深刻的变化,推动中国城镇发展从以粗放扩张为主的速度化发展转向以品质提升为主的深度化发展。一是更加注重以人为本、坚持公正和注重生态的发展理念,充分运用深度市场化、国际化和信息化等现代城市发展动力,将人本需求与现实问题相结合,形成以人为本、智慧有机、竞合共享的发展模式。二是以创新创业为核心发展各类产业,优化创新创业环境,推动城镇产业发展功能与社会服务功能一体化,让城镇更加宜居宜业。三是推动智慧城市建设,利用"互联网+"等新一代信息技术与城市服务治理融合的机遇,提升城市服务和治理水平。四是以"望得见山,看得见水,记得住乡愁",遵循天人合一、山水脉络、历史传承和现代规划理念,把山水的生态系统融入城市建设,推动节能建筑、绿色产业、清洁能源利用等绿色城市集成。五是依据城镇与乡村相互依托、开放流动、融合发展的趋势,把提升城镇功能品质与建设美丽乡村结合起来,把新业态发展与市镇乡村体系调整结合起来。

（四）供给侧结构改革深化了新型城镇化建设的内涵

在新型城镇化进程中，通过供给侧结构性改革可以释放中国经济潜力。支持经济增长的五大要素，主要是劳动力、自然资源、资本、科技创新、制度。当前中国进入中等收入阶段，制度、科技创新及管理创新可能形成的贡献会更大，而且极为关键。所以中国新时期的增长动力，实际上是产业转型升级、城镇化、农村现代化、市场化及行政管理体制改革过程中合乎规律地优化形成升级版的混合动力体系。其中新型城镇化是中国最大的内需潜力和发展动能所在，推进新型城镇化能够释放新需求、创造新供给。而新型城镇化的核心是农业转移人口市民化，将带来巨大的消费需求，尤其是住房需求，助力房地产"去库存"，进而化解钢铁、水泥等建材行业的产能过剩，在盘活存量资源的基础上加速"去产能"；新型城镇化对农村贫困人口脱贫具有辐射带动作用，能够为就地脱贫、异地搬迁脱贫等精准扶贫机制插上翅膀、增添动力，从而促进"补短板"。

推进新型城镇化并充分发挥其积极作用，又必须加快推进供给侧结构性改革，特别是要加强制度供给和创新。供给侧结构性改革聚焦于劳动力、资本、土地、资源环境等生产要素的有效供给和利用。特别是制度供给具有基础性作用，能够从根本上释放经济活力，为供给和需求的平衡匹配创造体制机制条件。新型城镇化的制度供给涉及户籍制度改革、城乡福利保障制度改革、土地制度改革、劳动就业制度改革、投融资体制改革等。其中，户籍制度改革是关键。通过实行居住证制度，改革农业户籍制度，努力实现基本公共服务常住人口全覆盖，逐步实现城乡养老保险和医疗保险的对接和并轨；完善相关配套政策，促进有能力在城镇稳定就业和生活的农业转移人口举家进城落户，实现向新市民转变；落实公平就业政策，加强农民工就业培训，解决农民工子女上学问题，增加人力资本投资，可以使劳动力素质更好适应经济转型升级的需要。此外，推进新型城镇化还需要积极稳妥地推进农村土地流转制度改革，释放农村土地的资本属性，既推动农业规模化、产业化经营，又增加农民收入、促进农业人口城镇化。

形成市场主导、政府引导的机制。城镇化是人口和生产要素在不同行业、区域分布结构优化的过程，离不开供给侧结构性改革的助推。这一过程的顺利推进，需要发挥市场配置资源的决定性作用，更好发挥政府作用，全面释放经济社会活力。城镇化是工业化聚集效应的必然结果，是一个自然历史过程，应遵循规律、因势利导。推进新型城镇化，政府应恪守权力边界，摒弃功利的实用主义做法。应尊重市场规律,尊重农民择善而从的自主权,提供足够的发展机会和社会保障,保证农民工"进得来、融得进、住得下、过得好"。

(五)宜居环境型特色城市成为未来新型城镇化发展的主要目标

2015年9月中国社科院发表的城市报告显示,过去5年中国的城镇化工作虽然取得突破,但在经济增长方式、社会矛盾等方面依然问题突出。报告具体指出,中国九成城市出现"亚健康",环境污染等"城市病"依旧普遍。尽管2015年平均污染程度比2014年同期降低10%,但空气仍处于不健康和不安全等级。例如2015年366个被监测中国城市的PM2.5年平均浓度是世界卫生组织所推荐标准的5倍以上。特别是当前中国的城镇化发展进入新的时期,面临新的形势,这就要求我们必须适应经济新常态,改变城镇发展的方式,在提升城镇治理能力和环境质量的同时,建设宜居的、具有现代化特色的城镇,这样才能实现真正意义上的城镇生态可持续发展。2015年12月中央城市工作会议明确提出将"创造宜居环境型城市"作为我国城市今后的发展目标。

目前中国正进入城镇化中高速时期,如何抓住新型城镇化加速发展带来的重大战略机遇,把生态文明融入新型城镇化建设中,选择一条适合中国城镇化发展的道路?如何牢固树立宜居环境观念,提升公众生态环境保护意识?如何加快绿色循环产业发展,提高能源利用效率,降低能源消耗?如何动员社会力量广泛参与,加快宜居城镇建设,推进城镇生态环境治理,建设人与自然和谐共生、环境优美、生态宜居的新型城镇?这些都是迫在眉睫的问题。而创造宜居型城镇是新时期贯彻落实党的十八大精神,推进生态文明建设,建设美丽中国的具体行动。通过宜居城镇的创建,可以实现中国生态资源的有效挖掘和可持续利用,可以进一步改善城镇生产生活条件和环境质量,提升广大居民的幸福感和满意度。对中国取得新一轮经济社会发展,坚持"四个全面"战略布局,推进全面小康建设,增强城镇活力,转变城镇建设的发展方式具有重大现实意义。

三、新常态下中国城镇化发展面临的主要形势

(一)户籍机制改革障碍依然存在

伴随着工业化和非农化的快速推进,大量农村人口从农业生产中转移出来,使中国的城镇化水平快速提升。然而,户籍制度改革的严重滞后,加上城乡

分割的社会保障和公共服务制度,使进入城镇的大量农业转移人口难以融入城市,严重影响了社会和谐发展和城镇化质量的提高。2015年,中国城镇化率达到56.1%,城镇常住人口达到了7.7亿,但农业转移人口市民化进展比较缓慢,户籍人口城镇化率还比较低(2015年中国的户籍人口城镇化率只有39.9%),距离真正意义上高质量的城镇化还有不小的差距。截至2016年9月底,中国已有30个省份陆续出台各自的户籍制度改革方案,均提出了"取消户口性质区分",一些地方已经取得了一些积极突破,总体上讲户籍人口城镇化进展缓慢可以归纳为两个"不很高":一是地方政府的积极性不很高,因为要增加投入。据中国社科院测算,目前我国农业转移人口市民化的人均公共成本约为13万元。其中,东、中、西部地区人口转移的公共成本分别为17.6万元、10.4万元和10.6万元。随着中国经济进入新常态,很多地方经济增长出现断崖式下滑,财政收入明显下降,政府很难从财政收入中腾挪出这笔费用。二是农民也有担忧,也存在积极性不很高的现象。主要原因就是城市的吸引力在下降。很多农业转移人口进城后一时难以融入城市,同时受城市物价水平的影响,生活消费、医疗教育等方面的支出也相应增加,加上交通拥挤、空气污染、规划不合理等"城市病"的影响,曾经"高大上"的城市生活,如今让不少人望而却步,导致人们不愿进城、不敢进城。

事实上,户籍人口城镇化不仅仅是"农民"到"市民"简单的身份转变,也不只是"农村户口"到"城市户口"简单的户籍转变,其根本任务是通过提高农业转移人口的素质能力,来适应城镇化和现代化发展的需要,在这个过程中需要解决教育、医疗、社保、就业等方方面面的问题,绝不能只是一句口号,更不能简单粗暴地下达一些任务指标,必须让老百姓获得更多看得见、摸得着的"城市福利",少些"水中月,镜中花",增强农民进城的信心和底气。

(二) 地区发展差距有不断扩大的风险

以2016年中国各地区公布的2015年经济数据同历史数据对比分析可见,虽然各地区相对差距有缩小趋势,但绝对差距仍在扩大,区域协调的任务依然比较艰巨。最大差率(即31个省份中人均GDP最大值与最小值之比)是一个能反映地区相对发展差距的指标。该指标的峰值出现在2002年,当年最大差率为10.85倍,之后逐年下降,2014年降到3.98倍,但是2015年略有反弹,升到4.16倍。地区差距明显缩小反映出中央政府的区域协调发展战略取得了一定的成效。然而值得注意的是,地区绝对差距仍然在扩大。2015年人均GDP

最大与最小省份分别为天津与甘肃,2000年两者之间的人均绝对差距为13224元,2015年扩大为82823.15元,两者之间的绝对差距在15年间扩大了5倍多。总体而言,东部地区与其他地区间的绝对差距在扩大。与2014年相比,除西藏、重庆、宁夏、广东、浙江与河北外,2015年其他15个省份(城市)的增长速度都有不同程度的下降,辽宁、山西、黑龙江与吉林的增速排在倒数后四位,西藏、贵州与重庆等经济总量较小的中西部省份(城市)仍然保持10%以上的增速。

从各地区增长率的差异不难发现中国区域发展格局的几个特点:一是进入经济新常态后,发达地区——特别是上海、北京等经济总量较大的高度城市化地区增速降低趋势明显;二是东北地区与山西的增速近年来呈"断崖式"下降,表明老工业基地与资源型地区的振兴依然存在不少困难;三是多个东部省份的增长速度仍然保持在8%以上,对全国的增长贡献最大;四是中西部地区后发优势开始明显,西藏、贵州、重庆、江西和湖北发展势头不减。根据这些格局变化可得出两点结论:第一,发达地区发展到一定阶段后增速降低是必然的,其城镇化水平已经成熟;第二,老工业基地与资源型地区的问题突出,转型是未来区域协调发展的难点,而新型城镇化是其今后主要切入点。当前国家的发展进入新常态并不等于地区进入新常态,只有依据区域经济发展规律,规划不同的地区发展,增强区域政策的针对性,才能真正缩小地区发展差距,均衡全国发展。

(三)城市管理缺乏有效的机制创新

2015年中央城市工作会议明确指出:"抓城市工作,一定要抓住城市管理和服务这个重点,不断完善城市管理和服务,彻底改变粗放型管理方式,让人民群众生活得更方便、更舒心、更美好。"近年来中国城镇化明显提高,但城市发展的质量相对滞后,无法满足老百姓日益增长的需求。而城市长期以来在粗放化的发展过程中累积了大量的风险,使得城市公共安全表现出极大的脆弱性。

(1)应对为主,预防为辅。纵观近年来我国一些城市发生的重大突发事件,如深圳特别重大滑坡事故、天津"8.12"爆炸等,不难发现其中一个很重要的问题就是忽视事前的风险防范和隐患排查。当前,一些城市将更多的精力放在经济发展上,不愿意投入时间对事前的隐患风险防范做出部署和安排,只是出了事后紧急救援,仓促应对,导致大量本可以避免或减少的风险最终演变成危机事件,造成重大人员伤亡、财产损失等。

(2)看重技术,忽视标准。当前,一些城市管理者容易将经济发展中的粗放化发展模式引入危机管理工作中,对于工作总是凭经验,拍脑门决策,存在着

"差不多"的思想,而不深入、细致地研究城市风险控制流程和规范。这使得虽然有时候程序性的安排已经做到位,但由于背后的流程和具体规范未明确,很多危机管理工作达不到预期效果。

(3) 偏硬件、轻理念。当前,中国大部分城市在危机管理信息系统方面投入很大,建立了应急指挥联动系统等信息技术平台,但是在重视硬件技术投入的同时忽略了城市居民危机意识及应急能力提升,尚未形成完善的城市风险理念。以北京和上海为例,北京"7·21"大暴雨及上海外滩踩踏事件一度让这两座中国现代化程度最高的城市"声名远扬",公众危机意识的淡薄、应急能力的不足、政府应急反应能力的迟缓等问题与高度发达的现代化城市发展水平极不协调。

此外,有些城市虽然各类各级应急预案很多,但真正经过实践检验有效的很少。有的地方部门或者单位虽然定期搞应急演练,但演练时间短,情节过于简单。粗放化的、流于形式的演练、安全检查等准备工作,不仅浪费各种社会资源,更会让领导者产生已经做好应急准备的麻痹心理,从而当灾难真正来临时产生更大的危害。

(四) 城市宜居特色不明显,千城一面

2013年中央城镇化工作会议明确提出:"要依托现有的山水脉络等独特风光,让城市融入自然,让居民望得见山、看得见水、记得住乡愁;要融入现代元素,更好地保护和弘扬传统优秀文化,延续城市历史文脉;要融入让群众生活更舒适的理念,体现在每一个细节中。"历史上中国城市多是自然形成的,工业化造就了一些城市的快速崛起,但它们也经历了长时间的艰辛过程。比如中国的大庆、石河子等城市都源于资源开发,开始时非常简陋,但产业推动了它们的健康发展。今天的中国城市建设大有千篇一律的趋势,中小城市的楼越盖越高,而产业不见雄厚,文化资源尤为稀薄。一线城市吸附了国家大多数文化精英,而产业特色明显的中小城市在全国屈指可数,在小地方定居的文化名人更是寥若晨星。

城市建设最初是粗糙的,在当前的情况下有一定必然性。然而由于中国城镇化的过程被现实的需求逼着大大压缩,对这些问题的解决就不能不紧不慢。否则许多小城镇建起来,或者是产业"空心"的,或者是文化"空心"的。这样的小城镇仍将是中国城镇化大潮中的"城乡接合部",将无法安定下来,形成不了坚定、清晰的自我。它们有可能留不住人,甚至成为未来的负担。例如中国的每一个城市都有一些"烂尾楼",有些城市还有盖好了但招不来商的"烂尾市场"。今后中国的新型城镇化绝不能搞"摊大饼"式的城市扩张和"批量生产"克隆体,而应在城市内涵建设上转变,重视城市文化,提升城市品位,在自身特色上下功夫,这样才能走活新型城镇化这盘棋。

四、新常态下深化新型城镇化建设的有效路径

(一)加大改革创新力度,以国家新型城镇化综合试点为突破口,破解体制机制障碍

2014年国家发改委等部门联合印发的《国家新型城镇化综合试点总体实施方案》明确表示,本轮试点将把农业转移人口市民化成本分担机制、城镇化投融资机制、宅基地制度等体制机制的改革创新任务作为重点。自2014年国家新型城镇化综合试点开始实施以来,各地区在新型城镇化建设方面取得一系列重大进展,一些城市农业转移人口落户门槛大幅降低,城镇化投融资机制探索取得成效,城镇化用地形成一些有效经验。

因此,在经济新常态下各地区要加大改革创新力度,以国家新型城镇化综合试点为突破口,逐步破除现行体制机制的束缚阻碍,从本地实际出发,借鉴试点的经验,积极探索选择本地区新型城镇化亟须突破的发展和改革瓶颈。在破解机制障碍过程中应坚持以《国家新型城镇化综合试点总体实施方案》中的试点主要任务为指导,着力从农业转移人口市民化成本分担机制、城镇化投融资机制、农村宅基地制度改革、行政管理创新和行政成本降低、推进体制机制改革创新这5个方面入手,同时在借鉴试点地区好的经验的基础上,按照先易后难、适度可行、循序渐进、梯度推进的原则合理有序地推进本地区的新型城镇化建设,这可以在很大程度上扩展新型城镇化的融资渠道,优化管理体制,减少户籍改革的阻力。

(二)推进城乡、区域一体化建设,缩小差距

当前我国最大的发展差距是城乡差距、区域差距,最大的结构性问题是城乡二元结构。而城乡发展一体化既成为破除我国城乡二元结构的战略部署,又是实现城乡、区域要素平等交换与公共资源均衡配置的有效路径。

(1)科学协调城镇、产业与人口转移的关系。城镇与产业是区域"形态"与

"业态"交织作用的复合系统，是城乡关系的核心、人口转移的载体。产城融合本质上是一定区域产业与城镇协调互动、融合发展的系统过程。经济增长和产业结构升级是城镇形成及其变化乃至其发展转型和功能提升的重要基础。三者相协调是城乡发展一体化的重要保障。

（2）创新城乡土地制度与管理方式。创新土地利用与管理制度的关键在于促进土地可持续利用和城乡可持续发展，统筹兼顾保障粮食安全、保证经济增长和保护生态安全的"三保"目标。切实解决城乡建设用地低效利用、农用地过度占用、农民权益受损、耕地细碎规模小等问题，亟须转变针对单一问题、采取单一措施的现行土地制度与政策，着眼于系统视角对土地制度创新进行顶层设计，科学协调土地制度体系内多要素关系。

（3）积极推进地域差别化的转型发展战略。快速城镇化地区和城市群区域可以发挥经济增长和城镇化优势，加快新兴产业增长和产业转型，以城带乡、以工促农，优化城乡协作的产业体系和空间体系。

（4）改革创新，优化区域、城乡结构。创新区域、城乡发展政策和体制机制是区域、城乡发展转型的根本保障，需要加强顶层设计和地方实践结合。要基于城乡发展转型态势和区域资源环境承载能力，变革不利于城乡协同发展的相关政策和体制机制，除了土地制度外，还表现在发展战略、户籍制度、财税体制和社会保障机制等方面。

（5）加快构筑村镇化建设新格局。随着城镇化的推进，乡村人口减少、老龄化、土地空废化成为必然趋势，亟须推进乡村转型重构，搭建村镇化格局。村镇化建设需要基于乡村内生动力和城市外部驱动的结合，引导就地城镇化、村镇化和城乡一体化。在内生动力方面，要立足乡村自然环境、资源、人文特色等发展新业态、培育新机制；在外部驱动方面，注重城市要素对乡村需求的转移，吸引城市资金、居民消费、技术因素等向乡村地区转移，激发村镇经济活力、提升农村发展能力。

（三）转变社会管理方式，提升城市精细化管理水平

从粗放型发展到精细化发展是城市的发展趋势。西方国家在20世纪六七十年代，城市也面临严重的环境污染、交通拥堵、公共服务缺失等问题，最终通过精细化管理的方式得到改变。城市精细化管理，是中国从旧式城镇化转向新型城镇化的代名词。对于城市发展来说，这种阶段的跨越是一种变革性问题，更是一个战略性问题。它是城市"一把手"应该关注的问题，而不是单纯某个部

门的重任。从城市管理的过程来说,现在谈及精细化管理时,人们只是简单将其了解为市政部门负责的运营管理,例如城市摊贩管理、垃圾管理、市容管理等。实际上,好的城市管理应该包括3个环节:规划管理、建设管理和运行管理,精细化管理应该贯穿城市发展的全过程。

一方面,我们的规划管理思路要版本升级。当前中国大部分城市的城市规划需要有两个阶段、两个版本的转化:一个是现在仍在执行中的2000—2020年总体规划;另一个则是上海、北京等城市率先设计的2020—2040年总体规划。这两个版本的思路是有差异的。前20年城市建设的主要目标是城市扩张做大增量,而未来20年城市建设的版本强调的是存量优化。另一方面,城市发展中的运行管理变得越来越需要技术含量。过去几十年,我们重视高大上的规模、高规格的建筑,对城市运营管理的研究和发力是不够的。从城市管理的角度看,原先城市发展基本上是经济导向的,城市GDP做大,圈土地建设开发区,这和中国过去的发展阶段相适应。现在经济蛋糕做大了,老百姓收入增加了,人们更关注城市中的社会和生态问题。现在城市中暴露出来的许多问题事实上是经济空间与社会空间、经济空间与环境空间的冲突。最近一段时期频发的"邻避事件"就是这种冲突的反映。因此传统的经济型城市管理要转变为经济、社会、环境综合起来的对城市整体质量的管理。

从城市管理的主体看,如果说原先政府自上而下的治理方式是可行的,那在当下城市出现各种利益冲突的情况下,再采用这种简单方式进行治理就不灵了。比如说要建一个垃圾焚烧厂,政府和建设单位考虑的是成本效益,所以选择一个最经济的点,而垃圾焚烧厂所在地的百姓有社会和环境方面的诉求,所以不同利益就开始冲撞了,这个时候显然不是政府大笔一挥就能解决问题的,政府在这个过程中需要做扎实的工作。在城市管理过程中还经常出现各部门之间"打架"的情况。我们常看到政府多部门之间有政策不协调的现象。所以好的城市管理,政府应强调"多规合一、整合行动",而不是"各自为政、互不协调"。城市的管理目标是为百姓服务,所以政府应该越来越多地将老百姓,特别是有利益冲突的百姓,纳入具体的公共政策过程。因此,提升城市精细化管理水平要加强政府与政府之间、政府与企业之间、政府与社会组织之间、政府与老百姓利益之间的合作治理。

(四)因地制宜培育和建设宜居中小城市

实施分区分类、因地制宜打造宜居小城市是中国均衡城镇化战略的重要组成部分，也是有效解决大城市病的有效路径。发展中小城市是中国均衡城镇化必不可少的战略支点，对于推进中国新型城镇化健康可持续发展具有重要的现实意义。当前，中国中小城市虽然数量众多，但中小城市产业基础较弱，职业发展机会相对较少，且受政府财力所限，城市基础设施和基本公共服务以及住房保障体系等方面与大城市相比存在明显差距，农业转移人口市民化水平较低，小城市对转移人口的吸引力较弱，未能发挥其在城镇化进程中应有的作用。因此，提高中小城市对转移人口的吸引力是充分发挥中小城市在推进中国新型城镇化健康发展中的作用的关键。

（1）稳定的就业是市民化的基础，各地区中小城市的产业发展首先不能盲目追求"大而全"的产业体系，而应在特色发展上多做文章，要依托自身优势，形成具有区域影响力的特色产业集群，发展地方特色优势产业。政府要因势利导、顺势而为地创造有利条件，促进中小城市承接产业及劳动力"双转移"，以产业集聚带动人口聚集。

（2）解决中小城市建设资金难的问题，要创新公共私营合作机制，在政府与私人部门之间形成良好的合作关系，支持、鼓励、吸引社会资本进入中小城市，让转移人口平等享受子女教育、医疗、养老、技能培训等基本公共服务，利用社会资本的投入提升中小城市城镇化发展速度和发展质量。

（3）探索中小城镇的二元结构混合用地制度。小城镇的发展，不能走以往大城市土地扩张的发展路子。要探寻城乡二元结构的混合建设用地的使用管理新路径。李克强总理讲改革是最大的红利，应该通过制度改革创新，使隐性财富显性化，在新的制度财富形成中寻求小城镇的发展机遇。

（4）完善小城市的行政管理体制与户籍制度改革，优先地重点解决转移农民市民化的问题。中小城市需要通过相应的户籍体制改革等措施为转移农民提供与城市居民同等条件的基本公共服务，解决暂不具备落户条件或者不愿意落户的非户籍常住人口的基本公共服务保障问题。从广度和深度两个层面推进基本公共服务向城镇常住人口全覆盖。

（5）坚持宜居理念，促进小城市的可持续发展。宜居城市的内涵一般包括6个层面，即环境健康的城市、安全的城市、自然宜人的城市、社会和谐的城市、生活方便的城市和出行便捷的城市。中国的小城市其宜居的基本理念应强调安全、和谐、方便和宜人，重点是塑造自然环境舒适宜人、生活安逸和方便、社会包容和谐、尊重自然和历史文化、具有开放和创新精神的高品质城市。

（五）以"互联网＋"为平台构建智慧城市

智慧城市应该同时包含"技术"与"理念"两种智慧。前者是对智慧城市概念的一般理解，通常指利用以信息通信技术为核心的技术手段，达到城市运营的最佳状态。但是智慧城市的挑战从来都不是来自于技术，而是来自于系统。因此，要解决中国新型城镇化面临的众多挑战，应该依靠理念的智慧来进行制度设计，而技术的智慧则承担支持制度落实、改善应用层面的技术支撑。特别是当下"互联网＋"已成为新型城镇化进程中城市服务的新入口。然而从整体上看，目前中国大多数智慧城市建设处于探索阶段，存在不少问题。利用"互联网＋"优势，推进智慧城市进一步发展，需要多方面的整合。一是科学地做好智慧城市顶层设计。智慧城市顶层设计的编制应按照科学谋划、合理布局、近远期建设结合、前瞻性和可操作性结合的方针，在城市相关发展规划、政策性文件、建设现状和需求的基础上进行设计。二是以"互联网＋"促进电子政务全面转型。当前中国电子政务发展面临新的环境和要求，必须敢于突破，加快智慧化转型，这样才能适应国家治理体系和治理能力现代化的需要，才能推进智慧城市建设健康有序发展。三是发展以"互联网＋"为核心要素的智慧产业。智慧产业的快速发展将促进经济发展模式由劳动、资源密集型向知识、技术密集型转变，提高知识与信息资源对经济发展的贡献率，促进信息技术与传统产业的融合发展，推动产业结构优化升级，使经济发展更智慧、更健康、更高效。四是要打造好智慧高效的网络安全保障体系，重点提高包括网络安全在内的风险防控能力。为此打造自主可控、主动感知、及时响应和高效处置的安全保障体系将是智慧城市网络安全转型发展的重要方向和重点任务。

参考文献

[1] 方辉振，董若愚. 新常态下供给侧结构改革助推新型城镇化[J]. 中共天津市委党校学报，2016(4)：57-62.

[2] 齐凯君，梁丽辉. 供给侧结构性改革助推新型城镇化[N]. 人民日报，2016-05-16.

[3] 刘应杰. 经济新常态下推进城镇化结社的思路与举措[J]. 中州学刊，2016(6)：25-28.

[4] 吴业苗. 农业人口转移的新常态与市民化进路[J]. 农业经济问题，2016(3)：43-50.

[5] 张可云. 缩小地区差距任务艰巨[N]. 环球日报，2016-02-18.

[6] 张英菊. 城市危机管理粗放化现状与精细化转型研究[J]. 广西社会科学，2016(73)：

154 – 157.

[7] 褚大建. 城市精细化管理是场思维革命[N]. 环球日报, 2016 – 08 – 18.

[8] 国家发展改革委. 国家新型城镇化综合试点方案[R]. 2014.

[9] 刘彦随,严镔,王艳飞. 新时期中国城乡发展的主要问题与转型对策[J]. 经济地理, 2016(7):1 – 8.

[10] 赵海军. 城镇化对区域经济发展的影响研究[J]. 调研世界, 2015(2):19 – 23.

[11] 徐竹青. 城乡一体化从区域治理到国家战略[J]. 浙江社会科学, 2016(1):13 – 15.

[12] 辜胜阻,郑超,曹誉波. 大力发展中小城市推进均衡城镇化的战略思考[J]. 人口研究, 2014(4):19 – 26.

[13] 宁家骏. "十三五"我国智慧城市"转型创新"发展的路径研究[J]. 电子政务, 2016(3):3 – 12.

[14] 张文忠. 宜居城市建设的核心框架[J]. 地理研究, 2016(2):205 – 213.

[15] 邓昭华,王世福. 城镇化视角下的"智慧城市"思辨[J]. 华南理工大学学报, 2015(3):57 – 68.

基于"多规合一"的城市增长边界划定研究

孟 展

(江苏省地产发展中心,江苏 南京 210024)

摘 要:通过阐述"多规合一"的由来及发展,分析城市增长边界的内涵、必要性以及与相关规划的关系等,探索基于"多规合一"划定城市增长边界的原则及路径。研究方法有文献研究法、归纳综合法。通过研究得知,城市增长边界的划定与土地利用规划、城乡规划关系密切,划定需要遵循时间、空间相结合,资源优先,区域统筹等原则。可以通过多规融合路径划定城市增长边界。研究显示,城市增长边界不能是无止境的"摊大饼"式扩展,应在"多规合一"的框架下,动态划定城市增长边界,确保城市在土地节约集约、可持续利用的前提下科学、健康、有序发展。

关键词:多规合一 规划体系 城市增长边界 划定路径

一、"多规合一"的提出与发展

(一)"多规合一"的提出

编制各类规划是各级政府及部门实现管理目标、体现未来发展意图的重要途径。据统计,目前我国有法定依据的各类规划有80多种,非法定规划更是不计其数。[1]由于各类规划的编制主体分属多个部门,这些部门往往各自为政,且各类规划标准多样、法源相异、期限不统一、规划权责不一,导致各类规划不能有效衔接,甚至出现冲突和矛盾,导致资源在空间和时间上都不能得到有效配置。早在20世纪90年代,我国就进行了两规合一(土地利用规划和城市规划)的协调探索。2004年,国家发改委在6个地区试点"三规合一",但由于缺乏体

基金项目:江苏省国土资源科技项目(2015022)。

作者简介:孟展(1978—),男,江苏盐城人,博士,高级工程师。主要研究方向:土地整治、土地可持续利用,联系电话:13813381595,Email:a.zhan@126.com。

制保障,受到地方政府、规划主管部门等多方面的影响,改革推进成果有限。[2] 2014年8月,国家发改委、国土资源部、环保部和住建部联合下发《关于开展市县"多规合一"试点工作的通知》,确定了28个市县作为试点地区。目前,福建厦门市、浙江衢州开化县以及广西榆林市等作为试点市、县,在"多规合一"工作中取得了较好的成效。尤其是广西榆林市,在全国率先突破性地编制了榆林市国土空间综合规划(2015—2030年),该规划将土地利用总体规划作为重要基础,为形成全市"一本规划""一张蓝图"奠定了良好的基础。[3]多年的实践和探索证明,"多规合一"是推进新型城镇化和生态文明建设的重要举措,对于推进依法行政、提高行政效能也具有现实意义。[4]

(二)"多规合一"体系的构建

"多规合一"不是形成一个包罗万象、求大求全的"大规划",而是通过与各管理部门的协调与沟通,在空间、时间及政策上实现很好的对接,最终形成一个市县一本规划、一张蓝图。首先要进行相关技术标准的对接统一工作,包括编制规划期限、图件标准、统计口径、地类分类标准等;其次要对图件上的差异图斑进行梳理、判断,落实冲突图斑的用途;最后确定编制规划的先后顺序、划定三线(生态环境保护红线、永久基本农田保护红线和城市增长边界)等内容。

随着社会经济的不断发展及城镇化进程的推进,"多规合一"中"多规"的内容由最初的土地利用规划与城乡规划逐步扩展到包括"四大规划"(国民经济和社会发展总体规划、土地利用规划、城乡规划、生态环境保护规划)及其他相关规划在内的一个庞大的规划体系。笔者认为,应当以约束性较强的土地利用规划为基础,通过整合提升,设计出一个顶层规划,在顶层规划的具体统筹指导下,以"四大规划"的充分对接为核心,分类别、分阶段地细化具体规划内容,具体规划体系见图1。

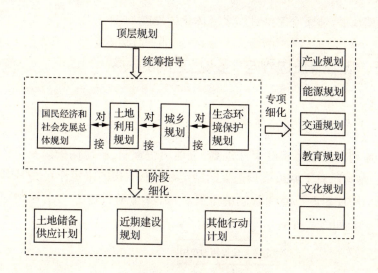

图1 "多规合一"规划体系结构图

二、城市增长边界的内涵及必要性

(一) 内涵

城市增长边界(简称 UGB),或称为城市开发边界,概念的提出源于美国"增长管理"(growth management)、"精明增长"(smart growth)、"填充式发展"(infill development)以及"区域城市"和"新城市主义"等众多理论和思潮。其内涵是通过动态划定城市增长的边界,最大可能地提高城市土地的节约集约利用水平、优化城乡国土空间布局、落实土地用途管制制度、严守生态环境保护底线,从而使城市的发展按照既定的规划科学、合理、健康、有序地进行。

(二) 必要性分析

在经济新常态与"十三五"的大背景下,中国城市土地资源的城镇化速度远大于人口的城镇化。一方面,很多农民进城后,虽然身份转为了"市民",但是医疗、教育、社保等配套制度严重滞后,使他们难以享受到真正的市民待遇;另一方面,一些政府一味追求GDP,导致大量的土地资源粗放利用、低效利用,严重影响本地区资源、经济的可持续发展,甚至造成了生态环境的不可逆破坏。通过科学划定城市增长边界,可以减少城市空间多头管理的矛盾,提高土地节约集约利用水平,健康有序推进城乡一体化的发展。

三、城市增长边界与"多规"之间的关系

(一) 与土地利用总体规划的关系

土地利用规划属于约束性规划,土地用途管制、耕地保护以及节约集约用地等核心内容,对于城市增长边界的划定都具有直接的限定作用。"四区划定"是土地利用规划进行空间管制的重要手段,城市增长边界与土地利用规划的"四区"关系如图2所示。

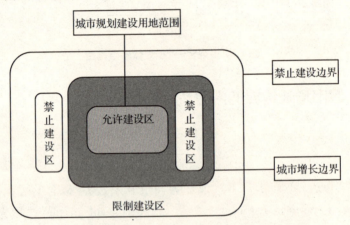

图2　城市增长边界与土地利用规划"四区"关系示意图

(二) 与城乡规划的关系

城乡规划中的三区四线(即禁止建设区、限制建设区、适宜建设区"三区"和蓝线、绿线、黄线、紫线"四线")对城市空间格局做了明确的规定。相对于城乡规划中的限制性规定,城市增长边界具有一定的弹性,同时也更具有政策性和综合性。

(三) 与其他相关规划的关系

国民经济和社会发展规划作为一个纲要性规划,在空间管理上有所欠缺,但2010年开始编制的主体功能区规划,将其向空间领域进行了延伸。因此,城市增长边界的划定应符合国民经济和社会发展规划以及主体功能区规划的要

求。此外,林地保护规划、环境保护规划、文物古迹保护规划、水资源保护规划等其他相关规划也针对特定空间要素提出了管控要求。

四、"多规合一"背景下的城市增长边界划定

(一)国外划定城市增长边界的实践

1. 加拿大"精明增长"理念的应用

加拿大在规划领域成功引入了"精明增长"的理念,主要通过对农业用地进行科学规划,在城市范围内进行土地开发,改造原有的工业港口用地,以及提倡"新城市主义",提高土地的使用密度来实现。[5]加拿大将确定城市开发边界的内容写入城市开发计划内,具有一定的强制性,能够很好地保障城市边界的可控性。

2. 欧洲的"绿带政策"

由于历史原因,欧洲的城市规模一般较小,布局相对紧凑。所谓"绿带政策",就是对之前用于分隔城市的城墙拆除后的空地进行改造,形成绿色地带,同时作为城市和乡村地区的分隔带。英国甚至专门制定了《绿带法》,支持城市发展,推动都市圈的形成。

(二)当前我国划定城市增长边界的难点分析

1. 相关规划对城市增长边界的概念理解有分歧

土地利用规划倾向于将城市增长边界理解为允许建设区与有条件建设区的边界。把城市的核心范围落在允许建设区内,主要是从土地利用程度、开发强度、集约利用水平等方面综合考虑。城乡规划则倾向于把城市增长边界确定为城市建设用地与非建设用地的分界线或城市的预期扩展边界。[6]

2. 规划体系繁杂,协调对接有一定难度

目前我国有法定依据的规划有80多种,涉及城市增长边界划定的主要有经济社会发展规划、土地利用规划、城乡规划和生态环境保护规划,编制主体不一,主管部门不同,这些部门在主要职责倾向、规划理念、利益诉求、工作流程等方面存在一定的差异,导致在UGB的划定、规划与调整、评估与分析、监督与管理等方面的对接工作有不小的难度。

3. 对城市增长边界的管控制度、法规尚未形成

尽管应用目前的技术手段,可以划定出相对合理的城市增长边界,但是划定工作完成之后,缺乏必要的制度保障,也就缺乏权威性和强制性。此外,具有更高约束力的法律、法规尚处于空白状态,导致当前我国的城市增长边界划定工作很难落实到位。

(三)"多规合一"下的城市增长边界划定路径

国外有许多关于 UGB 的研究及应用,但我国的城市空间管理体制、拓展方式、文化背景、拓展密度等方面与国外有很大不同。因此,国外城市增长边界划定方法和管理制度不能简单地"复制"到中国。目前,主要的 UGB 划定方法包括"反规划"方法、基于 GIS 技术的土地适宜性评价划定方法、构建数学模型划定方法等。这些方法各有侧重,各有利弊。

1. 划定原则

(1) 时间、空间相结合原则。在"多规合一"的前提下,综合考虑城市阶段性发展的近期、中期和远期规划目标,与城市发展模式、产业空间布局、增长的速度相结合,合理划定动态增长边界,除遇到极特殊的发展要求或其他不可控因素外,原则上不允许修改。

(2) 土地、环境资源优先原则。应以基本农田保护红线、生态红线为优先考虑因素,确定其底线,划定需要特殊保护的区域和生态敏感区。此外,应综合考虑历史文化古迹、经济发展、人口用地规模等限制性因素,对不宜开发地区或禁止建设区进行管控。

(3) 区域统筹考虑原则。城市作为区域的一个组成部分,其发展必然与整个区域的发展密不可分。因此,城市增长边界的划定一定要符合区域发展的总体要求,充分体现出其"经济性"和"区域性"。在整个区域范围内确定城市属性,综合考虑城市与周边城市的交通、产业布局等的关系,以及重点建设项目、人口、环境、资源等要素,合理预测今后一定时期的发展规模。

2. 划定过程

首先,应将国土部门的基本农田保护红线、环保部门的生态保护红线,结合用地需求量预测,对城市规划范围内的用地进行适宜性评价,划定"四区";然后,通过多规融合,建立统一的数据平台、地类分类标准等,对差异图斑进行梳理和判别;最后,通过城市定位、用地需求量预测、人口资源的承载力分析、规模增长预测等方法,划定一定时期的城市增长边界。

五、总　结

当前我国城市增长边界的划定需求十分迫切,2000—2012年间我国城镇建成区面积增长了1.03倍,但城镇人口仅增长了0.55倍,土地城镇化速度远远高于人口城镇化速度,城市空间持续扩张。[7]这种假性城镇化的发展趋势的特点包括:城市发展无序、项目建设盲目、农民权益受侵、生态环境遭破坏、大量良田浪费……应在多规融合的大背景下,统筹考虑区位、人口、资源、经济、环境等多种因素,科学划定城市增长边界,确保城市健康、可持续发展。

参考文献

[1] 沈迟.我国"多规合一"的难点及出路分析[J].环境保护,2015(43):17-19.

[2] 苏文松,徐振强,谢伊羚.我国"三规合一"的理论实践与推进"多规融合"的政策建议[J].城市规划学刊,2014(6):85-89.

[3] 汤鹏超,闫芬,焦育民.榆林实践:从优化国土资源配置到"多规合一"空间战略[N].中国国土资源报,2016-04-21.

[4] 董祚继."多规合一":找准方向绘蓝图[J].国土资源,2015(6):11-14.

[5] 青溪,林吉儿.国外如何为城市划定开发边界[J].决策探索,2015(7):78-79.

[6] 黄慧明.美国"精明增长"的策略、案例及在中国的应用思考[J].规划师,2016(6):31-37.

[7] 李小敏,陈多长.我国人口城镇化与土地城镇化失调原因分析[J].改革与战略,2014(12):105-110.

"城市中国"的治理逻辑与国家治理现代化

黄建洪　祁文博

(苏州大学政治与公共管理学院,江苏 苏州 215123)

摘　要：新型城镇化的本质,在于消除经济社会结构的对立性,实现"权利再造"。进入21世纪以来,这种城镇化正促成"城市中国"的快速来临,复杂的现代性与城市性是其整体特征。这意味着,国家治理的实践方位、经济基础、社会结构与发展取向出现重大变化,其治理逻辑也应随之调整。即扎根于乡土性制度底色向城市性增量循序转变这一根本事实,适时将生存性需求转化为发展性需求,回应实现自由与秩序的调适性平衡这一现代性的核心命题,便成为国家治理体系和能力现代化的重大内容。这既是权力逻辑发展出超然于资本逻辑的有效性需要,更是权力逻辑得到权利逻辑系统规制和制度化接纳的合法性使然。这构成国家治理现代化的基本主线。为此,作为国家治理的活性载体与实践平台,大规模的新型城镇化建设及城市治理创新,就亟须直面既有模式中存在的线性思维、碎片化结构、"问题倒逼"以及"虹吸效应"等状况,在认知模式、实践体系、创新领域、动力机制以及风险管控等方面实现内生性升级,从而深度型构国家的现代性。

关键词：城市中国　治理逻辑　复杂现代性　城市性　发展性需求

　　诺贝尔经济学奖获得者斯蒂格利茨曾断言,中国的城镇化将改变世界。基于问题的复杂性以及影响的深刻性,著名的城市化专家约翰·弗里德曼甚至认为,特定政治社会生态中的中国城镇化研究,具有开启认知中国发展的方法论价值。[1]作为当下重大的经济社会现象,城镇化正通过全方位地嵌入现代化进程之中而快速、深刻地改变着中国。无论从知识界的研判出发,还是从事务界

基金项目:国家社会科学基金项目"经济特区治理改革与地方政府管理体制创新研究"(10CZZ023)和苏州大学倡研基金的阶段性成果,获得江苏高校优势学科政治学、新型城镇化与社会治理协同创新中心和2014年度江苏省高校"青蓝工程"的资助。

作者简介:黄建洪,1974年生,男,四川自贡人,苏州大学政治与公共管理学院、江苏省新型城镇化与社会治理协同创新中心教授、东吴智库执事,主要从事地方政府与社会治理、新型城镇化与国家治理研究;祁文博,苏州大学政治与公共管理学院硕士研究生。

的实践着眼,城镇化在相当程度上业已成为"触动"中国发展进步举足轻重的"关键环节"之一。的确,从探明就里的角度,我们需要对城镇化的深层本质及其政治社会效应进行学理分析,从而深入揭示并合理解释一个"城市中国"的快速来临,对于正由现代化中期转向现代化后期的中国意味着什么、有何机遇与挑战。与此相适应,"城市中国"的治理逻辑应做出怎样的调适和调整,这对于提升国家治理体系与治理能力的现代化——亦即增强国家存续发展的现代性——有何价值,也应给予更多关注。

一、新型城镇化的本质与"城市中国"的来临

新型城镇化是国家基于城镇发展的历史实践、现实需要与未来发展所设计的经济社会建构战略。基本含义是,以更为人本化的价值和更为效能化的行动统合性地促进国家的进阶式现代化,其表现形态是人口的城市化、土地载体的市镇化以及人地的融合化,即大量的乡村被吸入、替换、整合到工业文明和信息文明的生产生活方式中去,从而造就一个既根植于厚重的历史延续性[2]、又显著区别于既往乡土社会的城市社会。

超越既往的"抑制—补偿"思路,新型城镇化正发展出人本化的价值预设与再平衡的功能预期。从公共供求视角看,城镇化战略的这一嬗变,其实相当清晰地反映出对城镇化本质的重新厘定。[3]在1949—1977年间,即自新中国成立至"文革"结束,出于发展的现实需要,国家总体上采用抑制型城镇化或逆城镇化的限制发展思路。[4]改革开放起至2000年前后是补偿型城镇化的阶段,改革格局由乡村向城市快速转变的背景下市场机制所引导的产业集聚逐渐成为城市发展的重要动力,一定程度规划性与一定程度自发性的结合是这一时期城镇化的最大特点。自2001年至今,中国进入再平衡城镇化的新阶段。党的十八大把新型城镇化与新型工业化、信息化、农业现代化一道定位为推进现代化发展的"新四化",其治理自觉性显著提升。城镇化发展的战略取向超越于简单的"物化"城镇化考虑,突出城镇化建设与民众权益保障改善和民生福祉的整合性努力,初步表达出了"人的城镇化"这一发展愿景。[5]在中国的现代化语境之中,新型城镇化本质上是旨在通过消除经济社会结构的对立性实现"权利再造"的进步运动。

众所周知,新中国的发展起点和基础是极为庞大的农村经济和社会结构。这种基础和结构经由社会主义改造,以公有制的方式形成国家重启现代化的制

度前提和发展资源。毫无疑问,这对于在较短的时间之内集聚和整合资源、推动国民经济的发展发挥了至关重要的作用。进入改革年代,国家在调整实现经济发展的资源配置手段和方式上有了更为现代性的选择,即权威主导下的市场化道路。这是赋予中国以强大物质基础的同时让其自身的治理更富自主性的战略步骤。伴随着以GDP为衡量指标的经济快速发展,强调城镇化的权益保障发展功能成为国家治理的新使命。及至2015年底,中国城镇化率达到54.77%,即近14亿人口中有过半的人口居住、工作在城市(镇)。根据"十三五"规划,到2020年,中国城镇化率将达到60%。这意味着一个重大转变时刻的来临,即中国正日渐由一个"乡村中国"转变为一个"城市中国"、由一个"乡土社会"转变为一个"城市社会"。在此过程之中,"乡土中国"所定位的乡土性、传统性,正逐渐部分地却又是大规模地、快速地被城市性、现代性所吸纳、溶解、置换和融生。中国的经济基础和社会结构正在被批量地重塑和重构,城乡经济成分的转化与力量对比呈现出新的格局。譬如,根据2016年两会数据,到2015年底中国第三产业增加值占GDP比重为50.5%,比上年提高2.4个百分点,高于第二产业10个百分点。[6]这清晰地表明,当下的中国业已呈现出一个与新中国成立初期、成立30年之时有着重大差别的"新中国",即一个轮廓日渐清晰的"城市中国"。

如何认识这一新发展态势下中国社会的整体特征?可以尝试从如下两方面展开分析:

一是复杂现代性的特征。[7]复杂现代性是当代中国的总体特征。学理意义上,现代性是指现代化实现过程中累积性地表现出的核心特征,是从西方自然地域性关联中"脱域"出来的文化模式和社会运行机理。[8]而所谓"复杂现代性",是特指中国后发现代化语境中,在现代性为主导发展取向下所呈现出的传统性、现代性与后现代性彼此交融、砥砺、冲突的多元混合状态,表现为规范协调性和内在结构自治性方面的复杂性,实现条件和实现方式上的复杂性,以规范、结构的生成性和开放性方式表现出来的发展性。[9]基于时空和内在结构上的特殊性、多样性和实现过程的阶段性,我们把这种现代性的"复杂"概括为,一方面,是解构与建构的复杂性。现代化意味着对既往传统结构的解构,同时又是现代性因素的不断建构,二者在同一时空之内叠加展开,这与按照时序发展演进的现代化模式显著不同。另一方面,生成与做成的复杂性。生成性现代化属于演进性逻辑,而做成性现代化则属于建构性逻辑,二者之间既有融合更有张力和矛盾。但这样的复杂问题在中国场域内同时展开,因此,中国的发展中传统与现代相互渗透、多向耦合、交叉作用,实践中的时空压缩性与任务的重叠性、行动模式的调适性彼此关联、相互塑造、交融影响。譬如,法理型治理的持续努力与"地方国家"实践中如影相随的克里斯马冲动纠结在一起[10],构成独特的效率—秩序模式,历经多年广有成就但也问题频仍,即是一例。

二是独特的城市性特征。现代城市"是人们积极的集聚行动发生的场所"[11],是"权力与集体文化的最高集聚点"[12]。作为一种理性化与市场化并存、社会隔离与社会创新交织、多样性与复杂性纠葛的社会形态[13],城市本质上是"历史变迁的工具"[14],城市社会以区别于乡村生活的城市性(urbanism)而成为最大限度鼓励个性与社会创新的社会结构体。但是,中国的城市性与复杂现代性勾连在一起,表现出与西方演进型城市性颇为不同的内涵和特征。其一,与传统性密切勾连的城市现代性。中国的现代性不是简单的对传统的替代和取消,而是二者互相吸收、互融和共生的。伴随城市载体的扩大和人口规模的扩张,颇具深厚乡土底色的城市而非乡村将成为中国最为重要也最具活力的场域。其二,具有显著建构色彩的城市复杂性。历时性任务的共时性展开[15],是当下"城市中国"建设领域的独特展开方式,具有典型的建构性与整合性特征。它极为特别地展现出了复杂现代性对于国家建设战略的内在要求,整合了发展的层次性与建设的共融性。其三,与国家治理相同步的城市发展性。以人为本的观照使得城镇化的发展具有了较之既往更为均衡和多元的目标取向,但毋庸置疑的是,无论在治国者还是地方治理精英的行动体系之中,城市的生产性功能依然得到极为高度的重视。这与后发现代化国家要最终实现现代化所必然采用的追赶型现代化、非均衡战略、压力型体制,甚至某种程度的运动型治理不无关系。当城市发展深深受制于"发展型国家"逻辑的时候,变迁中的城市性也会自然而然地打上"发展型城市"的烙印。在这样的城市性下,既具有城市属性不断强化下的社会异质性,又具有社会系统公共需求的复杂性,同时还具有有效与有限性改造下的行政主导性,以及仍在一定程度上基于发展渴求冲动下的资本支配性。与其说这是一种属性,毋宁说它是动态演进但趋势明显的一组特性。这内在地为国家治理的新发展设置了条件、规定了方向。

二、"城市中国"的治理基础与逻辑调整

"城市中国"的来临,表明国家治理的实践方位、经济基础、社会结构与发展取向出现重大变化,这构成新形势下中国国家治理的新基础。

第一,实践方位。经过了近70年,尤其是改革开放之后近40年的建设和探索,中国业已发展至现代化中期向现代化后期的快速转型期。一方面,在国家演进的"风云图谱"上,一个乡土性的中国正遭遇"大侵袭"、大变局,这与大规模城镇化的推进不无关系。"城市中国"来临,国家在人口流向、产业结构、城市载体及其相应的公共服务等方面均呈现出全新的面貌。另一方面,在鳞次栉比的"城市森林"中,民众对国家发展方位的感知却存在着群体性的分化和悬殊的认知,因而对国家的认同也出现某种程度的差异。换言之,国家总体的发展图景与局部区域的、群体的多样、多元格局是并存的。在此情势下,国家治理就需要有切实的前瞻性和针对性。

第二,经济基础。衡量一个国家的发展状况,三个方面的经济指标至关重要:一是经济总量,二是产业结构,三是经济成果的分享度。自改革开放至21世纪初,中国持续30年高达两位数的经济增长率,造就了一个初步繁荣富足、经济体量世界第二的国度。在2015年前后,工业取代农业作为国民经济构成首位的格局也已悄然被第三产业打破,且占比仍有进一步扩大之势。当下新常态之中,"城市中国"的经济基础尽管也存在着在相对放缓速度的大趋势下如何进一步稳速度、调结构、增总量的问题,但更为根本的则是经济质量和经济素质提升的问题。在此过程中,提高社会分配与福利保障的公平性、增进民众的获得感,就显得越发重要。

第三,社会结构。快速城镇化促进了村居人口快速向城居流动,乡村的持续解体与新城镇的权威建构在同时进行着。这样导致了重大的社会结果。一方面,这为城市的发展带来了成批量的劳动力,既增加了城市活力又以户籍管制方式控制着城市治理成本。另一方面,城市对农民工的制度性吸纳与保障仍显著滞后,阻隔性的治理格局并未发生根本性的改变。对于许多农业转移人口而言,他们劳动进城了,而劳动保障并未完全进城;身体进城了,而身份并未完全进城;脚下的土地进城了,而这些土地的增值收益与他们并未有多少直接的关联。这种可能出现的转移过程中的权益配置固化,存在着转移集中风险[16],以及各种城市病加剧、环境恶化等诸多风险。

第四,发展取向。国家的治理是人民的治理,需要坚持和发展人民主权。人民主权的实现集中体现在通过治权的落实来保障和发展民众福祉。在新的发展阶段,以"城市中国"为实践场域的人民治理,既表明了人民国家发展的价值沉淀,又凸显了人民主体基于新形势而发展出来的新公共需求。这既需要价值坚守,又需要治理创新,从而以新的公共治理供给引领和实现新的公共需求。

缘于国家的发展方位、经济基础和社会结构所出现的重大变化,国家治理与时俱进的调整和发展,需要规避既往城市化和经济社会发展过程中存在的粗放问题,提升治理的有效性和民众实现权益的公平性。

在"城市中国"来临、国家治理基础出现重大变化的条件下,国家治理的逻辑也应随之调整。这种逻辑调整可以概括为:

其一,尊重一个事实,即扎根于乡土性制度底色向城市性增量循序转变这一根本事实。"城市中国"的来临,意味着国家治理重大背景的新变化,这之中既有传统性因素的延续与嬗变,又有现代性因素的日渐强化和凸显。但从根本上说,是国家发展至新的历史阶段所展现出的新面貌和新特征。乡土中国是新中国的发展底色,对于世界上唯一一个文明延续数千年的东方大国而言,历史的延续性是中国自近代以来虽屡遭欺凌而依然能够巍然屹立并能够在新的历史条件下通过调整和整合发展的内在基础和文化基因。在新的历史条件下,城市化快速推进,不论是城市地域规模、人口规模还是城市经济规模、文化生产力,均呈现出显著不同于以往的乡土特征。城市性的出现并不断强化,是在叠加、改造和融合传统性的基础上得到发展的。这之中,既有以资本逻辑为支配的经济生活方式的深度扩张,又有围绕城市载体扩张条件下的人口膨胀、产业发展和交往变化。城市性程度的日益加深,在未来进一步的城市化浪潮中将成为转型发展中国的显著特征。这种城市性是中国复杂现代性的构成属性,内蕴着国家现代化的种种要求,因此它既关涉经济领域,也广泛地涉及行政、文化、社会和生态的诸领域。城市性意味着经济社会的量变已累积到质变的阶段,"乡土中国"正逐渐让位于"城市中国",国家成长正走到新的历史关头。为此,国家治理的价值排序、制度安排与政策供给,都需要根据这一事实适时适当地做出,从而增强国家治理的自觉性和针对性。

其二,转化一种需求,即适时将生存性需求转化为发展性需求。"城市中国"的来到,表明社会的公共需求和国家治理的公共供给正面临着一个新的历史起点,当然也是一个发展提升的转折点。"生存性需求"是指在新中国成立初期及至改革开放的初期旨在解决基本温饱生计的需求,而"发展性需求"则是导向促进人的全面发展、更具公平性的多样化需求。[17]这包括如何做大"蛋糕"和如何公正地分配"蛋糕"两重问题,关涉公平的效率何以可能的重大问题。这说明,在一个日渐城市化的国度中,未来治理的重点将发生位移,即从既往强调基础性的生存正逐步转向当下和接下来都要更加注重发展的均衡性和可持续性,从强调物质保障转型升级到既重物质又重精神、既重速度又重质量、既重生产又重分配、既重规模又重公正。因此,"发展性需求"意味着三重转变:一是物质主义向以物质主义为基础、逐步转向后物质主义的转变,即超越单纯的物质衡量,着眼于提高发展质量和效益,从而发展出文化、生态等新维度;二是从权力逻辑向权利逻辑的转变,改变权力对市场、对社会的过度支配,逐步发展出公民视角和社会立场,走有包容性、内涵式发展的道路;三是从相对粗放的选择性保障向动态均衡的广覆盖、普惠性保障转变,这便意味着需要对机会平等、过程公开和结果公正有完整的政策设计。从整个社会的发展导向而言,从"效率优先、兼顾公平"逐步转变为"有效率的公平"这一升级换代模式,代表着以更高位阶的公共供给来引领和满足新的公共需求,这将成为未来国家治理的新态势。

其三,笃定一个主题。卢梭曾言:"人是生而自由的,但却无往不在枷锁之中。"[18]自由与秩序之间存在着持久的张力,回应和实现这一关系的调适性平衡是现代性的核心命题。这也构成国家治理和社会建设必须面对的重大实践主题。在中国城镇化快速推进的过程中,一种更具现代性的城市生产、生活方式正对社会中的各类主体的行动逻辑发生解构与重构作用。然而,"现代性孕育着稳定,而现代化过程却滋生着动乱"[19]。从秩序建构的角度讲,需要实现分化中的整合、差异中的秩序、结构性不平等中的正义和公正。面对差异化社会中个体分化与社会整合的协调,从制度层面上构筑起能够促进有序流动和持续接纳的体制机制,形成具有基本稳定性和适度创新性的治理体制构架,尤为重要。自由是秩序下的或法律下的自由。[20]自由引导秩序,责任建构自由,自由需要秩序的拱卫和保障,故而秩序建设的关键在于制度化的法治建设。为此,在"城市中国"的大趋势下,寻求一个抽象规则之下的现代性陌生人社会治理,国家治理实践需要处理好多元利益冲突的解决及制衡、合理对待法治与行政干预,以及建构把管理者与被管理者俱纳入共同自由之中的社会秩序等基本问题。[21]

三、"城市中国"治理的改革目标与调整向度

"城市中国"所营造的并将进一步强化的复杂现代性和独特城市性表明,国家治理所依存的既有基础出现重大调整,故此国家治理的逻辑也应适时适度调整。滞后于或过度超前于"城市中国"趋势所带来的治理挑战和机遇,都会导致国家成长遭遇这样那样的约束和困难。党的十八届三中全会提出,完善和发展中国特色社会主义制度、推进国家治理体系和治理能力现代化是全面深化改革

的总目标。作为政治现代化的重要组成部分,国家治理包括以下方面:一是治理体系,涵盖规范行政行为、市场行为和社会行为的一系列制度和程序,政府治理、市场治理和社会治理是现代国家治理体系中三个最重要的次级体系[22];二是治理能力,即运用国家制度管理社会各方面事务的能力,诸如改革发展稳定、内政外交国防、治党治国治军等方面的能力[23]。作为"国家联合市场和社会力量对社会公共事务的合作管理"[24],对国家治理这一过程可以简要表述为:以执政党与政府为核心的治理主体,通过利益表达、利益综合与政策制定、政策实施等过程的循环往复,输出自由、安全、福利与团结等公共产品。其中,提升以民主和法治为核心的制度建构能力、进行制度化与协调性的治理是关键。[25]

"城市中国"来临背景下国家治理现代化这一改革总目标的厘定,分解开来,其主要内容至少涉及如下两个至关重要的方面:

一方面,国家治理中需要权力逻辑发展出超然于资本逻辑的有效性。关于国家政府有效性的重要性,亨廷顿曾指出:"国家之间的最重要差异在于政府的有效程度,而非政府形式;一个低效的政府不仅是无能的政府,而且是一个坏政府。"[26]如何衡量一个国家政府是否有效?这当然涉及许多的维度,在学界也存在着一定的分歧。然而,最基本的有效性衡量共识是存在的,即既能够实现经济的持续发展,又能够确保社会公平正义。从经济角度讲,离开市场机制的基本作用,就不会有社会的经济繁荣,也难以带来社会民众福祉的普遍提高;从社会角度论,确立一个机会公平、过程公开、结果公正的社会是众望所归,但这样的社会不会自动实现,需要政府积极、适度、有效地作为。在一个后发现代化的国家,强调经济发展的优先地位,在叠加城市化与社会结构转型同时发生的大背景下,资本逻辑的保值增值既有被广泛接受的经济社会条件和追赶型现代化发展的制度支持,又有极易被扩大、扭曲甚至肆意泛滥的"市场崇拜"风险。因此,就需要国家治理过程之中,对权力进行动态化和系统性的规训和规范,即治理权力主要是政府权力的理性化,政府要公共地、理性地使用所获得的公共权力,把这种由人民主权所委托的治权资源高效而公正地用于公共管理、服务于社会公共利益。政府权力理性化是政府现代化的基础,主要体现为政府权力价值的公共化、权力配置的合理化、权力运行的制约化和权力行使的责任化。对于国家政府权力而言,最基础的是能够有效地界定产权、降低交易费用,确保市场作用决定性、权力干预适度化以及政商关系良性化。为此,既应该营造法治优良的营商环境、为价值规律和竞争规律充分实现的市场经济服务,又需要发展出超越个别强势群体和既得利益群体的自主性和公共性,确保政府权力资源的获得、安排、使用、监督等一系列活动在法治的轨道上运行,建设服务型政府,构建有效国家。

另一方面,国家治理还需要权力逻辑得到权利逻辑系统规制和制度化接纳的合法性。国家治理现代化,实质上就是在充分发掘现有国家制度资源的基础上,实现国家在结构与功能方面的现代性建设,亦即提升国家治理结构的规范度与治理能力的有效性。作为实践中的国家建构[27],国家治理现代化旨在不断提升治理的民主化与效能化,前者指向解决提供制度保障问题,后者旨在落实让公共治理结构运转起来并产生预期治理绩效的问题,使国家成为保障和发展公共利益的现代公共管理者与服务者。从国家均衡建构的角度讲,从传统走向现代的现代性国家治理,在结构上要解决的核心问题为权力与权利的理性化制度关联;在功能上要拓展的是基于政府与市场有机作用关联基础上的实践机制平衡。[28]这样,才有可能实现社会利益的动态平衡。从国家与社会有机互动的视野看,这也是真正深度完成现代国家建构的内在需要。[29]随着经济基础和社会结构的变迁,尤其是以利益诱导方式展开的放权让利改革以及后续的利益调整和平衡性改革,对于政府治权的社会化、参与度与协同性都提出了新的要求和新的挑战。譬如,在城镇化过程中,如何实现产业化与人口市民化的同步、如何将经济发展的成果进行更具有普惠性、广覆盖式的调整,以及如何确保民众经济权益、政治权益、文化权益、社会权益、生态权益乃至空间权益的相对均衡保障和发展,便是在新的发展阶段之中对国家治理提出的新要求。为此,基本权利导向的权力理性化就应更为充分地体现出政治文明的发展维度,更为自觉地将国家的自我"规制"深度地建立在基于普遍共识的明示规则体系之上。只有这样,才能够化解和规避国家成长中可能遭遇的各种"烦恼"。[30]

有效性需要与合法性需求,在"城市中国"的发展趋势下,内在地构成国家治理现代化的基础内容。但是,二者之间存在着一定的矛盾。如何合理调节张力、在动态与平衡中实现国家治理有效性与合法性的同步提升,就显得尤为重要。[31]我们认为,通过建构对政府的有限性与有效性的公共服务化转型,从而进一步深化成熟市场机制的培育和发展理性的社会自治是可行的路径。这是因为,在后发现代化国家中,中国特殊的政治社会生态要求政府是一个保持适度规模、作为相对较为积极、能力较强的政府,只有这样,才能够保持较强的行政助推力,以循序实现秩序可控、绩效优良、动态均衡的发展转型。这之中,效能政府、规范市场、法治社会的协同联动至关重要。前者是引领、规制和调控的力量,中者是资源配置和运作的决定性力量,后者则是为一个社会奠定底线、提供保障的平衡性力量。三者的有机协调和持续联动,才能够形成一个导向全面现代化的人民中国。

四、快速城镇化背景下的城市治理:问题与成因

作为国家治理的活性载体与实践平台,在复杂现代性背景中的新型城镇化建设及城市治理创新,就亟须直面既有模式中存在的诸多问题。我们研判,这些问题的存在总体上是在人口快速涌入、工业化快于城镇化的背景下,城市治理资源有限、管理运行体制机制和方式方法相对滞后,难以有效满足城市发展所提出的内在要求、与广大市民日益增长的物质文化需求不匹配之间的矛盾体现。具体表现为:

其一,城市管理理念尚难以迅速转变到位。尽管目前各地方在建设运营城市方面不断探索,但总体上仍与中央的要求、民众的期盼存在一定差距。城市管理运行的人本思想、科学意识与法治观念初步形成,但尚未成长为一种整体浸润性的文化自觉和内化观念,因而对于城市治理的导控作用仍比较有限。孕生并发展在工业经济时代的城市管理观念,总体上落定在大城市格局的管理实践之中,其核心理念是"命令—服从"的意识和行动格局,服务意识根植性弱,对于城市体量快速扩大、管理复杂性几何级增长所衍生的新形势、新问题、新矛盾,无法很好匹配适应,更难以起到前瞻性的引领作用。

其二,体制上传统的组织管理体系弊端有所延续。当下城市管理与运行体系,总体上是匹配于工业化时代金字塔形科层制的部门管理体制。虽然曾发挥重要作用,但是随着城市体量的扩大和城市复杂性程度的显著提高,尤其是在进城务工的大流动格局中,这种科层制组织管理体制职能条线切割、机械度高、隔离性强、流程繁复、协同难度大、效率偏低等问题逐渐显露,难以满足信息化时代对城市管理运行的智能化与精细化要求。在面对跨领域、跨界面、跨流域等需要协同治理的情况时,既有体制的弊端就逐渐显现并有所延续,缺乏综合统筹与合作协同成为主要桎梏。

其三,机制上主体分散与参与不足等问题同时并存。对照城市发展规律的品质要求与可持续性需要,当下城市管理运行机制存有三方面欠缺。一是职能部门联动机制尚不够健全通畅。涉及多部门、长链条管理服务部门的领域,在治理中的联动频率、互动方式、管控有效性有缺失。二是多元主体协商机制搭建不够完善。诸如在涉民决策中如何更加有效地提高公众的参与热情、参与质

量、参与有效性,已然成为提高城市管理运行的重要问题。三是普惠民生共享机制须大力创新完善。如何实现城乡发展的一体化以及公共服务资源的均等化、广覆盖和普惠性,成为中国城市发展中的重大民生问题。

其四,方式方法上仍在相当程度上受制于既有的路径依赖。管理方式方法和手段的相对滞后、单一,直接约束了城市的人本化、智慧化发展。譬如,城市管理信息采集渠道单向,信息平台的共享度低,集约化匹配性不足,难以实现管理服务工作一体化的运行和监督反馈的立体化。城市管理运行总体上处于碎片化和后置性的"刺激—反应"格局之中,相当部分工作仍在利益驱动、问题倒逼的轨道上运行。整合度低与创新性弱是突出的两个方面。前者是指各领域、条线上的职能式方式方法日渐丰富,但总体仍处于零散状态;后者是指在流动人口管理、城乡一体化、公共服务均等化等方面具有原创性、实效性与可推广复制的举措仍比较有限。

其五,保障体系建构总体仍难以匹配城市规范高效运转的要求。一是城市服务保障体系建构虽有显著进步,但尚不能满足新形势、新需求。特别是城市非户籍人口的普惠性公共服务亟须大力拓展。二是城市的安全保障体系建构尚不健全,包括食品药品安全的监管、轨道交通立体化和综合化趋势下的安全维护以及网络信息安全保障等问题。三是城市生态保障体系的建构仍有薄弱。目前水体、土壤、空气等生态治理问题尤为迫切。生产生活的深入"着绿"压力极为迫切。

快速城镇化进程中城市治理存在的问题,其原因是复杂多样的:

一方面,认知模式上的线性思维影响仍根深蒂固。思维滞后于现实,是城市治理中存在的最显著的问题。在"城市中国"成为一种常态的时候,作为系统工程的城市治理便尤其需要发展出科学化与前瞻性的思维。然而现实是,奠基于传统时代的线性认知和管控思维仍发挥着主导作用。认为人口的增加,也就是治理需求的相应倍数增加的认识时有存在;认为城市管理就是问题管理、结果导向,只要问题被"摆平就是水平、搞定就是稳定、没事就是本事"在部分政务部门和工作人员身上时有显现;认为城市管理在新形势下,人多就好办事、效能效率就一定高的不当研判也还时有流露。

另一方面,实践体系上的碎片化结构造成持续约束。目前,城市规划、建设、管理等诸环节存在"断链"或"区隔",城市治理在一定程度上仍是一种碎片化的行动结构。譬如,城市规划与管理、建设与运行之间存在衔接阻滞,在规划衔接、项目立项、资金安排、土地供应、基础设施、重大产业、公共服务和环境保护等方面相互牵扯,遭遇的问题也具有内在的共生性。实践中,政府层级间的纵向协调与政府部门之间的横向协调,以及政府与企业、与社会组织团体之间的协调合作,仍然深陷于部门行政、行政区行政的习惯模式之中,大部门制的应有效应难以发挥,某些"部门利益化、利益部门化"的倾向仍有显现。

一方面,创新动力上的"问题倒逼"导向格局锁定。城市管理运行跟着问题走,对于解决紧迫的实际问题多有帮助,但是这种浅表性的运动性治理或压力回应型治理,其行动持续性、资源节约度和效果常态化等方面在快速城市发展的节奏中越发面临挑战。这些问题的解决都离不开创新,既包括规划建设理念的创新,也包括管理运行体制机制的创新,更包括社会参与、公众监督的创新。这就需要突破被动应景,有预见性地去创设城市治理的基础性和结构性议题,突出治理的超越性和引导力,逐步向做城市规划建设和管理运行的品牌与价值方向转变。

另一方面,资源配置上的"虹吸效应"致使效能散溢。城市治理中的"虹吸效应",是指在一定的载体或区域格局下,为治理各种"城市病"而大规模地吸纳资源。这种资源配置模式的形成事出有因,也可收获一定的短期之效,但是从长远来看,对于城市管理体制的优化、机制的创新、方式手段的进步,以及治理长效性的巩固和发展而言作用甚微,治理效能处于一种不断散溢或治理收益边际递减的状况。因此,突破"问题孤岛"、形成体系化的治理资源配置和运行尤为重要。

五、系统优化城市治理与国家治理现代化

上述城市治理存在的问题及其原因,清晰地表明了在"城市中国"日益成为一种趋势的背景下城市治理的复杂性。在国家治理现代化的总目标下,需要对优化城市治理做出系统性的探索努力:

首先,认知模式。经济基础和社会结构的城市化,亟须我们从"乡村中国"的认识逐步转变到"城市中国"的逻辑上来。即实现从"权力城市"向"权利城市"、从生产性城市向"生产—消费"一体化城市的认知转变。这就要求,城市的成长和发展需要突破权力的单向支配和主导,突出城市发展的社会导向、民生意愿主导城市治理,让城市的决策、建设和管理运营更为充分和均衡地体现对民众权利保障和发展的基础维度,即治理的公共性。这就意味着,城市的基本属性定位、城市资源的配置机制、城市决策的展开模式、城市发展的绩效检验都

需要符合增长中的城市性的引导,将城市治理和国家治理奠基于人民主体性价值的保障、发展和实现上来。

其次,实践体系。在新的形势下,需要逐步突破既往规划相对松散、而对辖区内管控极为严格的"命令—服从"模式,建立起"规划—建设—管理—运行"的城市治理实践体系。在新型城镇化阶段,既需要考虑秩序可控,又需要权衡成本管控,更需要思考治理的人本化与精细化需求。基于城镇、城市健康可持续发展的内在需要,那种"摊大饼"式的城市扩张必须得到遏制;同时,在城市内部的就业困难、交通拥堵、教育医疗资源不足、基本公共服务吃紧、生态环境恶化等"城市病"也必须加以矫正。为此,在实践体系的重建和重构中,应增强城市发展建设的可治理性。

再次,创新领域。复杂现代性背景中的城镇化有着任务的多重性,即将西方国家长时段的历时性建设领演变成共时性的发展议程[32],将"串联"任务"并联"化。譬如,技术进步—经济发展维度的城镇化,具有显著的物质导向,是快速城镇化的主体形态,这与经济发展作为国家最高议程的基础设置密不可分。再如,社会演进—政治发展维度的城镇化,表明空间的社会化与社会的空间化这种双重建构[33],是一个持续的公共选择过程,需要以制度选择和制度创新的方式实现城市权利的普遍化与均等化。此外,生态—环境和文化—生存等维度的城镇化也表明,城市发展要抑制生存环境日益恶化的"自反"状态,实现绿色循环低碳发展,同时不断为人们生存提供价值说明和意义支撑的重要性。

复次,动力机制。在地方政府既是改革动力又是改革对象的主客同体格局中,现有的城镇化进程实质上是以行政主导为基本手段的,是围绕土地使用权的城市化与集中化,力图促进产业集聚、人口扩张和空间拓展的效益扩散过程[34]。该模式虽有其场域合理性与实践有效性,但是其内在限度(如动力源单一、权益分配单边支配等)也是显而易见的。为此,未来的城镇化首要的问题是处理好政府与市场的边界,核心是充分尊重市场规律,以需求和市场导向推进城镇化。同时,更加注重发挥好社会自主性对城镇化的参与和支撑作用。以"政府—市场—社会"有机互动的新机制,为城市的健康发展注入新的能量和力量。

最后,风险管控。城镇化快速推进,容易给城市治理造成一系列或然风险。一是"城镇化即房地产化"的"造城运动"风险。这反映出地方经济社会的发展在相当程度上还依赖于土地这一类初级要素,地方财政在一定程度上还较多地依赖"土地财政",以及对干部官员的考核仍深受 GDP 思维的约束。二是过载风险。包括就业、交通环境等显性"过载"的"城市病"和尤其需要警惕的"权力过载"风险。[35]三是固化风险。城镇化进程中最大的风险在于城乡矛盾内化,即将非均衡的权益结构固化,把不合理的城乡二元结构内化成城市内部的常态。[36]这将造就大量"半截子"的城镇化和现代化。

城镇化的发展其实质在于塑造一个"开放的、能够不断发展的秩序"[37],构成国家治理的基础,也是国家治理现代化发展的缩影[38]:

其一,从历史语境角度看,城镇化发展以及新近的"新型"战略形态,总体上都是在国家现代化的氛围中展开的。这一实践展开的历史起点、路径选择、行动结构以及资源约束,从根本上讲,都是由中国经济社会发展的内生力量所决定的。恰恰是这种内生规定决定着中国城市(镇)化发展的基本样态,因此与其说城镇化是国家选择的结果,毋宁说它是中国场域自生自发秩序嬗变之使然,本质上它是中国式现代性抑或复杂现代性发展的反映。而这种复杂现代性,有着在特定时空压缩中生成与演化的复杂性,也有着在交叉关联的角色需求与角色冲突中实践结构与行动模式的调适性。正是从这个角度出发,基于历时性任务的共时性呈现,演进至今的新型城镇化以其多重的实践和复杂的构造逻辑而全面嵌入国家治理的重大进程之中,成为新时期观察和分析"中国道路"的重要风向标。

其二,就实践逻辑讲,中国城镇化的发展是国家治理采取"保障民众权利与集中国家权力的'对冲'发展策略"[39]的具体体现。它一方面因未能具备西方国家权力与权利双重展开的秩序起点和社会条件,而需要在所有实践领域内警惕权力开放可能导致的社会冲突;另一方面通过设置国家性的战略平台,旨在发挥推动工业化和国民经济快速发展的"生产性激励"效应,但同时又着力将其效应向"发展性需求"诉求所导引的"共时性提升"方向发展。这种特定的路径限定以及随之而来的偏好排序,既为城镇化战略之人本化预期设定了可能达到的价值限度,又为该战略之再平衡功能给定了实践发展的绩效高度。面对发展型国家的效率威力与分化绩效,如何有效改造压力型体制、动员性机制和运动性治理而发展出能够充分抑制制度化权威流失、改革碎片化与短期行为的治理结构,并实现可持续的治理能力供给,尤其需要慎重对待。

其三,以全球视野论,以城镇化方式推进现代化是完成均衡化的国家建构这一国家治理现代化的首要任务。在全球化时代,国族认同的基础依然存置于现代性国家建构的基础之上。[40]这是因为,在开放条件下,全球化对于民族国家的挑战,只有伴随民族国家内部国家治理的失败,才会引发解构国家的实质后果。而现代性的国家建构,基础在社会,伟力在民间。从民族国家与民主国家的双重视野看,国家成长的关键在于强化民主治理的绩效。针对城镇化建设进程中的效率提升、秩序重构以及公平发展的需要,根植于政治社会生态内生规定性的改革深化,其核心的发展向度在于以效能、法治与民主为中轴深度展开均衡化的国家建设,开拓系统化的改革议程。这既是中国有效规避"中等收入陷阱"以及更为危险的"转型陷阱"的重大需要,更是有序回应全球化挑战、循序鼎定其应有国际地位的可行战略举措。[41]

六、简要结论与讨论

超大规模社会的中国,正在经由快速的城镇化而迈入"城市中国"的新阶段。在这个阶段,新型城镇化所带来的并将进一步深入演进的重大变化则是对于经济社会结构对立性的消除和对整个社会的"权利再造"。这种改变远远胜于显性层面城市载体的扩张、人口的大规模城市流入以及产业结构向第三产业的位移。无论作为国家战略的实践平台,还是基于权威引导的政策安排,抑或是更为广阔视野中的重大公共选择,新型城镇化和城市化的发展加深了中国社会复杂现代性与城市性的整体特征,其深远的战略价值在于不断地提醒治国理政者、地方治理精英和社会各界,变迁中的经济基础和社会结构需要有更具调适性的治理逻辑。这种逻辑需要回应中国正从乡土性制度底色向城市性增量循序转变的根本事实,以更为协调、系统和可持续的思路方法来重塑发展理念、更新公共供给,从结构与功能两个方面实现国家治理的现代化,从而更为深度地实现人民的治理。

基于对城市问题的既有问题与基本肇因的研判,国家治理需要在两个重要维度有所拓展:一是从"权利城市"出发强化国家治理的人民性,即治理公共性;二是从"效能城市"着眼优化国家治理的绩效化,即治理有效性。但是,需要高度注意的是,无论是治理的公共性,还是治理的有效性,在转型发展的过程中,需要更加重视另外的两个视角。一是国家治理的权威性。这涉及执政党和政府治理权威是否能够保持稳定有力并对国内外环境做出适当的反应、进行与时俱进的治理手段的调整和更新。二是国家治理的法治化。奠定规则的价值,是转型国家制度化的关键。制度给予一个社会稳定的预期,并有助于引导社会各类主体行为的理性化和合作程度的提高。当法治成为一种信仰,无论对于权力组织还是社会成员而言,内化于心成信仰、外化于行成模式,那就具有了值得长期期待的塑造和发展价值。因此,它就能够在一个城市性发展逻辑的中国循序提升治理体系和治理能力,从而深度型构国家治理的现代化。在"城市中国"的大趋势下,如果说"权利城市"表达的是权利的逻辑,它赋予国家治理的是价值根基和合法性基础,那么"效能城市"则吁求的是绩效的愿景,它是国家治理的发展力量和实力基础。与此同时,国家治理的权威性,需要执政党和政府在不断变迁的、新的"国家底色"面前既有识别素质又有调试能力,体现出治理的自主性和引导力;而国家治理的法治化,则是在"群己权"厘定和调谐的过程中,发展出规则意识和人文情怀兼具的"认知—制度—行为"模式,从而夯实一个国家存续与成长的基础。

参考文献

[1] 弗里德曼曾指出,中国城市研究不能够简单地套用西方现代化、城市化理论来描述,因为中国的城市深深根植于其历史文化之中,因为中国不只是另一个国家,而且是一个值得研究和有自身逻辑的文明。参见 John Friedman. China's Urban Transition[M]. Minneapolis: University of Minnesota Press, 2005.

[2] 徐勇. 历史延续性视角下的中国道路[J]. 中国社会科学, 2016(7).

[3] 黄建洪. 城镇化发展的"中国道路"与国家治理现代化[J]. 江汉论坛, 2014(7).

[4] 李强, 等. 多元城镇化与中国发展[M]. 北京: 社会科学文献出版社, 2013: 6-8.

[5] 李克强. 推进城镇化需要深入研究的重大问题[J]. 行政管理改革, 2012(11).

[6] 李克强. 第十二届全国人民代表大会第四次会议政府工作报告[EB/OL]. [2016-03-05]. http://news.xinhuanet.com/fortune/2016-03/05/c_128775704.

[7] 黄建洪. 中国城镇化战略与国家治理现代化的建构[J]. 苏州大学学报(哲社版), 2016(2).

[8] 譬如,西方现代化过程中充分显现的理性主义的思维观、工业主义的增长论、效率至上的立场感以及自然环境的工具主义存在论。参见雅克·施兰格, 等. 哲学家和他的假面具[M]. 辛未, 等, 译. 北京: 社会科学文献出版社, 1999: 48-65.

[9] 冯平, 汪行福. "复杂现代性"框架下的核心价值建构[J]. 中国社会科学, 2013(7).

[10] 黄宗智, 余盛峰. 重新发现政治空间:改革中的地方—国家体制[J]. 文化纵横, 2009(6).

[11] 斯皮罗·科斯托夫. 城市的形成:历史进程的城市模式和城市意义[M]. 中国建筑工业出版社, 2005: 1-3.

[12] 转引自冯奎. 中国城镇化转型研究[M]. 北京: 中国发展出版社, 2013: 2.

[13] 李强, 等. 多元城镇化与中国发展[M]. 北京: 社会科学文献出版社, 2013: 25.

[14] Richard Sennett. Class Essays on the Culture of Cities[M]. New York:Meredith Corporation,1969.

[15] Chang Kyung-Sup. The Second Modern Condition? Compressed Modernity as Internalized Reflexive Cosmopolitization[J]. The British Journal of Sociology,2010(3).

[16] 韩康.中国城镇化最大风险:城乡矛盾内化[J].人民论坛,2013(15).

[17] 韩庆祥,张健.中国特色社会主义建设实践的内在逻辑与发展趋向[J].中国社会科学,2012(3).

[18] 卢梭.社会契约论[M].何兆武,译.北京:商务印书馆,2003:4.

[19] 亨廷顿.变化社会中的政治秩序[M].王冠华,等,译.北京:生活·读书·新知书店,1989:37-38.

[20] 马克斯·韦伯.经济于社会(上卷)[M].林荣远,译.北京:商务印书馆,1998:241.

[21] 张旅平,赵立玮.自由与秩序[J].社会学研究,2012(3).

[22] 俞可平.衡量国家治理体系现代化的基本标准[N].北京日报,2013-12-09.

[23] 江必新.推进国家治理体系和治理能力现代化[N].光明日报,2013-11-15.

[24] 何增科.国家治理现代化及其评估[N].学习时报,2014-01-13.

[25] 张贤明.推进国家治理能力现代化[N].人民日报,2014-01-06.

[26] 亨廷顿.变化社会中的政治秩序[M].王冠华,等,译.北京:生活·读书·新知书店,1989:1.

[27] 福山就认为,国家建构就是强化现有的国家制度的同时新建一批国家制度,并指出制度能力是国家建构的核心。参见弗朗西斯·福山.国家构建:21世纪的国家治理与世界秩序[M].黄胜强,等,译.北京:中国社会科学出版社,2007:1、31.

[28] 黄建洪.中国城镇化战略与国家治理现代化的建构[J].苏州大学学报(哲社版),2016(2).

[29] 任剑涛.在"国家—社会"理论视野中的中国现代国家建构[J].天津社会科学,2012(4).

[30] 诸如"亨廷顿悖论",即在转型发展的国家中,易于出现经济社会经由一定的发展后会出现政绩困局与合法性衰落的"两难"状况。参见亨廷顿.第三波——20世纪后期民主化浪潮[M].刘军宁,译.上海:上海三联书店,1998:54-67.

[31] 林尚立.在有效性中累积合法性:中国政治发展的路径选择[J].复旦学报(社会科学版),2009(2).

[32] Chang Kyung-Sup. The Second Modern Condition? Compressed Modernity as Internalized Reflexive Cosmopolitization[J]. The British Journal of Sociology,2010(3).

[33] 胡潇.空间的社会逻辑——关于马克思恩格斯空间理论的思考.[J]中国社会科学,2013(1).

[34] 李强,陈宇琳,刘精明.中国城镇化"推进模式"研究[J].中国社会科学,2012(7).

[35] 即有可能造成城市行政权的纵向升级和横向权扩张运动,从而衍生出大量权力支配与依附的乱象.参见郑永年.中国城镇化要避免怎样的陷阱?[N].联合早报,2013-07-30.

[36] 韩康.中国城镇化最大风险:城乡矛盾内化[J].人民论坛,2013(15).

[37] 凯文·林奇.城市意象[M].方益萍,等,译.北京:华夏出版社,2013:4.

[38] 黄建洪.城镇化发展的"中国道路"与国家治理现代化[J].江汉论坛,2014(8).

[39] 房宁.亚洲政治发展比较研究的理论性发现[J].中国社会科学,2014(2).

[40] 王卓君,何华玲.全球化时代的国家认同:危机与重构[J].中国社会科学,2013(9).

[41] 黄建洪.中国城镇化与现代国家认同的三维建构[J].天津社会科学,2016(4).

新型城镇化建设中的差异性分析

岳 梁

(苏州大学政治与公共管理学院,江苏 苏州 215213)

摘 要:新型城镇化建设是中国现代化建设的历史性任务。新型城镇化建设不同于传统城镇化,其主要特点是其差异性。新型城镇化的表面现象是人口,但实质上是发展的结果;新型城镇化的本质是人、财、物的聚集。新型城镇化的"新"在于,它是新时代的聚集,是真正消除"二元结构"的聚集,是公平、平等的聚集,是机会均等的聚集,是以人为本的幸福的聚集,是一切为了人民、为了人民的一切的聚集。新型城镇化,本质上是对农民公民权利的承认,是对农民参与社会管理的承认。

关键词:现代化 新型城镇化 多样性

新型城镇化不同于传统城镇化,其最大的特点就是其"差异性";新型城镇化的"新",就在于其是差异性的城镇化。传统的城镇化,其最大的特点是"一",不仅是自上而下的"统一"计划,求大贪多,而且是东西南北中的"统一模式",简称"千城一面",这忽视了各种的"不同"与"差异"、"条件"与"可能"。其教训,应该说是深刻的。

一

从语义上讲,"城"和"镇"的确是不同的。在西方,"City"和"Town"也是有差别的,前者是指都市、城市;后者则指乡镇(市镇、小镇、商业中心);一般来讲,城镇的概念是隶属于城市的。在中国,城镇的概念要宽泛得多,新型城镇的概念当然又有了"新"的内涵。新型城镇化的"新",在于其重视质量、重视步骤、重视适度(规模与速度)、重视协调、重视可持续、重视可行性,更重视其特

作者简介:岳梁,男,苏州大学政治与公共管理学院教授。主要从事企业管理、领导科学、管理哲学的教学与研究工作。曾主持国家社科基金项目的研究。参编或编著教材与著作多部,发表论文三十余篇。

色——"差异性"。简单地说,新型城镇化,就是不能"一刀切",东西南北中本身就不同。新型城镇化建设,从本质上讲,是以人为中心,重视人的全面发展、幸福、快乐;当然,从表征或现象上看,是取消差异,即户口的统一。新型城镇化,从更高的境界上看,是平等、公平正义、善的追求的充分体现。

十八届三中全会形成的《中共中央关于全面深化改革若干重大问题的决定》中就明确提出"完善城镇化健康发展体制机制。坚持走中国特色新型城镇化道路,推进以人为核心的城镇化,推动大中小城市和小城镇协调发展、产业和城镇融合发展,促进城镇化和新农村建设协调推进""推进城市建设管理创新""建立和完善跨区域城市发展协调机制""推进农业转移人口市民化,逐步把符合条件的农业转移人口转为城镇居民"[1]。这些昭示着中国将迅猛推进的新型城镇化建设是从实际出发的,不是"一种"模式,而是多种多样的。

新型城镇化是在中国正处于新型工业化的进程当中进行的。中国是世界上最大的发展中国家,所以制造业仍然是中国发展的基础,于是必须城镇化。但历史告诉我们,中国的新型城镇化,一定要走定制化、个性化、特色化——"差异化"的路。当然,今天的我们也必须明白,规划是非常重要的,但新型城镇化注重的是发展的结果,也是发展的基础,因为行政命令的新型城镇化副作用会非常大。政府在推动新型城镇化中的定位应该非常清楚明白,这就是驱动机制、驱动机构,而绝对不应该是新型城镇化的保姆——一切都管,管了一切。

当然,现代化就是工业化、农村城市化;现在提出新型城镇化,自然是针对传统城镇化而言的。具体点说,传统城镇化的规划缺乏客观性、科学性;空间布局也缺乏合理性;政府干预的"千城一面"自然缺乏创新性与多样性(差异性);从客观上看,超越实际,自然缺乏可行性。所以,在笔者看来,新型城镇化的发展,要科学的规划,合理的布局,公平的发展,各地机会均等,尤其要有差异性:城镇之间的差别主要是文化或个性的差别,而不是规模、位置与GDP等的差别。

二

从宏观经济发展的现实能力来看,新型城镇化建设的差异性是现实的、巨大的。

新型城镇化建设的核心条件,当然是资金与就业。如果资金不到位、企业不给力,那新型城镇化建设就是空谈。现实是,中国的经济发展,层次差异非常大,总体上看是呈阶梯状分布,珠江三角洲、长江三角洲与环渤海带等发达地区的经济实力与企业能力,是中西部欠发达地区所无法比拟的,差距不是一两个级别。县域经济的发展水平,告诉人们新型城镇化发展的可能与水平。以经济实力强劲的苏州来看,GDP的总和超过中西部一个大省,其企业的数量与质量也不可与中西部同日而语;苏州的4个县级市,实力较弱的太仓市排名全国百强第6位。总体上看2016年中国百强县的排名,东部地区占74席,中、西部各占12席,东北地区仅占2席。这充分说明,中国的新型城镇化建设必须是有差异的,或者说也必须是具有多样性的。

事实也的确如此,中国的新型城镇化发展具有显著的梯度分布特点:东部地区新型城镇化发展优势明显,如上海市已经是没有县级的直辖市,苏州地区已经没有传统意义上的农村,长三角要建立国际化大都市;中部地区新型城镇化发展则相对(明显)滞后;而西部地区新型城镇化的发展则水平较低。"各地区新型城镇化水平存在空间差异,东部地区新型城镇化发展速度较快,中、西部地区新型城镇化发展普遍缓慢。"[2]

三

从地区自然环境所提供的发展条件看,新型城镇化建设的差异性是真实的、不容否认的。

中国地大物博、人口众多,尤其是各地差异较大,所以各地区应该从其自身的资源禀赋与主客观条件出发,制定出适合自己的新型城镇化发展战略。整体上看,中国人口多、底子薄,人均资源有限,各地区发展很不平衡,这种基本国情没有大的改观。而且在迅速发展中,还会遇到新的、更多的问题,比如人多地少、资源紧缺、环境脆弱、地区差异拉大等。东部地区,尤其是沿海地区,开放较早,工业化程度高,基础建设好,农村变化巨大。所以,东部地区主要依靠城市集群发展,中部则要依靠城市链发展,西部则是依靠中心城市带动发展。实际上,国家的宏观规划也是这样要求的。

从个体性上讲,个体的存在不仅不具有完整性,而且有局限性,因此要根据具体的各种不同条件与优势进行。如中原地区的新型城镇化建设要考虑的条件就是:"区位优势明显,战略地位重要;自然资源丰富,文化积淀丰厚;人力资源充裕,人口压力沉重;农业在全国举足轻重,三农问题突出;经济发展水平、城镇化水平比较低,发展潜力比较大。"[3]这就要求,中原地区的新型城镇化建设绝不能与发达的东部地区一样,必须要有自己的小城镇特色。

再比如,广大的丘陵、山区地区,新型城镇化建设也必须要有自己的特色:要与旅游相结合,要与其独具特色的传统文化传承相结合,要与环境保护相结合,要与美丽的自然生态相融合。实际上,传统的几家几户族群世代相聚,就是与自然融合。从高层的设计规划来看,新型城镇化建设,也不是让农村"消失",而是把农村建设得更加美好,让农村和城市生产、生活环境的差距缩小,还要使城市的人向往农村,使农村发展有一个光明的前景。新型城镇化的实质,就是将城市生产和生活的要素向农村地区延伸。

新型城镇化建设,必须从实际出发,实事求是。据笔者的调查,实现丘陵、山区的城镇化必然会带来严重的两头问题。第一头,在山区,空地少、土地少,把仅有的空间占有,与河流争夺生存空间,这必然会带来生态灾难;仅有的土地被占开发为住房,这不仅使居民的生计无法解决,而且还可能带来威胁生命的灾难(洪水、滑坡泥石流);统一居住,还带来环境污染与较大的环境破坏问题。第二头,原先一家一户或几家几户居住的地方,近距离有几块小面积的土地,能够生存,不仅对环境的污染与破坏较小,而且自然能够很快地修复,居民一旦离开,这些小块土地就无法利用(居住较远不能利用),一旦山洪暴发,道路破坏,就会造成通行的困难,从长远发展来讲,也不利于自然环境的保护与发展。

不论是传统城镇还是新型城镇,都有边界。所以,城市人口迅速增长,但不能超出其城市的承受极限;大城市人口迅速扩张,也不利于国家和区域的协调发展;无限制的城镇扩张,会造成贫富差距的增大,这会使城市社会问题和危机增大。

按照顶层的设计规划,新型城镇化的重要特征是节约、集约、生态宜居。所以,在新型城镇化的建设中,一定要尊重当地农民群众的意愿,依托农村山清水秀、民风淳朴的优势,挖掘当地资源,发挥当地优势,通过就地城镇化、集中城镇化、提升城镇化(改造提升现有小城镇)等多种多样的方式,以应天时、用地利,建设舒心、自然、宜居、有特色的新型城镇。

新型城镇化的支撑在于其产业化水平。因地制宜,以订单农业、家庭农场、农家旅游、农业产业化经营等推动农业发展。成功的发达地区的新型城镇化建设就是这样进行的。针对欠发达地区,特别是地广人稀的山区,过去的城镇化建设存在着不少的问题:一是(政府)主观认识不到位,没有做到以人为本,不征求农民意见,不顾及农民需求,不考虑农民的富裕程度,不着眼于方便农民生产、生活的实际需求;二是地方、部门利益作祟,不按客观规律办事,盲目圈地扩城,依靠土地拉动经济的粗放增长,造成人为制造城市化的现象严重;三是形式主义严重,工作作风浮躁,土地城市化现象突出;四是农民被市民,农业正常生产经营受损,农民的土地被无效地占用,农村劳动力进城,农村没有资金注入,农业生产力水平下降。

新型城镇化的本质是发展,不发展,就没有新型城镇化。当然,这种发展,不是直线式的发展,而是螺旋式的、阶段性的发展上升,也可以说是波浪式的前进。特别是对广大农民群众来讲,就是顶层设计来讲也是,即新型城镇化建设不是不要农业、不要农村、不要土地。对于广大的农民来讲,实现背井离乡、离别故土、弃村上楼,是要通过新型城镇化建设——充分挖掘土地流转、宅基地转化等,以实现农业的发展,从而真正实现城乡基础设施一体化和公共服务均等化。一句话,发展——新型城镇化建设的核心,是让人民群众受益。

当然,新型城镇化规划也不能变化太快太多,从而造成资源浪费,特别是耽误了时间。这就如"脱贫攻坚"一样,也绝对不能层层加码。既要让农民共享新型城镇化发展的实实在在的成果,也要从实际出发,要因地制宜,要人们自愿。当然,这里还要提醒,一定要切记,模式本身就是固化,推广某种模式本身就是"一",而"一"就是没有差异——没有多种、多样性。

四

从地区社会人文所提供的发展素质来看,新型城镇化建设的差异性也是真切的。

中国的今天,已经进入新型城镇化的快速推进阶段,城镇规模、人口、基础设施等硬件发展相当快。但是,反观人的素质教育等软件建设,仍然比较滞后。

现代化首先是人的现代化,没有人的城市化,新型城镇化就是不可能的。但相当多的研究发现,大量进城的农民,特别是中西部进城的农民,由于受商品经济的冲击较晚、较淡、较突然,所以,他们虽然已经在城市中工作、生活,但其思想素质水平依然较低,还没有形成符合现代要求的现代"人格",这包括独立的主体性人格、法制观念、社会责任等意识。这些进城工作、生活的农民,在社会行为中,遵循的依然还是"熟人社会"(乡土社会、人情社会)的逻辑,完全没有形成与陌生人交往的现代相处之道;这些进城的农民依然重私德而轻公德,没有理性与契约精神,缺乏公共责任;等等。实际上,这是一个悖论,新型城镇化建设的速度越快,这些问题表现得就会越强烈;这些问题表现得越强烈,那就意味着新型城镇化建设的任务越艰巨。这是一个亟待解决的大问题,因为这不仅关系到新型城镇化建设的质量与水平、公平与共享,而且关乎中华民族的未来。兴国之道在于教化,百年大计教育为本。在这方面,如果处理不当,可能会给新型城镇化的建设带来"异化"的问题。

参考文献

[1] 中共中央关于全面深化改革若干重大问题的决定[M].北京:人民出版社,2013:24-25.

[2] 王新越,秦素贞,吴宁宁.新型城镇化的内涵、测度及其区域差异研究[J].地域研究与开发,2014(4).

[3] 王发曾.中原经济区的新型城镇化之路[J].经济地理,2010(12).

变革与重构：泛旅游产业线上线下整合的农产品流通

——基于连片特困区小城镇的建设①

杨辉鹏

（黄冈职业技术学院，湖北 黄冈 438002）

摘　要：基于泛旅游产业线上线下整合的视角，探讨连片特困区小城镇农产品流通的发展路径。在梳理和分析国内外小城镇进程与特征及发展趋势的基础上，探求连片特困地区基于区域内绿色低碳产业资源禀赋推动城镇化可持续发展的内生动力，通过泛旅游产业整合的理论基础，构建农产品流通体系的动力模型，从理论角度分析农产品在泛旅游产业线上线下整合的推动城镇化进程中的流通影响因素与作用机制，进而结合区域旅游业和现代农业发展的案例，提出农产品流通发展路径。

关键词：线上线下　泛旅游产业　电子商务　城乡一体化　信息服务　流通

作为中国贫困程度最严重的地区，开发良好的绿色资源禀赋和深厚的人文资源，是聚集51%的农村贫困人口的连片特困区推动城镇化发展的显著动力和实现区域可持续发展的重要路径。但长期的城乡二元经济失衡状态，使区域内因流通成本和产销对接等问题导致流通效率低下的特色农业，很难得到这种重在以基础设施建设推动旅游资源开发的城镇化路径的同步支持与发展。实现"生态建设产业化、产业发展生态化"，并保障农产品高效流通和供求平稳，不仅

作者简介：杨辉鹏（1982—　），男，湖北麻城人，黄冈职业技术学院讲师，中南财经政法大学在读博士。主要从事物流与供应链、流通经济的教学与研究。联系方式：18772501655，邮箱：hgjiaotong@126.com。

① 本文中的连片特困区即《中国农村扶贫开发纲要（2011—2020年）》中的六盘山区、秦巴山区、武陵山区、乌蒙山区、滇桂黔石漠化区、滇西边境山区、大兴安岭南麓山区、燕山—太行山区、吕梁山区、大别山区、罗霄山区等区域的连片特困地区和已明确实施特殊政策的西藏、四川藏区、新疆南疆三地州。本文中的小城镇指的是小城市+建制镇。小城镇在我国存在着许多不同的看法：（1）小城镇=小城市+建制镇+集镇；（2）小城镇=小城市+建制镇。这一小城镇概念指城镇范畴中规模较小、人口少于20万的小城市（县级市）和建制镇；（3）小城镇=建制镇；（4）小城镇=建制镇+集镇。

是新时期扶贫攻坚的必然要求,而且也是连片特困区脱贫致富的重要途径。

信息技术与互联网的变革和迅速扩展,使旅游地的商户可以通过线上(Online)平台吸引和挖掘由旅游业的引擎效应带来的人群聚集,并由此形成规模消费的、通过线上支付获得线下(Offline)体验的各种客源;同时,获得线下体验的消费者可以利用这种线上发现机制,搜寻到最有利于自己消费利益的各种农产品,由此形成吸引顾客到线下实体店(Offline)消费的线上线下融合的O2O(Online to Offline)模式,使网络成为传统面对面的实体交易行为延伸到虚拟电商平台的工具,有助于减少农产品传统流通中的多层环节,提高流通效率,为解决旅游业和特色农业的协同发展提供了一种新的思路和运作方式。

本文基于已有的农产品流通研究,尝试针对旅游业"跨界"发展迹象,并由此在产业边缘地带形成新的旅游产品和服务方式的现实,以泛旅游产业线上线下整合的视角对农产品流通模式创新,试图把连片特困区小城镇的绿色发展与提升农产品流通效率结合起来,为新时期的扶贫攻坚提供理论依据。

一、文献回顾

研究表明,低于全国年均增速1.19个百分点的连片特困区的城镇化速度年均增长约1个百分点,两者之间总体发展差距达到25.5个百分点,多数地区的城镇化落后全国平均发展水平10年以上(长平,2015)。"PPE怪圈"①使中部欠发达山区县市的发展面临着人地关系、路径依赖、人力资源、生态危机的刚性束缚(林小如等,2014),盲目效仿沿海地区而忽视区域间自然资源与经济发展的巨大差异,也使西部欠发达地区的城镇化面临着经验失灵的特殊困局(王洋等,2014)。

为推动连片特困地区城镇化的发展,国内学者从理论上探讨、实践中总结了不同地区的发展经验,认为城镇化内生动力不足,发达地区对欠发达地区人口转移的拉力较大,人口大县的城镇化发展面临重大挑战(张伟,2012;唐蜜、肖磊,2014);农村劳动力转移能力不足延缓了城镇化进程(彭荣胜,2011),但相比较而言,劳动力的非农化转移模式可能更适合欠发达地区发展(罗淳,2008)。因此,提高教育水平和整体素质,能有效地转移农村剩余劳动力,但经济发展水

---

① PPE怪圈是指贫困(Poverty)、人口(Population)和环境(Environment)之间形成的一种互为因果的关系。更确切地说,是指"贫困—人口增长—环境退化"的恶性循环。

平决定了区域产业与就业布局,并成为制约区域内教育的直接因素(胡海兰、安和平,2014)。

有学者认为,应选择旅游或其他特色经济作为重点并将其发展成支柱产业,推动有一定资源禀赋的欠发达地区进入一种有别于工业化的候鸟型"飞地"性城镇化发展阶段(刘晓鹰、杨建翠,2004;史开国,2015);类似的,也有学者认为,政府政策、区域经济结构、农民主体以及绿色发展是其城镇化发展的主导动力(黄亚平等,2012;刘群等,2014),生态城镇化建设是贫困地区跨越发展的重要支撑(龙晔生、杨盛海,2013),欠发达山区县应结合自身发展条件,形成具有特色的绿色城镇化发展(黄亚平等,2014),实施基于区域产业资源的旅游驱动型城镇化模式(白马伟色等,2014;林莉等,2014),走以旅游产业为龙头的生态化产业融合的城镇化发展路径(游俊,2015)。

对绿色资源缺乏的连片特困区而言,依托自然资源、边境口岸资源优势,新型城镇化的发展主要有景区旅游型、资源集聚型、边贸经济型三种模式(刘静、张体伟,2013);根据区域内资源及其可达性的要求,西南资源稀缺地区应发挥比较优势,因地制宜地实施农业产业型、工业产业型、交通物流型、生态旅游型和综合都市型5种不同的城镇化发展(刘静、张体伟,2013);在实施"大县城"战略背景下,石漠化片区应该加快中心城镇发展,建设"无土安置型"和培育农村新型社区(凌经球,2015)。

同时,还有学者指出,连片特困区城镇化与金融发展水平之间内含一种呈高度正相关的互动机制(伍艳,2004),金融资源的合理配置应取决于城镇化建设规划(朱建华等,2010),但当前的财政政策在欠发达地区新型城镇化的建设中存在政策支持不足、效果不佳等问题,需要在资金保障、产业发展、公共事业等方面进行政策创新(杨得前、蔡芳宏,2015)。张汉飞等(2013)认为,新型互换机制能化解中西部地区城镇化过程中公共财政投入不足的问题,应在融资渠道、耕地"占补平衡"机制及民营企业参与城镇化建设方面促进新型互换机制良性发展。

此外,林小如等(2012)认为,交通条件的改善对山区县域城镇化发展影响显著;发展交通是山地贫困地区新型城镇化的一项重要任务,应发展集约利用、多级枢纽及多层次服务的综合交通体系(陈彩媛等,2014)。

总的看来,国内学者对连片特困地区的城镇化发展从不同角度进行了许多理论方面的探索,并力图使日益丰富的相关研究推动这一领域的发展水平,但已有的成果依然存在一些缺口。

第一,缺乏对连片特困地区城镇化内生动力的相关研究。尽管部分学者已经注意到内生动力不足对区域可持续发展产生显著影响的事实,但大多都是从劳动力转移、工业化路径依赖、政府政策等方面来描述连片特困地区城镇化发展动力的,将城镇化的发展更多归结于地区间的外部要素流动,而对区域经济结构与区域特色产业资源禀赋在形成城镇化发展内生动力的整体演进过程、特征、规律方面缺乏一个全面综合的、具有可行性的产生良性互动的驱动力模型与分析框架。

第二,缺乏对连片特困地区农产品流通体系方面的研究。总的看来,农业在连片特困地区的产业经济结构中占比较高,已有的研究忽视了农业的绿色资源禀赋和农产品流通对连片特困地区经济社会发展的重要意义。事实上,我国农产品流通效率总体水平偏低,推动城镇化进程有利于提高农产品流通效率,进而有助于农民收入增长。目前已有的研究缺乏在区域内城镇化发展分析框架的基础下,对构建通畅的农产品流通体系、创新农产品流通模式方面的"系统"研究,这不足以全面把握区域内基于产业支撑与资源整合的新型城镇化建设,也不符合新时期扶贫攻坚和提高农民收入的应有内涵和发展要求。

有鉴于此,本文的核心为:在梳理和分析国内外小城镇进程与特征及发展趋势的基础上,探求连片特困地区可持续发展的内生动力,并构建农产品流通体系的动力模型,从理论角度分析农产品流通在泛旅游产业线上线下整合并推动城镇化进程中的影响因素和作用机制,进而提出农产品流通体系的发展路径。本文试图通过以上研究,一方面形成以产业支撑为基础的绿色低碳可持续发展的新型城镇化道路的理论成果,另一方面以期利用信息技术推动旅游业和特色农业的融合发展,为加快连片特困地区城镇化的政策取向提供有益的启示。

二、国内外小城镇发展历程及我国连片特困区小城镇发展路径选择

（一）国外小城镇发展历程与特征分析

纵观英、日、韩三国小城镇发展历程可以发现,尽管各自的发展模式不尽相同并呈现出一定的差异性,但也表现出一般性规律:

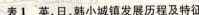

表1　英、日、韩小城镇发展历程及特征

国别	发展阶段或时间	时代背景或发展原因	表象特征	环境特征
英国	18世纪中期—19世纪50年代	"圈地运动"推动产业革命及城市化进程	城市化持续上升,农村小城镇大量增加	城市环境遭受污染,工人生活条件恶劣
英国	19世纪50年代—20世纪30年代	城市化加快,资源分配更加偏向城市	总体上萎缩和停滞,数量有所减少	日趋明显的"城市病"进一步加重
英国	20世纪30年代—20世纪70年代	政策调整;交通改善;小城镇工业强劲发展	中心城市的郊区小城镇迅速发展	规划合理、环境优美、设施完善、经济活跃
英国	20世纪80年代后	政府力图提升农业和林业竞争力	赋予小城镇和乡村更大发展空间	强化对自然景色及生态环境的保护
日本	起步(明治维新—20世纪40年代)	工业化有力地促进了城镇化	市町村制度确立;城市提供更多就业机会	雾霾弥漫、空气污浊、垃圾围城
日本	加速发展(20世纪50年代—70年代初)	中小企业受到政府的重视和重点扶持	城镇化呈加速推进状态	中小城市的发展带来环境污染问题
日本	稳定发展(20世纪70年代后期—90年代初)	农业工业化兴起,城镇化快速推进	政府吸引资本推动特色旅游和旅游农业发展	农村市场开拓的同时环境也开始遭到破坏
日本	后城镇化发展(20世纪90年代后)	物质需求萎缩,相关服务业发展壮大	现代服务业带动中小城市发展	向以"绿色发展"为核心动力的方向发展
韩国	小城市培育事业阶段(1972年—1976年)	经济飞速发展和城市化加快的同时,农村落后问题和城乡差距不断加剧	小城镇成为周围农村地区的中心	改善村落环境、培育新农村
韩国	小城镇培育事业阶段(1977年—1989年)	经济飞速发展和城市化加快的同时,农村落后问题和城乡差距不断加剧	培育小城镇,使其能够承担准城市的职能	集中于街道、市场等基础环境的整治
韩国	小城镇开发事业阶段(1990年—2001年)	经济飞速发展和城市化加快的同时,农村落后问题和城乡差距不断加剧	镇和乡所在地成为农村地区综合性中心地	对街道、居住环境及流通设施等进行整治
韩国	地方小城镇综合培育事业阶段(2001年以后)	小城镇数量多,但质量不高	小城镇成为农村地区复合型中心地	强调城市要素和自然要素相协调

资料来源:作者根据相关资料进行整理

第一,小城镇都是伴随着"城市病"日益加剧和城乡差距不断扩大的过程,由政府的推动而促进发展的;第二,小城镇发展的推动力都经历了由早期的政府主导逐步演变成政府引导、市场资本共同参与建设的过程;第三,小城镇发展由早期过度依赖行政手段转变为追求发掘区域内产业资源禀赋的"绿色发展";第四,随着小城镇的发展,旅游业和旅游资源成为小城镇"绿色发展"内生动力的作用越来越明显。

(二)我国小城镇发展历程及特征分析

总体看来,我国的小城镇发展长期以来受到计划经济管理体制的影响显著。改革开放以来的小城镇在经历先前行政管理混乱、发展水平停滞不前的状态后,开始由数量扩张逐步向规模扩大转变,近年来的各级政府开始注重小城镇发展的质量提升。

表2 新中国成立以来小城镇发展历程

发展阶段	时代背景	表象特征或趋势	影响因素
恢复和初步调整(1949年—1957年)	政府对原有城镇体系和农村生产关系进行调整	小城镇得到初步发展	商品流通完全通过单一渠道,影响城镇发展
萎缩、停滞期(1958年—1978年)	实行计划经济管理体制	小城镇数量减少	受经济政治的影响明显
恢复发展期(1979年—1983年)	国家明确发展小城镇的基本思路	建制镇进入补偿性发展时期	城镇发展落后于经济社会进步
快速发展期(1984年—2001年)	农村工业化带动国民经济结构整体变迁	小城镇迅速发展,出现大量新兴小城镇	农村经济的发展和国家政策的调整与支持
协调提升期(2002年至今)	前期小城镇的发展重视量的增长、忽视质的提高	从数量扩张开始转向质量提升	政府政策引导与发展战略的调整

资料来源:作者根据相关资料整理

从推动力方面看,尽管东南沿海小城镇较早地参与到"一镇一品""一村一品"的产业分工合作中,近年来中西部小城镇积极承接国内外的产业转移,但政府主导的行政力量推动的痕迹依然十分明显;从可持续发展的角度来看,积极参与产业分工的小城镇自身的产业体系松散,由于缺乏科技支撑,产品档次和技术水平低,长期以来过分地追求经济效益,受地方政府的政绩力量驱动,区域内自然资源和生态环境面临极大压力。

表3 小城镇发展的新态势与亟待解决的问题

新态势	发生背景或原因	表现形式	面临问题
产业转移向小城镇延伸	区位、基础设施完备，各种成本较低	投资建厂	区域差异不断扩大
特色产业逐步形成	核心城市在信息、技术、资金乃至市场等方面的支持	沿海小城镇"集聚经济""块状经济"形成	与城市产业结构趋同，但产业布局分散，盲目性大
综合承载力凸显	吸纳跨区域流动人口和资本的新载体	创造就业岗位，吸纳农村富余劳动力	对农村带动作用有限，资源与环境遭到破坏

资料来源：作者根据相关资料整理

（三）我国连片特困区小城镇发展路径分析

考察我国小城镇发展和面临亟待解决的问题，在充分吸取发达国家城市化进程中的教训，借鉴英、日、韩等国小城镇发展经验的基础上，我国连片特困区小城镇可持续发展路径将呈现以下特点：

表4 连片特困区城镇化特征与面临问题

特征	表现形式	亟待解决的问题
产业结构畸形，缺乏内生动力	部分中心城市二、三产业占比低于全国地级以上城市均值约20个百分点	"未工业化就进入后工业化"的产业结构与发展路径影响自我发展
农业特色化、多样化明显	各连片特困区特色农业种植与加工产业类别都在9种以上	农产品品牌价值与流通效率低下
服务业多样分化	以旅游、文化产业为龙头，物流商贸、信息、养老服务发展势头良好	绿色低碳产业资源禀赋存在无序开发的情况，产业间的关联度欠缺

资料来源：作者根据《中国连片特困区发展报告（2014—2015）》相关资料整理

一方面，连片特困区小城镇应充分注重区域内自然资源与环境保护并培育以旅游资源禀赋及生态产业资源"绿色发展"为核心内生动力的可持续发展路径，借助政府引导市场资本参与新型城镇化的发展，逐步推动以泛旅游产业资源整合的绿色低碳产业供应链的形成；另一方面，利用信息技术的变革和迅速扩展，积极探索线上线下资源整合的电子商务等新的营销方式，重构有别于传统方式的方便、快捷的商品流通体系，推动以绿色低碳产业支撑为基础、以制度创新为保障、以信息技术运用为手段的小城镇持续健康发展。

第一部分　新型城镇化研究

表5　我国连片特困区绿色贫困指标

绿色贫困类型		绿色丰富型	混合型	绿色缺乏型
标准（森林覆盖率）		高于44.7%	24.63%—44.7%	低于24.63%
分布地区		秦巴山区、武陵山区、罗霄山区、滇西边境地区和大别山区	大兴安岭南麓山区、吕梁山区、燕山—太行山区、乌蒙山区	四川、云南、青海等四省藏区、西藏、南疆三地州、六盘山区、滇桂黔石漠化区
县级行政单位	数量	254个	110个	308个
	占比	37.35%	18.30%	45.35%
国土面积	数量	71.98万平方千米	34.98万平方千米	276.57万平方千米
	占比	18.77%	9.12%	72.11%
农村总人口	数量	11413.25万（2013年）	3375.4万（2013年）	5241.5万（2013年）
	占比	55.86%	18.45%	25.69%
农村贫困人口	数量	4018.42万	1642.5万	2217.25万
	占比	51.03%	20.86%	28.11%

资料来源：作者根据相关资料整理

三、连片特困区小城镇"绿色发展"动力与农产品流通的作用机制

研究表明，城镇化的深入与工业发展的历史进程紧密相连，工业及工业革命推动了以分工和专业化促进生产力提高的生产方式变革，在使生产规模迅速扩张形成规模经济的同时，更多的经济活动也集中在某一空间范围内形成聚集经济。尽管二者提升了资源利用效率水平，但对自然资源和生态环境产生巨大的负向效应。因此，国内外许多学者对小城镇的"绿色发展"提出了各自的见解，认为保护环境、维持生态平衡、社会和谐及适宜居住是城市建设的先决条件（Bryn、Mark，2011），城镇化要低碳发展（lin StongHo，2013）；同时，绿色低碳发展的内涵应关注环境变化和产业结构转型的双重背景（黄亚平，2013），推进绿色转型是未来经济与社会发展的一个重大战略步骤（罗勇，2013）。

（一）泛旅游产业的连片特困区城镇化动力形成与发展

近年来，旅游业在以信息技术为核心的高新技术快速发展与扩散下，逐步

开始打破观光、休闲、度假等传统旅游概念的界限,对其他产业产生了强烈的"渗透""跨界"发展迹象,使其产业边界逐步模糊或消融,并在产业边缘地带形成以各种新的旅游产品和服务方式为核心的产业业态。这种有别于传统"门票经济"时代单一的消费内容,使旅游产业链延伸到农业、信息业等旅游支持产业和商贸、餐饮、住宿等相关产业,并使各产业之间形成较高附加值和溢出效应的包括会展、运动、康体、娱乐等具备体验消费特征的一系列产业门类即为泛旅游产业。产业之间的融合效应,使泛旅游产业体验内容体系具备强大吸引力而产生极大的有别于传统旅游业的要素聚集作用,成为推动区域经济运营的有效手段,并带动整个区域的城镇化进程。

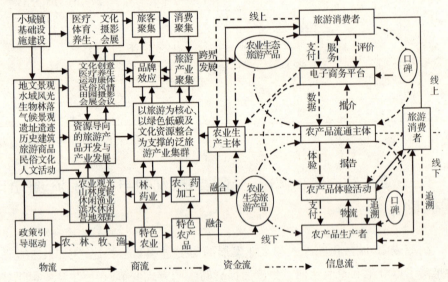

图1 泛旅游产业线上线下整合的小城镇动力模型及农产品流通的运作机理

首先,旅游产品空间上的不可转移性和生产、消费的不可分割性,使以旅游为主导的泛旅游产业集群形成旅客在旅游地聚集和规模消费聚集。这种双重聚集引导集群内产业类型在全方位满足不同消费者个性化产品定制需求的同时,促进有针对性地吸取其他产业资源的集群产业之间优势互补,并使要素配置和流动更加优化,泛旅游产业集群的经营领域和盈利空间得到进一步拓展。于是,区域范围内围绕旅游产业的吸引核—旅客运送与聚集—消费聚集—产业延伸与集群形成的相比单个产业更强的整体竞争力和抗风险能力的产业关系更加合理配置,并内生成区域发展的最大化推动力。

其次,泛旅游产业集群综合性强、产业之间关联度大的显著特征,使产业间资源和相关产业市场在有效整合过程中,实现资源的利用效率提升,并推动产品乃至产业形态创新,带动产业集群的进一步发展和市场的进一步扩大;同时,产业之间频繁的互动与协作,将不同行业企业的上下游节点进行共生耦合,形成有效密切联系、协同共赢的绿色产业体系,一方面避免单个产业链在市场的冲击下受到扰动甚至失灵,另一方面为满足旅客的多样化需求提供更多的动态性和多元化的新的旅游产品和服务方式,为进一步扩大旅客在旅游地聚集到规模消费聚集,推动综合性、多样化的复合消费经济链的形成提供基础。

(二) 基于泛旅游产业的城镇化发展的影响因素与农产品流通作用机制

尽管泛旅游产业的整合具备相对于传统旅游产业链更大的要素聚集作用,并形成以旅游消费为核心的旅客集聚与消费集聚区,但这种产业规模和发展潜力能否成为区域经济支柱或主导产业,受到以下几个方面的影响:

1. 旅客集聚与消费集聚区的形成与发育有赖于联结旅游消费与旅游供需之间多项要素的服务质量

传统理论上的吃、住、行、游、购、娱只关注到旅游中的旅游活动,忽视了旅客在旅游前的信息获取、决策分析和旅游后的评估评价及有效推介等行为。因此,这种"六要素"所构成的"服务链"只是旅游活动的局部过程。事实上,随着近年来旅客需求的多元化和旅游形式的多样化发展,包含旅游主体、客体和介体的旅游活动贯穿于旅游前、旅游中和旅游后的各个阶段,构成一个通过旅游信息获取与决策购买,经过行、吃、住、游、娱、购等活动,并进行对旅游过程评价的一个完整的活动过程。在这一过程中,旅游品牌价值高低、市场营销和促销活动直接影响着旅游消费需求,"六要素"作为消费者物化的需要,是旅客最基本的消费内容,旅游地对其有效满足程度直接关系着旅游经济效益,并影响旅游地口碑效应的形成、品牌形象的提升和区域旅游业的市场发育程度。

2. 影响餐饮服务的农产品流通效率在推动小城镇泛旅游产业消费经济链的形成与发展中处于重要地位

近年来的调查结果和"海螺沟""天价鱼"事件表明,餐饮服务作为"六要素"所构成的旅游消费"服务链"中的重要环节,其优质的服务水平严重影响着旅游业的健全、规范发展。从表面上看,旅游服务过程中"宰客"和中毒现象的发生缘于餐饮行业缺乏严格和必要的食品卫生监管措施,但究其根本原因,则是未能形成方便、快捷的保证旅客在旅游消费过程中享受优质餐饮服务的农产品流通体系。在连片特困地区,由于长期以来城乡之间的信息要素不能有效充分流动,形成中心城镇与广大农村分割的二元经济状态,一方面使山区农村天然绿色的农产品无法向旅游消费市场扩展和延伸,另一方面多环节、低效率的交易行为,导致农产品的鲜度和品质严重下降,成为食品安全问题的隐患,严重影响了旅游活动中的餐饮服务质量。

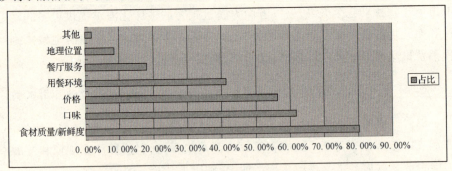

图2　旅游活动中消费餐饮选择偏好的影响因素

资料来源:2012年中消协旅游餐饮评议调查报告

总的看来,泛旅游产业推动的城镇化发展都是围绕联结旅游消费的各项服务要素整合为核心而展开的:

泛旅游产业推动城镇化发展的内部作用机制。内部作用机制表现为:旅游品牌价值及旅游消费服务质量会直接影响泛旅游产业推动城镇化发展的动力形成。旅游品牌是因为区域内旅游产品或服务通过清晰、明确地对旅客展现出具有强烈吸引力的旅游形象而逐步形成的,它集中体现出区域旅游竞争力的大小和消费者对该旅游区域的认同程度。由于旅游产品有着区别于其他商品的空间上的不可转移性和生产、消费的不可分割性,因此,旅客一般是根据旅游品牌来识别、选择旅游产品并做出消费决策的。但同时,旅游品牌价值的高低也会受到旅游消费服务中各个要素和新的旅游产品创新程度的制约。旅客在旅游过程中既有生理的需要也有心理的需要,满足旅游的吃、住、行、游、购、娱是最基本的服务内容和消费需求,不断推出具有创新性的、参与程度高的旅游产品能满足旅客"愉悦"的心理需要。

表6　旅游消费要素结构系统关联分析

产品类型	前相关联				主导因素	后相关联				典型案例
观光型	决策	行	食	住	游	购	娱		评价与推介	三峡游
度假型	决策	行	食	住	娱	游	购		评价与推介	休憩
	决策	行	食		住	游	购	娱	评价与推介	避寒、避暑

续表

产品类型	前相关联			主导因素	后相关联				典型案例
专项型	决策	食	住	住、游	游	购	娱	评价与推介	自驾车游
	决策	行	食	住	游	购	娱	评价与推介	会议会展
	决策	行	住	食	游	购	娱	评价与推介	美食游
	决策	行	食	住	行、游		购	娱	评价与推介	探险游
	决策	行	食	住	娱	游	购		评价与推介	文体赛事
	决策	行	食	住	购	游		娱	评价与推介	商务游

资料来源:作者根据相关资料整理得到

泛旅游产业推动城镇化发展的外部作用机制。外部作用机制表现为旅客的消费模式变化及新技术、新交易方式影响泛旅游产业资源整合及运行模式。近年来的信息技术与互联网的兴起和迅速扩展,使旅客在旅游过程中的消费活动由原来同质性需求的"买得到"向异质性需求的"有选择性地购买"转变。对绿色低碳环保等品牌和质量的追求以及网上交易方式的兴起,使得旅客在优先选择方便、快捷和个性化的购物服务中追求顾客让渡价值最大化。这种消费意识不断加强和推动信息技术与网上交易方式的推广应用,一方面,促使旅游地创造出有别于一般生活购物过程中的、新型独特的轻松愉悦环境和体验式消费,使原来相对孤立于旅游产品服务过程中的各种土特、农副产品和历史民族民俗文化制品消费转变为新的旅游载体,将原来以旅游产品为核心的产品产业链整合为泛旅游产业集群;另一方面,在引导旅客消费模式发生变化的同时,促使旅游区的购物服务在运用新的技术手段和经营理念的基础上,推动着区域内的各种土特、农副产品和历史民族民俗文化制品的流通渠道不断进行变革与创新。

四、连片特困区小城镇农产品流通的动力机制与发展路径实证分析

为了进一步探索方便、快捷、高效的连片特困区小城镇农产品流通体系的构建,本文拟通过对黄冈市旅游业发展的研究,运用线上线下资源整合理论,对农产品流通的动力机制与发展路径进行分析。

（一）黄冈市产业经济发展概况[①]

拥有2000多年建置历史、面积17453平方千米、现辖有七县两市一区共127个乡镇（街）的黄冈市，地处湖北省东部，背依大别山，面临长江，生态环境优越，山水旅游资源丰富。近年来，在"一带三区"[②]发展战略的指引下，市委市政府大力推进黄冈大别山旅游经济带建设，把旅游业作为全市的战略性支柱产业重点培植，并在经济效益上取得了跨越式发展，旅游综合收入连续8年保持20%以上的增速。2015年，全市接待国内外游客2039万人次，实现旅游综合收入121.6亿元。

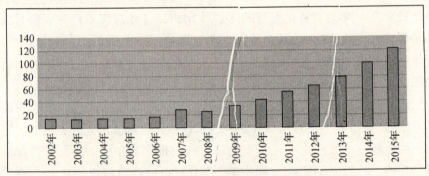

图3 黄冈市2002—2015年旅游收入统计图（亿元）

资料来源：黄冈市国民经济和社会发展情况统计公报

然而，尽管近10年来黄冈市旅游业的发展取得了长足的进步，但长期的产业经济结构和地理条件的限制，使黄冈市经济社会发展依然受到巨大制约，主要表现为：

1. 农业在经济结构中占比高，农产品产销、供求矛盾十分突出

考察其经济发展历程，对比全省全国相应发展指标可以发现，农业占比过大、服务业发展不足是黄冈市经济结构的显著特征。产业经济结构的长期失衡、城镇化发展滞后以及文化、旅游、生态农业等绿色低碳资源优势未得到充分发挥，是制约当前黄冈市经济社会发展的突出障碍。

---

① 资料来源于《黄冈市2016年政府工作报告》，黄冈市政府。
② 即黄冈市委市政府提出的大别山旅游经济带，红色、绿色、古色旅游区的产业布局，以旅游项目为中心，关注产业支撑、发展。

表7 黄冈市经济社会发展主要指标(2014年)

区域	城镇化率(%)	人口(万人)	经济增长速度(%)	经济结构	人均收入(元)
中国	54.77	136782	7.3	9.2:42.6:48.2	20167
湖北	55.67	5816	9.7	11.6:46.9:41.5	18283
武汉	74.55	1033.8	9.7	3.5:47.5:49	29627
黄冈	42.10	627.25	9.7	25.39:39.68:34.93	13574

资料来源:根据倪鹏飞教授在"2015湖北发展论坛"上的《黄冈:建设内陆开放的新高地》报告整理

一方面,旅游产业的快速发展,带动了景区及周边餐饮等服务需求的明显增长,在一定消费规模的旅游经济拉动下,这种以旅游服务为中心的消费活动逐步向景区所在的中心城镇和中心城市扩散,旅客集聚与消费集聚区的形成与发育要求旅游消费与旅游供需之间多项要素的服务质量进一步提升,但由于涉及旅游过程中吃、住、购的接待条件相对滞后,未能有效满足旅客休闲需求;另一方面,居全国地级市首位,集自然资源、人文特色和产业优势于一体的52个国家地理标志保护产品凸显了区域经济产业绿色低碳的资源禀赋,为发展"一县一品"的县域经济提供了产业基础,形成了有地方特色的区域规模经济新格局,实现了农业跨越式发展的有效途径。但同时,山区村庄分布的碎片化和以家庭承包的小面积种植为主的农业生产,使农户很难获得及时性跟踪和农产品市场供求信息的前瞻性预测。过度依赖"靠天种养"的生产方式,农产品质量提高的主动性不高,现代产品包装与形象展示手段以及通畅、快捷的流通服务体系的缺乏,使绿色天然的农产品在经历一条或多条冗长供应链的传统"上门收购"的方式下流通成本上升、商品损耗增加,影响产品销售价格。

表8 黄冈市"十三五"期间绿色产业发展布局

发展目标	产业类型	特色产业发展带	大别山药谷	大别山茶谷	优势产业发展带
推动特色农业经济进一步发展,提高山区农民收入水平	主要区域	红安、麻城、罗田、英山、蕲春、黄梅	蕲春、罗田、英山、麻城	红安、麻城、罗田、英山、蕲春、黄梅	团风、黄州、浠水、蕲春、武穴、黄梅、龙感湖
	主要产品	茶叶、蚕桑、中药材、畜牧、森工	蕲艾、茯苓、桔梗、菊花	老君眉、云雾茶、岩绿、黄梅禅茶	油料、蔬菜、水产品
	文化资源	红色、绿色旅游资源以及以东坡赤壁、蕲春中草药、黄梅禅宗为代表的文化资源			

资料来源:《黄冈市做好"结合"文章促进现代农业发展》,http://www.hgagri.gov.cn/Item/14065.aspx

2. 旅游资源丰富,但总体开发水平和整合力度不高

红色旗帜、绿色生态与古色人文支撑的高品质旅游资源比较均衡地分布于各个县市区,尽管有利于推动以县域为单位的各具特色、相对强势的旅游产业均衡发展格局的形成,但前期缺乏统筹规划、各自为政、重复建设和粗放经营的发展模式,无法形成具有市场竞争力和对城市营销产生巨大推动力的核心旅游吸引物;各种旅游产品与浓厚的区域人文资源高效对接与有效融合的断裂,也使旅游项目的开发过分重视短期的经济效益,忽视旅游产业的可持续发展而停留在"观光、住宿"的初级阶段,陷入与大别山其他省市相似度高的旅游资源低质的雷同化开发和争夺客源与投资市场的恶性竞争中。这种缺乏高品质、个性化项目的规划与发展模式,直接导致项目投资缺乏足够的预期回报而很难吸引有市场影响力的经营主体参与,浪费天然优良的旅游资源的同时也很难形成旅游产业的旅客与消费聚集。同时,黄冈旅游"一票通"管理模式的运行,尽管在一定程度上有利于发挥各个景点之间的合力,但依然是以销售门票来吸引旅客消费。随着智慧旅游、全域旅游的兴起,个性化需求和体验式消费越来越成为旅游服务的热点和重难点所在,旅游活动也开始表现出向区域内的特色农业"渗透"发展而向乡村地区延伸,并对乡村旅游的客源需求和旅游资源整合提出新的要求,在推动众多农家乐在经营规模和服务理念方面差异化发展的同时,有效满足餐饮等基本服务的农产品种类、数量的及时供应,并应积极推进以增加广大农民收入为核心、保护乡村自然生态环境为重点的促进城乡一体化发展的乡村旅游业可持续发展。

因此,针对区域内绿色资源禀赋和旅游业发展现状,结合黄冈市现有产业结构,试图以旅游业为核心内生成城镇化发展的动力引擎,并在智慧旅游、全域旅游兴起的背景下,以泛旅游产业线上线下整合的视角探讨农产品流通体系的构建,对增加农民收入、推动黄冈市小城镇的可持续发展,是有意义的尝试。

图4 黄冈市旅游(资源)区域分布图(部分)

资料来源:作者根据湖北旅游局和黄冈市旅游局统计资料,通过 Arcgis 软件制得区域分布图

(二)泛旅游产业线上线下整合的农产品流通推广及配套政策

1.建立快速响应的电子商务与物流快递协同的城乡一体化流通体系

"村村通"公路的全覆盖、继续修复和完善,为快递业务向农村地区延伸提供了基本的交通运输保障。然而,光纤进村、宽带入户的农村网络规划与布局尽管缩小了城乡之间的信息鸿沟,但依然未能有效解决乡镇与众多农户之间"最后一公里"的问题。因此,在现有物流快递服务网络的基础上,应建立快速响应的电子商务与物流快递协同的城乡一体化流通体系与服务模式。

第一,引入市场化运作的以县为单位的农村信息化服务体系。首先,建立整合政府、企业和民间资本于一体的县级便民服务运营总部,在通过有偿出让信息资源及服务平台获取资金支持的同时,改变原有政府农村信息化服务体系建设缺位的情况,建设资金均衡使用的方式,通过各项服务指标的满意度考评与"以奖代补"的绩效考核方式,对各级便民信息服务中心(站)给予分标准的差异化补助,共同打造非营利性的连接县级便民服务运营总部与广大农户的农村信息服务链。其次,在原有行政村服务中心的基础上,将单一的行政服务向以市场供求信息为重点的社会服务功能拓展,并依托农村地区在"万村千乡市场工程"①推进过程中的流通网络布局,根据自然村落聚散情况和农户数量,在农家店建立基础性电商平台,鼓励参与支农、扶贫工程的大学生、村小学教师和能完成基本电商操作的村民为附近农户提供代买代卖、代收代发等各种服务,并针对农村自然村落分布碎片化的现实,以人口相对集中和交通相对便利的集镇或行政村服务中心作为"统一收货地址"解决农村运输难题。

表9 村级信息服务中心运行模式与支持系统

工作内容	工作要求或条件	支持条件
代买代卖	让参与培训的农民学员(兼职),帮助村民网上代购代卖	具备网购条件;根据每单业务收取手续费;政府根据业务量情况的绩效拨付服务中心主要运作资金
物流配送	物流公司通过基于交通线的县—村二级配送系统到达"统一收货地址"的集镇、行政村服务中心或交通便利的自然村落	
售后服务	工商、质检部门提供网购质量问题的担保与投诉、退换货服务	

第二,建立基于快递的网购市场鲜活农产品冷链销售体系。鉴于农产品多批量、小批次的销售特性,考虑超大冰袋+铝箔气泡膜和野生蕨类的制冷方式以及专用纸袋+环保纸垫的包装方法,运用快递业务的速度优势进行保温泡沫箱运输,既能避免冷链物流体系建设周期长、不能短时间内投入使用以及运行成本高的现实,又能延长制冷时间,保持农产品品质新鲜、口感优良。

2. 转变发展方式,积极推进现代农业与旅游业线上线下融合发展

信息技术和O2O电商业态打破了长期以来产业分界发展的思维局限,并依

---

① 商务部2005年2月开始启动该工程,主要通过安排财政资金,以补助或贴息的方式,引导城市连锁店和超市等流通企业向农村延伸发展"农家店",构建以城区店为龙头、乡镇店为骨干、村级店为基础的农村现代流通网络。

托丰富的绿色生态产业条件与历史人文资源,使特色农业与旅游资源具备了天然的融合基因。

首先,依托大别山旅游经济带,不断拓展绿色产业的经济、社会、文化和生态等功能,丰富"一带三区"战略下的农业发展布局,并立足自身山区绿色农业资源优势,从农业种植的季节化、产品丰富程度及绿色休闲体验等角度,提前发布诸如季节性强、储存周期短的山野菜、无公害蔬菜、瓜果等鲜活农产品的预售信息,将区域内最突出的农产品进行极致化的创意打造,让游客实现全感官的游憩体验的同时,使旅游体验消费成为地方特色农产品的展示窗口。

其次,积极探索将农耕文化、民俗风情融入休闲农业发展,组织旅客参与追寻特色产品细节和产品背后的故事,让旅客既能了解传统劳作方式及工艺流程的场景化、情景化再现,又可以亲身参与体验劳作,提升和强化旅客在农业生态体验旅游中对整个区域内生态环境的认知,在亲身体验、免费品尝各种优质特产后,通过在线下旅游区体验馆内对农产品现场扫描二维码或电脑下单,实现农产品电商与旅游O2O互相引流,以此促成更多的消费订单,并借助微信、微博等新媒体开辟出一条特色农产品、文化旅游行业发展的全新传播渠道,将区域内名优农特产品、手工艺品和旅游资源快速推向全国市场。

表10 基于O2O的樱桃预售模式与"鲜活制造"控制流程

工作环节	工作过程	工作要求
信息发布	樱桃开始成长到成熟前约半个月期间发布预售信息	通过对产地环境深入解析、产品属性精准把握,将产品、产地、配送体系和售后服务以视觉和文字的方式展现给消费者
采摘与筛选	凌晨至早上完成一定数量的樱桃采摘、筛选、打包	筛选、打包的低温作业环境;统一的种植、采摘和包装标准;所有的筛选工作都由人工完成,产品直径不小于25mm(一元硬币)的比例不低于80%;能够应对短时间内的大批量的采购
包装与装箱		
物流配送	将产品送至消费者手中	对各个环节进行精确控制,确保产品按时保质保量送达
售后服务与消费评价	消费者对消费过程评价反馈	分析负面评价原因,及时抚慰消费者情绪并承担责任

资料来源:作者根据相关资料整理

3. 破解"公地"与"反公地"体制①，提升小城镇绿色发展的动力水平

公共产权与私人产权并立是黄冈市部分旅游资源开发与现代农业融合发展过程中呈现出的显著特征。一方面，各种自然资源禀赋与良好的生态环境的非排他性和非竞争性，必然容易引起无序竞争，引起"公地悲剧"，导致区域内生态景观和旅游资源受损，不利于区域旅游品牌的塑造和传播；另一方面，多方利益主体和不同的行政区域与管理部门，使旅游地产权分散，造成优质资源开发不足，引起"反公地悲剧"，不利于大别山地区旅游产业的培育与发展。因此，提升小城镇绿色发展的动力水平，必须破解"公地"与"反公地"体制。

一方面，针对目前休闲农业和乡村旅游发展的单村推进、单型发展的现实，对各个乡村的休闲农业资源集中管理和旅游地产权进行有效整合，以交通干线为基础打破各个乡镇与行政村的界线，协调和分配不同参与开发主体的利益，并优化空间布局，增加空间溢出效应，形成休闲农业发展新的增长极；同时，以旅游精品线路和休闲农业产业带的建设与持续推进，继续加强区域内各县市区项目合作，推动大别山旅游经济带的进一步发展；另一方面，摒弃"天堂寨"②商标的身份归属，借助大别山革命老区振兴发展规划战略与国家政策平台优势，统筹规划和全力整合并利用省际间跨界旅游区相对完整和生态条件一致的旅游资源，合力打造大别山核心旅游品牌，创建旅游产品具有互补性、合作开发一体化发展的大别山天堂寨 5A 级风景区，通过培育和充分发挥跨界旅游区的空间集聚和辐射功能，减弱并逐步消除行政区域间的屏蔽效应，把以旅游业为核心的绿色资源禀赋整合并培育成大别山地区的支柱产业，为小城镇发展提供强大的产业支撑和可持续发展动力。

---

① 当资源有许多拥有者，每一个人都有权使用资源，但没有人有权阻止他人使用时，会导致资源的过度使用，即为"公地悲剧"；为达到某种目的，当事人都有权阻止其他人使用该资源或相互设置使用障碍，导致资源的闲置和使用不足，造成资源浪费，即为"反公地悲剧"。

② 2010 年 6 月 21 日，国家工商总局商标评审委员会做出复审裁定，撤销了国家商标局裁定给湖北省国有罗田天堂寨林场的"天堂寨"旅游类注册商标。裁定认为，旅游风景区名称在旅行安排等服务上应视为一种公共资源，不宜为个别主体所独占。湖北天堂寨林场与安徽天堂寨共享"天堂寨"注册商标。

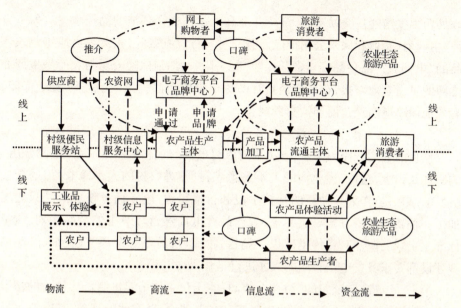

图 5　旅游引导的工业品下乡与农产品销售双向流通的线上线下运作框架

4. 强化绿色低碳品牌建设,完善农产品标准化制度与质量追溯体系

一是打造一批有影响力的休闲农业知名品牌。在开发区域内非物质文化遗产和具有民俗风情的诸如板栗、竹笋、蚕蛹、中药材的同时,举办主题多样化的农业推荐会,提升市场知名度和吸引力。二是建立以现有 52 个国家地理标志保护产品为重点的具有地域特色的农产品档案,持续推进国家级名牌战略,构建以茯苓、天麻为龙头的多品种药材及绿茶、菊花、板栗等绿色农产品生产、加工、销售一体的生态农业产业供应链。对目前尚未有统一执行标准的,诸如农家山羊、土猪肉、生态鸡等肉类和生鲜瓜果类产品,立足行业、产业市场最新的消费特征和自身区域内的生态优势,组织涉农企业和高等院校、科研院所共同建立涵盖产品物理指标、感官特征等内容的产品标准,并进行品牌化包装,以保证线上销售的产品质量与品牌价值。

积极推动以小面积种植为主的农业生产向新型农业经营模式转型,缓解农产品货源组织困难、质量参差不齐的困局。在此基础上,共同构建由众多农户与新型农业经营主体参与农产品源头溯源体系,规范提升农产品附加值的分级包装、冷藏保鲜等环节的全过程,扩大生产规模,保障农产品原产地直供品质。

同时,一方面构建"线上产品抽查、问题源头追溯、线下产地查处"的电商产品质量监督机制,加大对有损线上线下正常交易秩序、有损品牌形象行为的行政处罚力度与违规交易成本,维持并提高产供销各个环节的品控水平。另一方面,由政府、企业和保险公司推广涵盖药材、畜产品、茶叶、家禽等当地特色农产品的"电商农产品食品安全责任保险"相关险种,加强保险公司与农产品生产方之间的供需有效对接,在最终消费环节为电商农产品提供"全链条"安全保障,有效地保障电商经营商和消费者权益。

5. 加大线上线下的农村电商多层次、复合型人才的培养与培训力度

从目前的实践探索来看,不少人对农村电商的观念依然停留在"上网开店"的感性认识上,这种"懂电商的人不熟悉农村,熟悉农村的人不懂电商"的现实引发的结果是,作为一种新的营销手段和传播渠道,电子商务使农产品只是增加了一种新的销售方式。实际上,农产品在电商经营环节中的产品策划、质量标准制定、品牌包装、宣传推广以及销售、物流、售后等各个环节以及农产品品牌建设都要求具备电商素质的人才进行运作。

第一,实施政府统筹的"村校企协同"本土化人才培养机制。从目前的情况来看,高校培养的电子商务毕业生普遍存在重理论、轻实践的现象,其就业预期与供需的结构性矛盾使其很难在短时间内胜任农村电商的工作需要。基于农村地区的特性,农村电商从业人员的培养可以实施政府统筹的立足农村、面向农民的"村校企协同"人才培养与培训机制。首先,以镇或行政村为单位,通过最新资讯和专题报告的示范与拉动,培养和提升农民学员认识农村电商、参与电商经营的意识;其次,中职和高职院校联合涉农企业和电商企业,结合区域内农村电商的实际和未来的发展趋势开设农村电子商务专业,并针对农业生产季节性规律,推出短训班、专题教育课程等多样化教学活动,提升农民学员的理论水平和电商运营意识与能力。

表11　立足农村、面向农民的农村电商人才培养策略

步骤	学习要求	学习内容
遴选培养对象	以年龄、学历、工作领域三个维度筛选出具备学习基础和能力的农民作为主要培养对象	计算机技术和商务贸易知识
明确培养目标	需要商品生产、营销策划、物流人员的辅助与支持	了解农业生产技术和乡土特色,掌握农业产品特性,熟悉农村地区交通环境
确定培养内容	确保培训的知识、技能与当地农业生产、电商运营之间有较高的匹配度和适切度	农业生产能力、电商运营能力、市场营销能力、物流配送

资料来源:作者根据相关资料整理得到

第二，积极创造良好的参与农村电商发展的就业创业环境。一方面，政府利用自身宏观层面的调控和引导作用，通过政策性的倾斜和资金上的帮扶大力吸纳返乡创业青年参与农村电商发展，利用返乡青年眼界开阔、创业激情浓厚的有利条件，积极培养一批农村电商创业带头人；另一方面，利用"三支一扶"计划，引导高校毕业生面向农村基层服务，在为农户提供代买代卖、代收代发等各种服务的同时，提升农户的电商操作能力，并利用互联网技术引进沿海地区智力支持，为农村电商发展过程的店铺运营、产品摄影等提供远程服务。

五、研究结论与研究不足

本文基于连片特困区小城镇农产品流通这一现实需要以及该领域研究的不足，从泛旅游产业线上线下整合的角度分析农产品流通动力机制与发展路径，其结论如下：

首先，通过对国内外小城镇的发展过程与特征的梳理发现，英、日、韩的小城镇发展更多地体现出经济的发展与产业推动，尽管政府在这一过程中表现出行政化的手段，但市场化手段占主导，而我国的小城镇发展过程表现出浓厚的行政化色彩，在承接东南沿海的产业转移过程中，小城镇的产业结构与东南沿海和区域中心城市趋同，但产业布局分散，且对农村的带动作用有限，资源与环境遭到破坏。因此，连片特困区的小城镇发展不能简单地照搬国外和沿海地区的经验和发展模式，应根据产业资源禀赋、社会现实及体制机制、信息技术的发展与应用来进行。

其次，本文构建了泛旅游产业线上线下整合的小城镇动力模型，并由此分析了基于泛旅游产业的城镇化发展的影响因素与农产品流通作用机制。理论分析认为，泛旅游产业推动的城镇化发展都是围绕联结旅游消费的各项服务要素整合为核心而展开的，它是内外因素共同作用的结果。内部作用机制表现为：旅游品牌价值及旅游消费服务质量会直接影响泛旅游产业推动城镇化发展的动力形成；外部作用机制表现为：旅客的消费模式变化及新技术、新交易方式影响泛旅游产业资源整合及运行模式。但总的看来，旅客集聚与消费集聚区的形成与发育有赖于联结旅游消费与旅游供需之间多项要素的服务质量，影响餐饮服务的农产品流通及流通效率在推动小城镇泛旅游产业消费经济链的形成与发展中处于重要地位。

最后，本文以黄冈市产业发展为例，推出了连片特困区小城镇泛旅游产业线上线下整合的农产品流通推广及配套政策。包括:建立快速响应的电子商务与物流快递协同的城乡一体化流通体系;转变发展方式,积极推进现代农业与旅游业线上线下融合发展;破解"公地"与"反公地"体制,提升小城镇绿色发展的动力水平;强化绿色低碳品牌建设,完善农产品标准化制度与质量追溯体系;加大线上线下运作的农村电商多层次、复合型人才的培养与培训力度。

本文的研究不足主要表现在:国内外小城镇的发展历程和特征以及泛旅游产业线上线下整合的小城镇动力模型、发展的影响因素与农产品流通作用机制方面多为定性描述,如果能够用实证数据加以佐证,则更有说服力。

参考文献

[1] 杨辉鹏. 湖北山区绿色低碳小城镇健康发展的路径初探[J]. 福建商业高等专科学校学报, 2013(4).

[2] 杨辉鹏. 基于O2O的山区旅游小城镇农产品流通模式创新研究[J]. 现代商贸工业, 2015(12).

[3] 时显力. 旅游城市群支撑体系研究——关联密切的泛旅游产业集群[N]. 中国旅游报, 2014 - 12 - 29(006).

[4] 孔祥智. 小城镇在英国的发展历程[J]. 中国改革, 1999(6).

[5] 刘吉双. 日本城镇化"绿色发展"新动力方向研究[J]. 现代日本经济, 2015(6).

[6] 金钟范. 韩国小城镇发展政策实践与启示[J]. 中国农村经济, 2004(3).

[7] 吴康. 新中国60年来小城镇的发展历程与新态势[J]. 经济地理, 2009(10).

[8] 邹波. 我国连片特困区的绿色贫困问题研究[J]. 上海经济研究, 2016(2).

[9] 罗勇. 城镇化的绿色路径与生态指向[J]. 辽宁大学学报(哲学社会科学版), 2014(11).

[10] 李剑荣. 多路径推进低碳绿色新型城镇化发展研究[J]. 东北师范大学学报(哲学社会科学版), 2016(2).

[11] 杨颖. 产业融合:旅游业发展趋势的新视角[J]. 旅游科学, 2008(8).

[12] 北京绿维创景规划设计院课题组. 把握黄金机遇期,旅游助推新型城镇化[N]. 中国旅游报, 2013 - 01 - 04(003).

[13] 亢雄. 对旅游"六要素"的再思考[J]. 旅游论坛, 2009(8).

[14] 翟辅东. 旅游六要素的理论属性探讨[J]. 旅游学刊, 2006(4).

[15] 赵晓飞. 农产品流通渠道变革:演进规律、动力机制与发展趋势[J]. 管理世界, 2012(3).

[16] 温思美. 电商进村还需迈过多道坎[N]. 经济日报, 2016 - 04 - 18(10).

[17] 农经. 预售模式为鲜活农产品销售打开一扇窗[J]. 科技致富导刊, 2013(19).

[18] 梁会君. 转变农业发展方式促进产业融合发展 [N]. 黄冈日报, 2016 - 06 - 25(005).

[19] 韩丹丹. 村校企协同培育农村电商人才[N]. 中国教育报, 2016 - 04 - 19(006).

[20] 金建杭. 发展县域农村电商要走出误区 [N]. 中国工商报, 2016 - 07 - 15(001).

新型城镇化进程中融资模式创新：
实现 PPP 模式的推广

孙 红 张乐柱

(华南农业大学经济管理学院，广东 广州 510642)

摘 要： 城镇化快速推进，忽视质量提升，引发"城市病"与"农村病"并存的现象，以人为本的新型城镇化被提上日程，实现新型城镇化面临更大的资金缺口。现有的融资模式——政府税收、土地财政、地方政府投融资平台以及发行地方债券等，在新常态下均面临较大局限，发挥作用有限；新型城镇化下投融资环境虽然存在"战略性超前"和"阶段性过剩"等问题，但是在基础设施等领域依然存在较大的投融资空间，由于投融资环境的变化，亟待融资模式的创新，PPP 融资模式可借助社会资本与政府合作共赢，建立伙伴关系，实现利益共享，风险共担。

关键词： 新型城镇化 融资模式 PPP 投融资环境 基础设施建设

一、引 言

早在 2000 年，诺贝尔经济学奖获得者斯蒂格里茨就断言，21 世纪影响人类进程的有两件大事：一是以美国为首的新技术革命，二是中国的城镇化。中国城镇化从 20 世纪 90 年代开始被政府正式提上日程，城镇化呈现快速推进的发展趋势，城镇化水平从 1995 年的 29.04% 上升到 2015 年的 56.1%，增长了 27.06 个百分点，年均增长 1.35 个百分点。快速增长的城镇化使得大量的农村人口转移到城镇，但是并未真正实现使其完全融入城镇，而引发了城市出现城中村、环境污染严重等"城市病"与农村大量剩余劳动力滞留等"农村病"并存

基金项目：国家社会科学基金"民间信贷交易与农村微型金融中介体发展研究"（12BJY096）和广东省林业科技计划项目"广东省林业产业金融制度创新研究"（2015-02）的阶段性成果。

作者简介：孙红（1988— ），女，湖北武汉人，华南农业大学经济管理学院博士研究生，研究方向：农村金融；张乐柱（1965— ），男，山东莱芜人，华南农业大学农村金融研究中心主任，经济管理学院教授、博士、博士生导师，研究方向：农业经济管理，农村金融，公共经济学。

现象,因此,提升城镇化质量,实现城乡一体化是当务之急。党的十八大报告正式提出坚持走中国特色新型城镇化道路,推进以人为本的新型城镇化,推动大中小城市和小城镇的协调发展、产业和城镇融合发展,促进城镇化和新农村建设协调推进的道路。[1]然而实现这一目标的前提是有大量的资金支持,比如城市与农村的基础设施建设,城镇新增人口的社会公共服务等,因此研究城镇化进程中的融资模式是一个具有重要现实意义的课题。在新常态经济以及新型城镇化推进目标下,已有的融资模式效果难以满意,亟待创新融资模式,构建适应新型城镇化发展的融资体系。

二、新型城镇化进程中的融资需求

随着城镇化的加速推进,资金缺口愈发加大。根据诺瑟姆(Ray. M. Northam)"S"曲线,中国的城镇化率2015年达到56.1%,正处于城镇化快速提升阶段,这一时期大量人口进入城镇,对城镇的基础设施形成巨大的需求,进而需要大量资金投入城镇化基础设施建设。陈雨露(2013)提到,按照世界城镇化发展的一般规律,一个国家的城镇化率通常在达到70%以后(即进入诺瑟姆的第三阶段)才会基本稳定。在未来10年,按照城镇化率年均提高约1个百分点计算,中国城市人口年均增长将超过1300万。参照通常标准估算,一个农民工转移到城市所需投资成本的平均数约为15万元,因此,全国需要投资的年均总费用在2万亿左右。[2]迟福林(2012)测算,如果未来10年我国城镇化率平均每年提高1.2个百分点,那么将有2亿农民进入城镇,再加上现有的1.6亿农民工,我国将新增4亿左右的城镇人口。按照人均10万元的固定资产投资计算,要实现4亿农民的市民化就需要增加40万亿元的存量投资。[3]胡海峰等(2014)根据中国社会科学院城市发展与环境研究所联合发布的《中国农业转移人口市民化进程报告》(2012年)以及国务院发展研究中心(2012年)、高盛全球投资、高华证券(2013年)的研究得出:至2020年新增城镇人口人均财政支出估测结果分别为13万元、8万元、8.8万元,仅按官方城镇化率计算就需新增财政支出(主要包括社会保障、保障房、教育、医疗及部分基建投资)11.2万亿—18.2万亿元,中国城镇基础建设投资支出平均每年至少需要3万亿元。陈伦盛(2015)根据国务院发展研究中心的数据测算,2013—2020年我国新型城镇化融资需求动态总量为35万亿元。[4]"十三五"时期,政府通过税收、土地出让、举债三个途径用于城镇化建设的资金合计约为24万亿元,但是城镇化融资缺口仍高达11万亿元。[5]财政部副部长王保安的讲话称,预计2020年城镇化率达到60%,由此带来的投资需求约为42万亿元。随着我国推进"三个一亿人"城镇化工程①,这"三个一亿人"的工程不仅涉及城镇化进程中的基础设施建设,也涉及以人为本的城镇化推进,资金需求量较大,加之我国历来对固定资产投资等比重较低②,实现世界城镇化高水平需要更大的投资资金以弥补历史欠账。可见,城镇化进程中的资金需求巨大已是一个不争的事实,亟待创新融资体系。

三、现有的城镇化融资模式比较分析

总体来看,我国目前的融资渠道主要有税收融资、土地财政、地方融资平台、市政债券以及公私合营形式等。下面分别对这几种融资渠道进行分析比较。

(一) 政府税收

税收是我国政府收入的基本来源,也是政府推进城镇化最主要的融资渠道。2014年,全国税收收入再创历史新高,达到11.92万亿元③,同比增长11.2%。在税制相对稳定的条件下,经济和税收征管两大因素对税收影响较大,其中经济因素对宏观税负的影响最为主要。在我国经济下行情况下,GDP增长速度减缓,企业效益也不见涨,势必会对我国税收总收入产生影响。因此,目前单纯依靠税收收入难以满足城镇化庞大的资金需求。我国税收占GDP比重已达历史最高点,难有进一步增长空间[6],调整税率或税收结构会带来较大社会动荡,尤其是在我国面临经济下行的关键时期;虽然新型城镇化的大力推进可促进未来GDP高速增长,企业效益好转,并带来未来税收收入的增加等,但是税收仅具有当期消费的功能,无法实现跨期使用,因此其难以满足新型城镇化进程中的资金需求,发挥的作用较为有限。

(二) 土地财政

1994年分税制改革以来,中央与地方财权、事权倒挂,中央财政获得了空前

---

① "三个一亿人"工程是指,一是要促进一亿人农业转移人口落户城镇;二是引导一亿人在中西部地区就近城镇化;三是改造约一亿人居住的城市棚户区和城中村。

② 发展中国家每年基建投资占GDP的比例约为4%,而我国城市基础设施建设投资占GDP比重长期不足3%,占全社会固定资产投资比重也处于下降趋势,基础建设投资存在大量的历史欠账。

③ 不包括关税、船舶吨税、耕地占用税和契税,未扣减出口退税。

的加强,地方政府却陷入了财政困局。同时期,随着土地有偿使用制度的推广,各地逐步通过土地开发与市政建设带动土地升值,再通过土地转让或拍卖,获得财政资金,以缓解地方政府财政困局。从2003年开始至今,我国土地出让收入占地方财政收入比例一直在40%以上,特别是2010年和2011年,土地出让收入占比更是高达80%以上,近四年,土地出让收入占总财政收入的比重也持续在20%以上,土地出让收入在2013年已经达到4.1万亿元,占当年GDP的7.2%。土地出让金俨然已成为城镇化资金的重要组成部分,虽然有利于城镇化的资金积累,但大面积的土地出让,也带来了一些严重的负面影响,比如房价高涨,城市大面积的扩张,出现"鬼城"等,因此国家为了规避这些问题,及时从建设用地招标、土地招拍挂制度、金融调控等方面进行了抑制,使得这一现象较快得到遏制。2012年1月至10月,我国土地出让金累计为20093亿元,同比减少5561亿元,降度高达21.7%。2012年土地出让收入增速为-13.7%。在以地生财的利益驱动下,粗放式增长的城镇化发展方式在全国盛行开来,导致土地城镇化快于人口城镇化,从1999年到2007年,城市建成区的面积扩大了7.2%,但吸纳的人口仅增长4%。无限制的土地扩张,带来了较为严重的生态环境等问题,毕竟土地资源有限。到2011年全国城市数量有657个,但缺水城市就有近400个,其中有不少城市严重缺水,这也体现出城市化的急速发展与环境可承载力的相互冲突。[7]

(三) 地方融资平台

由于《预算法》规定,地方政府不允许发行市政债券,也不得采用向银行透支或借款的方式来弥补赤字,因此只有通过成立各种政府投融资平台公司,如城市建设投资公司、城建开发公司、城建资产经营公司等,筹组具有独立法人资格的公司作为自己的筹资载体,实现举债。地方融资平台的主要融资形式有四种:一是银行贷款,目前已成为平台资金的主要来源,银监会数据显示,截至2013年6月末,银行对地方融资平台的贷款余额为9.7万亿元;二是财政部代发的地方政府债券,截至2013年6月,财政部共发行地方政府债券8922亿元;三是发行城投债,据wind资讯统计,截至2013年3月底,城投债存量共有1530只,余额达1.95万亿元;四是信托资金,资金总额有2.2万亿元左右。根据银监会统计,2012年地方政府融资平台共有10622家,地方投融资平台作为有地方政府背景的市场主体,在政府支持下通过市场化运作,盘活土地资源、国企资源和城市无形资产,通过土地招拍挂、国企改革、城建开发权出让、商业银行贷款等方式,既筹集了大量城建资金,又推进了城镇化的历程。但地方融资平台的融资行为存在明显的问题:一是负债率高,资本金不足,风险高;二是融资状况不透明、责任主体模糊,一旦破产,地方政府乃至中央政府将成为最终买单人;三是在具体的项目选择和决策上,地方政府替代企业成为主要的决策者,项目经济效益往往不高。[8]根据国家审计署的数据,至2010年底,全国省、市、县三级政府共设立融资平台公司6576家,其中有358家通过借新还旧来偿还债务,有148家缺乏偿债能力,有1033家存在虚假出资、注册资本未到位等问题,涉及金额高达2441.5亿元,有1734家出现亏损。目前地方政府投融资平台建设不够规范、不够稳定、可持续性较差,规模过度膨胀给地方政府带来隐性债务风险,政府与企业偿债责任不明确。

(四) 市政债券

市政债券,又称地方政府债券,是指由地方政府这一政治实体或者其授权机构和代理机构发行,以地方政府信用为保障,所筹集资金主要用于满足城市交通基础设施、公用设施等城市基础设施以及市政工程和社会公共服务部门等公益性项目建设的需要,并承诺在一定期限内还本付息的长期债务性融资工具①,其起源于19世纪20年代的美国,美国地方政府当时创造性地通过发行市政债券来为城市建设筹集资金。20世纪70年代以后,市政债券在世界部分国家逐步兴起,并逐渐成为城镇化建设资金的重要来源。美国市政债券种类丰富且分类清晰,按发行主体和信用基础来划分,市政债券大体可分为一般责任债券和收益债券两类:一般责任债券(General Obligation Bonds)由州和地方政府发行,以发行人的完全承诺、信用和征税能力作为保证,以州和地方政府税收偿还;收益债券(Revenue Bonds)是由地方政府的授权机构或公共实体单位发行的公共项目建设债券,以发行人所经营项目的收入能力和财务自立能力作为担保,一般情况下,地方政府或其授权机构和代理机构的信誉并不能为这类债券提供任何保证和担保,其偿债资金来源主要是特定公共项目的未来现金流。总体而言,收益债券的信用质量要低于一般责任债券,前者的投资风险大于后者,前者的发行利率高于后者。[9]

---

① 根据美国债券市场协会编写的《市政债券投资者指南》的定义,市政债券是指州、市、县和其他地方政府机构为了筹集建设学校、高速公路、医院、污水处理系统和其他公共工程所需资金而发行的债券。

由于《预算法》等的限制,我国一直没有发行市政债券的权利,直到2011年10月20日财政部印发《2011年地方政府自行发债试点办法》,允许上海市、浙江省、广东省和深圳市在中央确定的地方政府债券年度发行总规模内开展地方政府自行发债试点,期限有3年、5年和7年。截至当年11月底,试点省市共发行地方政府债券229亿元。但是试点发行的地方政府债券仍由财政部代办还本付息事宜,也不是严格意义上的市政债券。因此,我国目前还没有发行真正意义上的市政债券,仅是我国地方债券和城投债券有些类似于西方国家的市政债券。①

市政债券发行带来的长期债务能够给地方政府提供很大的债务管理空间,换言之,地方政府进行合理的长期债务管理的主观能动性很强。比如,地方政府可以根据未来财政能力的变动趋势确定举债规模,根据债务状况设立偿债基金等。市政债券的整体违约风险明显低于银行贷款和公司债券。与银行贷款相比,市政债券发行是在债券市场上的公开融资行为,需要进行真实、准确、完整、及时的信息披露,通过风险的度量和评估来获得相应的债券评级,市场化的债券定价可以及时反映地方政府财力的稳健状况。这不仅有利于提高债务融资的透明度和有效性,强化资本约束和市场约束,防范市政债券债务风险,而且有利于建立有效的激励机制,促使地方政府通过改善当地政府信用状况来降低市政债券融资成本。由于我国整体政府财政透明度及管理效率等尚不具备较为完善的发债条件,因此地方政府自主发债推广到全国还存在一定障碍。

(五)公私合营融资模式

公私合营融资模式是政府通过与民营企业建立伙伴关系来建设和经营项目或提供服务,主要包括以下形式:LBO(租赁—建设—经营)②,BBO(购买—建设—经营)③,BTO(建设—转让—经营)④,BOT(建设—经营—转让)⑤,BOO(建

---

① 地方债券有些类似于西方国家市政债券中的一般责任债券,而城投债券有些类似于西方国家市政债券中的收益债券。
② LBO是指民营企业被授予一个长期合同,利用自己的资金扩展并经营现有的基础设施。
③ BBO是指现有基础设施被出售给那些有能力改造和扩建这些基础设施的民营企业。
④ BTO是指民营企业负责建设,然后所有权转移给政府部门,经营上以长期合约形式外包给发展商。
⑤ BOT是指民营企业负责建设,并在特定的经营期限内,有权向用户收取费用,期限结束,所有权转让给有关政府部门。

设—拥有—经营)①等。这一融资模式在20世纪80年代开始引入我国高速公路、市政工程及电厂等基础设施领域,如深圳沙角B电厂、北京第十水厂、成都自来水厂B厂等均是采用BOT模式进行融资。据世界银行统计,1990—2005年我国私营部门参与的基础设施建设领域项目共有483个,总投资额达到725亿美元。[10]公私合营模式将拥有广大社会资本的市场力量与掌握大量公共资源的政府部门有效结合,不失为城镇化建设资金的有效渠道,但是由于城镇化建设的公益性和私营部门的营利性存在固有矛盾,因此一方面政府部门具有垄断性,另一方面私营部门因为利润有限不愿接入。特别是由于公私合营模式在我国还处于发展的初级阶段,能筹集到的资金还很有限。[11]

(六) 总结:各种融资模式的比较

我国的融资方式由政府税收和土地财政逐渐向多元化的市场融资方式发展。据资料,2010年城镇化建设的主要资金来源是地方政府投融资平台,占比48.68%,其次是中央和地方财政收入,占比为41.90%,国有土地使用权出让收入、地方政府债券占比相对较少,分别为7.46%、1.96%。各种融资模式都有优缺点,所适应的经济环境也各不相同,选择适合经济发展的融资模式,则能促进发展,反之,若融资方式与经济发展不相匹配当前则会阻碍经济发展。下表1对五种融资模式的优缺点及所适应的经济发展环境进行分析。

表1 各种融资模式的优缺点比较分析

	优点	缺点	所适用范围(条件)
政府税收	具有稳定的来源	税收增速减缓,城镇化资金需求增加;税收只能当期使用,无法跨期消费;税收结构及费率难以调整	主要融资方式
土地财政	获得资金来源;推进城市建设	城市扩张,房价高涨;粗放式城市增长导致环境破坏严重;低质量城镇化(人口扩张慢于城市扩张)	城镇化初期粗放式发展的融资方式

---

① BOO是指民营企业在永久特许权下负责建设,拥有产权并负责经营,但必须接受政府在定价和运营方面的限制。

续表

	优点	缺点	所适用范围(条件)
地方投融资平台	充分调动了银行贷款和社会资本;盘活土地资源、国企资源和城市无形资产	负债率高,资本不足,风险高;融资状况不透明,责任主体模糊;自主决策能力不强,效益收益低	向多元化发展的过渡阶段的融资方式
市政债券	充分利用了政府信用及财政支持调配社会资金;合理的长期债务管理的主观能动性很强	市政债券的市场体系及监督机制尚不完善;风险防范机制、信息披露机制及信用评级等均需建立完善	具有市场化的融资环境
公私合营	让渡部分使用权、收益权,实现项目效率提高,收益增加;资金来源渠道增加	民营资本进入壁垒高、收益预期低,公私合营仍处于低级阶段	社会资金充裕

四、新常态经济下投融资环境解析

以人为本的新型城镇化建设,将更加重视基础设施等的建设。城市公共交通基础设施不仅可以提高城市运行的效率,缓解交通堵塞对城市发展所带来的影响,而且对于扩大城市的容纳能力,进一步推动现代经济增长(特别是服务业)具有重要作用。而由于基础设施等建设具有外部性,且周期长,加之我国财政支出项目多、压力大,但与此同时,社会资本存在较大的闲置与搁浅,2011年,我国民间资本存量高达30万亿元人民币,相当于我国当年GDP的64%。[12]当前我国国民储蓄率高达52%,人均储蓄额已经达到了1.6万元,有效投资渠道极其匮乏,除了银行存款、国债、股票、企业债券之外,居民和企事业单位投资者没有其他金融工具可选,亟待创新融资模式,充分利用社会资本、政府资源,实现资源配置效率最大化。

虽然之前我国存在投资过剩幻觉,但是与其他发达国家相比,我国基础设施建设仍然滞后。① 即使在部分基础设施建设方面出现了"战略性超前"和"阶

---

① 从总量的角度看,近年来中国基础设施存量已经较20年前大幅提高,资本存量从1990年的排位第15位升至第3位,仅次于美国和日本。但是,其背后隐藏着极低的人均存量,且区域差异显著。长三角、珠三角人均存量最高,最低的是中部六省,环渤海和西部资源带地区的存量相当。但即便是长三角地区,尚不及OECD国家1990年的水平,仅与1972年的美国、1979年的加拿大以及1976年的日本水平相当。而且截至2010年,中国基础设施的人均资本存量均低于所有OECD国家,其中西部、环渤海以及中原地区更是远远落后于OECD国家。

段性过剩"的现象,比如高速公路和港口建设[13],面对新一轮城镇化建设,基础设施投资需求仍然较大。首先需依靠市场化力量对投资领域和投资区域进行优化甄别,进而对基础设施的投融资机制进行改革,创新融资机制,推动新型城镇化发展。

五、新型城镇化进程中融资模式创新:实现 PPP 模式的推广

新型城镇化的推进不仅需要进行更多的基础设施建设,也需要提供更完善的社会公共服务,而城镇基础设施和社会公共服务的公共属性决定城镇化建设投资需求具有公共性,受益对象广泛、持久;资金需求量大,初期投资大,投资强度大;城镇基础设施项目建设周期长,投资回收周期更长,维护成本高,通常具有比较稳定的现金流;城镇基础设施项目建设投资具有超前性。城镇基础设施是一次性投资建设,长期维护,当代和子孙后代能够长期享用,需要为未来预留空间,进行超前投资;有些投资属于公益性项目投资(如市政工程和社会公共服务部门),具有明显的收益外部性(外溢性),其部分甚至全部体现为社会效益而非项目本身的直接收入效益,不但可以改善市政设施,提高社会公共服务水平,而且可以改善投资环境,引导民间资本投资方向,并提高民间资本投资效率,集聚人口,促进产业发展,间接地带来税收增长和土地级差收益的提高。[14]正是由于城镇化建设的这些特点,仅依靠税收和土地财政难以适应城镇化的资金需求特点,再者,税收等融资方式在新常态经济下日益紧张,但城镇化资金需求日益增长,因此资金缺口较大,亟待创新融资模式。而经济发展过程中,社会资本充裕,缺乏投资渠道是普遍现象,将这一资源充分运用于城镇化建设中,是解决城镇化融资需求的一个着眼点。虽然融资平台和市政债券也运用了社会资本,但由于融资平台这一模式仍然是政府主导,存在主体模糊、效率不高等弊端,市政债券的发行对我国政府的透明度及运行效率要求较高,在目前我国尚不具备这一条件,因此也不适宜推广此种融资模式。唯有推广政府与社会资本合作的模式(Public Private Partnership,PPP)才对于加快新型城镇化、实现国家治理现代化、提升国家治理能力、构建现代财政制度具有重要意义。

在基础设施及公共服务领域通过 PPP 机制引进民间资本、吸引社会资金参与供给,一方面可减轻政府财政压力,在更好发挥其作用的同时,使社会公众得到更高质量的公共工程和公共服务的有效供给;另一方面将为日益壮大的民间资本、社会资金创造市场发展空间,使市场主体在市场体系中更好地发挥其优势

和创造力。[15]因此,实现 PPP 模式在中国可持续地推广,具有非常重要的意义。

参考文献

[1] 胡海峰,陈世金.创新融资模式,化解新型城镇化融资困境[J].经济学动态,2014(7):57-69.

[2] 陈雨露.中国新型城镇化建设中的金融支持[J].经济研究,2013(2):10-12.

[3] 迟福林.五问城市化——对话迟福林[J].西部大开发,2012(6):42-43.

[4] 国务院发展研究中心课题组.中国新型城镇化道路、模式和政策[M].北京:中国发展出版社,2014.

[5] 陈伦盛."十三五"时期新型城镇化投融资模式的改革与创新[J].经济纵横,2015(6):6-9.

[6] 余晨阳,邓敏婕.市政债券:城镇化融资的新渠道[J].学术论坛,2013(3):137-142.

[7] 胡广嘉.新型城镇化发展中的融资问题探究[D].华中师范大学,2014:20.

[8] 马庆斌,刘诚.中国城市化融资的现状与政策创新[J].中国市场,2012(16):34-40.

[9] 陈峥嵘.市政债券与城镇化建设——理论分析、国际经验与政策建议[J].证券市场导报,2014(6):9-18.

[10] 王守清,柯永健.中国的 BOT/PPP 实践和经验[J].投资北京,2008(10):82-83.

[11] 杨慧.新型城镇化与金融支持[M].广州:广东经济出版社,2014:95.

[12] 李小晓.民间借贷双方都在渴望阳光[J].中国经济周刊,2012(10):1-2.

[13] 巴曙光.中国基础设施尚有较大的投资空间[J].中国社会科学报,2013(5):1-2.

[14] 徐林.将城投债券规范发展成为适合中国国情的市政债券[N].上海证券报,2010-10-11.

[15] 刘薇.PPP 模式理论阐释及其现实例证[J].改革,2015(1):78-89.

东北老工业基地"产城融合"中的瓶颈与解决对策分析

谢东颖 李世斌 李 钢

(吉林大学经济学院，长春 130012)

摘 要：在新型城镇化背景下，实现"产城融合"的发展态势对于东北老工业基地城市的转型发展具有十分重要的意义。本文首先对"产城融合"的概念进行界定，并在以往学者研究的基础上，分析东北老工业基地"产城融合"的瓶颈。接着对东北三省34个地级市2001年至2013年的面板数据进行实证分析，结果显示固定资产投资、技术进步、政府职能转变对于东北老工业基地产业结构的升级具有显著的影响，最后根据东北老工业基地"产城融合"中存在的瓶颈提出相应的对策建议。

关键词：东北老工业基地 产城融合 瓶颈

一、引 言

纵观人类社会发展历程，产业与城市始终保持着千丝万缕的关系。产业作为城市重要的经济基础，在促进城镇化尤其是为城市提供经济支撑、吸引外来人口转移、增加政府税收等方面发挥着举足轻重的作用。而城市则是产业发展的重要空间载体，城市通过基础设施建设、提供公共服务等措施为产业创造良好的发展环境，激发产业的活力。产业与城市如果能够形成相互融合、协同促进的发展态势，可以有效避免产业与城市发展过程中出现的各种经济社会问题。因此，"产城融合"对于完善城市健康发展体制机制、促进新型城镇化建设具有十分重要的意义。

作者简介：谢东颖（1994— ），女，黑龙江省绥化人，吉林大学经济学院硕士研究生，主要从事宏观经济理论与政策研究；李世斌（1992— ），男，黑龙江省大庆人，吉林大学经济学院硕士研究生，主要从事宏观经济理论与政策研究；李钢（1993— ），男，吉林省集安人，吉林大学经济学院本科生。

近年来,我国在推进新型城镇化建设过程中高度重视"产城融合"问题。2014年,中共中央、国务院印发《国家新型城镇化规划(2014—2020年)》,其中明确提出要强化城市产业就业支撑,调整优化城市产业布局和结构,促进城市经济转型升级。2015年7月,国家发改委发布《国家发展改革委办公厅关于开展产城融合示范区建设有关工作的通知》,提出要在全国范围内选择60个左右条件成熟的地区开展"产城融合"示范区建设工作。东北老工业基地城市作为"以产兴城"的典型代表,在其新型城镇化建设过程中是否能够处理好产业与城市的关系,实现"产城融合"发展态势显得尤为重要。

东北老工业基地在地域空间上主要包括黑龙江、吉林、辽宁三个省份。新中国成立后,我国实行优先发展重工业的经济发展战略,东北地区由于矿产资源丰富并具有良好的工业基础,成为国家建设布局的重点地区之一。在第一个五年计划期间,全国156项重点建设项目中有57项布局在东北地区进行建设,其中包括如鞍山钢铁公司、长春第一汽车制造厂等至今仍保持市场竞争力的大型国有企业。这一时期东北的经济发展水平处于全国领先水平。但之后由于资源逐渐枯竭、产业结构单一、人才流失以及国家战略布局转移等原因,东北地区逐渐衰落。虽然在2003年实施振兴东北老工业基地战略后东北地区经济有所复苏,但由于无法从根本上解决东北地区资源性衰退、结构性衰退、体制性衰退等问题,东北老工业基地一直无法真正实现振兴,近年来东北三省GDP增速更是长期排名全国倒数。

东北老工业基地的城市大多"以产而建""以产而兴",1948年东北地区设有城市18个,到1960年增加到30个(陈玉梅,2008),到现在东北三省总共有34个地级市和55个县级市。由于工业的发展需要大量的产业工人,因此大量人口向东北老工业基地集聚,极大地促进了该地区城镇化的发展。新中国成立以来,东北地区城镇化率始终高于全国平均水平,城市的基础设施建设也处于全国领先水平。在工业化起步和建设时期,产业的发展是东北老工业基地城镇化发展的主要推动力,城市的发展也为该地区产业的发展提供了良好的条件。但由于国家战略布局转移、资源枯竭、产业结构升级缓慢等原因,东北老工业地区"产城融合"开始出现瓶颈,无法适应新型城镇化的发展要求。

目前东北老工业基地产业与城市发展的关系主要体现为:产业与城市逐渐割裂,产业结构无法适应城市转型发展的需要,无法为新型城镇化建设提供强劲的动力。2015年东北三省平均城镇化率达到60%,高于全国城镇化率的56%,该年黑龙江、吉林、辽宁的实际GDP增速分别为5.7%、6.5%、3%,而全国 GDP 增速为 6.9%。可见,东北老工业基地的经济发展水平是落后于城镇化发展水平的,而东北老工业基地经济发展缓慢主要是受累于产业发展水平的落后。2015 年我国第三产业增加值占国内生产总值的比重为 50.5%,而东北三省第三产业增加值占比要远远低于这一数字,在第二产业中重工业又占很大比重,产业结构的不合理直接制约了东北老工业基地经济的发展,服务业的落后也导致了城市服务功能的削弱,造成资本和人才的流失,进一步降低了城镇化的质量。因此在新型城镇化背景下,研究东北老工业基地"产城融合"的瓶颈并探索该地区"产城融合"的发展路径,对于破解东北老工业基地发展难题,推动东北老工业基地新型城镇化建设具有十分重要的意义。

二、文献综述

早期关于产业与城市的研究大多集中于工业化与城镇化的关系上。二元经济理论的提出首先为工业化与城镇化之间的关系提供了理论支撑。该理论把国家经济和社会划分为传统部门和现代部门(Booke,1933)。William Arthur Lewis(1954)对该理论做了进一步的研究,他发现后起国家由于工业化和城镇化都处于起步阶段,其二元经济特征更加明显,农业部门工资低且存在无限劳动供给,而城市工业部门工资稍高,这就促使农业剩余人口向城市工业部门转移,很大程度上促进了城镇化的发展。[1] Hollis B. Chenery(1975)将城市化看作经济发展过程中的一个方面,认为在处于持续均衡的经济中,需求和贸易上的变化会导致工业化,进而引起劳动力从农村向城市流动,促进城市化。此外,他还发现生产结构也会对城市化过程产生影响。虽然二者在研究中都没有深入探讨工业化与城镇化的内在关系,但都在一定程度上体现了"产城融合"的思想,为后来有关产业和城市互动作用以及"产城融合"的相关研究提供了重要的理论基础。Lennon H. T. Choy,Yani Lai,Waiming Lok(2013)就引用了城乡二元经济结构的思想来考察中国工业化对城镇化发展的作用,他们认为我国城乡在土地产权结构上存在差异,这种产权上的差异使得农村集体土地上的经济效率十分低下,远远落后于城市土地的经济效率,阻碍了农村工业化的发展,进而阻碍了农村土地城镇化的进程。[3]

通过对世界工业化进程的考察不难发现,工业化确实是促进城镇化的主要因素,各个城市也根据自身资源禀赋的不同建立了相应的城市产业体系。但在各国纷纷进入工业化发展后期阶段的情况下,原有产业结构以及产业布局对于促进城镇化发展的作用开始减弱,这一现象在东北老工业基地这样的地区尤其明显。在这样的背景下,如何实现产业与城市协调发展、共同促进的发展态势开始成为学者研究的重点,"产城融合"的概念也由此被提出。由于对"产城融合"这一概念理解的不同,不同学者对其研究的角度也有所不同,大致可以分为狭义和广义两个方面。

在狭义上,学者对"产城融合"研究的重点主要是城市中某一产业空间或者某一具体产业与城市融合发展状况。孔翔、杨帆(2013)认为"产城融合"体现的是区域产业空间和社会空间的协调发展,主要针对城市开发区内的产业功能与城市功能的协调发展进行研究,并总结昆山市开发区建设的成功经验,认为应高度重视产业空间与社会空间的协调演进,同时要注重构建多元文化共存的社会网络。[4]李文彬、陈浩(2012)在对开发区"产城融合"的研究中引入了人本的思想,认为"产城融合"是功能主义向人本主义的回归,在开发区的建设中一定要将人的因素考虑进去,实现开发区内就业和居住结构的匹配,此外还要在开发区内培育创新产业,激发城市活力。[5]此外,还有很多学者将"产城融合"的研究重点放在城市的开发区或者城市新区上,认为实现"产城融合"的发展态势对于开发区以及城市的转型都具有十分重要的作用(蒋华东,2012;唐晓宏,2014;苏林、郭兵、李雪,2013)。也有学者将"产城融合"中的"产"理解为某一具体产业。Nannan Wang(2014)针对建筑工业对于中国城市可持续发展的作用进行了研究,认为建筑工业对于中国城市发展具有积极和消极两个方面的作用,应采取相应的政策削弱其消极作用。[6]在广义上,学者主要研究城市整体的产业结构以及产业布局与城市融合发展的问题。谢呈阳、胡汉辉、周海波(2016)将"产城融合"理解为"产""城""人"三者的融合,认为产业与城市的协调发展要以人为连接点,通过要素市场的价格调节和因果循环机制实现"产城融合"。他们在研究中分别将"产""城""人"抽象为"工业""服务业""劳动力",以"人"的效用为出发点构建均衡模型研究三者之间相互的作用路径,体现了新型城镇化背景下"以人为本"的要求。[7]柯善咨、赵曜(2014)则将城市经济效益的提高作为城市化转型发展的一个重要方面,分析了产业结构和城市规模对我国城市经济效益的协同影响机制,认为城市规模较小的地区应鼓励发展制造业,实现人口和地区的集聚,而城市规模已经较大的地区需要培育对生产性服务有更多需求的高附加值产业,不同类型的城市应选择适合自己发展的产业结构才能推动新型城镇化的发展。[8]由于新型城镇化背景下,制约东北老工业基地城市转型的突出问题主要是产业结构以及产业布局不合理,开发区以及新区与城市发展不协调的问题并不明显,因此本文在研究东北老工业基地"产城融合"的瓶颈以及解决路径时将采用广义的"产城融合"概念,即产业与城市形成良性互动、协同共进的发展态势,产业布局以及产业结构要符合所在城市的发展要求,城市也应发挥自身的公共服务功能,为产业提供良好的发展环境,实现"以产促城,以城兴产,产城融合"。基于这样的理解,本文通过对东北三省34个地级市面板数据的实证分析,研究目前我国东北老工业基地"产城融合"存在的瓶颈,并提出实现东北老工业基地"产城融合"的路径和政策建议。

三、东北老工业基地"产城融合"中的瓶颈

随着新型城镇化进程的深入,东北老工业基地的产业结构以及产业布局不再适应该地区城镇化转型发展的需要,其建成初期所形成的产业结构弊端逐渐显露出来。在新型城镇化背景下,东北老工业基地面临着严峻的"产城融合"发展瓶颈。东北老工业基地"产城融合"中存在的瓶颈主要包括以下几个方面:

(一)产业结构趋同,城市功能复合性不足

在东北老工业基地建设初期,我国政府主要借鉴苏联工业建设的经验,工业布局的指导思想主要源自于地域成产综合体理论,工业行业相对庞大而完整,并依靠工业的发展带动城市的建设。在计划经济体制下,各省市政府在建设东北老工业基地过程中形成了一定程度的思维惯性,在产业结构布局方面存在相互"克隆"的特征。本文依据2014年《中国城市统计年鉴》中的宏观经济数据,整理得出2013年东北三省三次产业产值之比,同时比较三省人均GDP,作为衡量三省产业结构现状的指标,如表1所示。

表1 东北三省2013年三次产业结构与人均GDP比较

地区	三次产业产值之比(一、二、三)	人均GDP(元)
辽宁	8.02:52.88:39.10	70287
吉林	10.85:51.45:37.70	54997
黑龙江	17.08:46.32:36.61	42928

数据来源:2014年《中国城市统计年鉴》

由上表可以看出东北三省三次产业结构依旧呈现出第二产业占比较大,第一、三产业占比较小的特点。第三产业发展处于落后地位,增长速度较慢,三省之间的产业结构趋同现象明显。产业结构趋同现象的出现对于东北地区产业

发展有着十分重要的影响。

从产业规模经济的角度来分析,规模经济要求企业达到一定的生产规模,同时产业应当适度集中。而东北地区的产业结构趋同,意味着存在相当程度的"克隆"模式,产业过分追求全面,导致各地产业出现"大而全""小而全"的局面,把相对有限的资源重复投资于低水平的建设,投资力量过于分散,因此难以形成规模经济。

从城市发展的角度来看,产业结构趋同的状况也将影响城市功能复合性的完善。城市中不同行业存在不同的功能,其服务范围也存在差异,一个城市中所有行业服务空间范围组合到该城市便形成了城市功能的复合。而东北地区产业结构趋同的问题,也同样导致了城市功能复合性的趋同,各个地区城市的不同行业所承担的服务空间难以进一步扩大,同一行业的功能网络在各个城市之间也难以形成良好的互动。

东北老工业基地各地区产业结构趋同问题产生的原因主要分为以下两个方面。一方面是自然条件的原因。东北地区各个城市,自然资源与自然环境相近,而主导产业大多为依靠自然资源而发展的工业。赫克歇尔—俄林生产要素禀赋认为,地区之间优势资源禀赋不同则吸引的资本类型不同,反之,自然条件相似的地区则吸引相似的投资,因此空间上相近而自然条件相似的东北地区,产生产业结构趋同的现状也有一定的客观规律性。另一方面是体制的原因。在新中国成立初期的传统计划经济体制下,国家出于对总体经济发展的考虑,长时间对产业布局做出政策干预。在东北老工业基地的建设过程中,主要借鉴苏联经验,过分追求"完整全面的产业结构体系",过多地人为干预产业布局建设,阻碍部门、资源、资金、技术之间的联系。

(二)资源型城市转型困难,城市缺少接续产业

东北老工业基地建设所依附的主要优势是丰富的自然资源,如铜、铁、铅、锌等金属资源,煤、油、天然气等矿产资源以及森林资源。东北地区正是凭借在这些资源存量上的优势,建立起多达全国四分之一的资源型城市。这些资源型城市,如辽宁省的抚顺、本溪、鞍山、阜新,吉林省的辽源、松原、敦化,黑龙江省的鸡西、鹤岗、双鸭山、大庆等,资源总量虽然丰富,但开采时间长,城市自身积累了许多弊病,为我国国民总体经济的增长牺牲了自身的可持续发展与生态环境。随着资源的枯竭,这些城市的转型发展也遇到了阻碍,其所面临的问题可以分为以下几个方面:

首先,伴随着资源过度开发而导致的逐渐枯竭,东北地区传统资源型产业失去原有的优势。经历了多年的大量开采与粗放生产,东北地区的木材、石油、铁矿、煤炭等自然资源储备量正大幅度减少,随着资源的减少,开采成本的上升,原材料工业与重化工业企业陷入失去原有产业优势的发展困境。例如:大庆油田,石油年产量约占全国的50%,但其可采储量仅剩30%,预计至2020年其年产量也只能维持在2000万吨左右。而一些以煤炭产业为核心的城市,也随着煤炭资源的枯竭,煤炭工业的亏损陷入发展困境,如辽宁的阜新,黑龙江的双鸭山、鸡西、鹤岗等煤矿企业。伊春,作为我国最大的森林工业基地,可采成熟林仅剩1.7%,可采木材不足500万立方米,四分之三的林业局也面临着无木可采的局面。

其次,资源型城市支柱产业单一,过分依赖资源开发,接续产业发展不力。资源型城市的支柱产业都是依靠当地的自然资源而建立发展起来的,对资源的依赖性较大,产业相关度高,产业链条短,同时又是该地区的财政收入与人民生活的主要来源。从资源型城市的经济结构来分析,其主要问题在于产品结构单一,生产产品的基础原材料大多表现出粗放型的特征,这些产业的产能消耗高,技术水平低下,产业升级缓慢。同时,三次产业结构中,第一、三产业发展明显落后,三次产业之间的互动发展并不协调。除此之外,资源型城市在转型过程中,尚未明确找准与本地发展相适应的接续产业,明显表现出城市发展动力不足的问题,城市的整体发展陷入瓶颈。

最后,资源型城市基础建设落后,生态环境受到严重破坏。东北地区资源型城市,从建设初期的发展目标来看,就是为了倾一国之国力,计划发展国民经济,追求短期、高效地开发资源,集中大量的人力、物力、财力于产矿地城市产业建设。而其对于整个城市的规划与基础设施建设并没有做好充足的准备,经过长年的开发,这类城市大多表现出城市社会服务功能不足、基础设施建设明显滞后的缺点,加之地理位置往往靠近矿产资源而远离中心城市,人才结构表现为矿产相关行业机构臃肿,其他产业人才缺乏。从城市的转型发展来看,很难与城市目前对基础设施、交通条件、行业人才等方面的要求相匹配。除此之外,资源型城市目前环境污染严重,过度、无节制地开采矿业,也使其土地质量与地质灾害比其他城市更为严重。在"产城融合"理念中,无论是产业发展还是城市发展,都应注重可持续发展,因此这些问题都是资源型城市转型发展所要跨越的障碍。

(三)产业技术创新力不足,城市人才流失

目前,东北老工业基地在"产城融合"的发展理念下,所要直接面对的问题是重新振兴东北各地区的产业发展,以此带动城市的建设。如前所述,东北的产业结构存在趋同现状,支柱产业单一,缺乏接续产业。从另一个角度考虑,工业化的内在动因是技术进步与科学发展,即产业技术创新,这也符合新型工业化的技术要求,因此科技创新正是东北振兴产业,实现"以产促城"发展方向的重要一环。但是,现阶段东北各城市在科技资源配置与挽留人才方面存在的问题不容乐观。

首先,企业缺乏创新能力,存在创新主体缺失的问题。东北老工业基地,其支柱产业大多由国企经营,产权不够明晰,企业领导大多追求短期效益并存在规避风险的经营倾向,企业缺乏科技创新的内在动力。许多科研院所,由于发展方向不明确,大多只是维持已经储存的技术资源,并没有进行科研创新的目标。而多数民营科技企业则普遍出现融资困难、科研力量不足等问题,也导致其科研积极性并未发挥太大的作用。目前,东北科研机构开发的许多科技成果,向实际生产力转化不足10%。

其次,高新技术开发区的建设未能真正促进高科技产业化的发展。东北老工业基地已建成各类国家级高新技术开发区6个,除此之外不少开发区依旧以园区开发为主,高科技技术产业投资不足,对科技项目采用分散投资的方式,未能形成拥有优势的行业领域和项目集群,深化高科技产业化发展。面对高新技术产业发展的资金需要,各类科技信托公司、创新投资公司的能力不足且资金来源单一,大多依靠财政支持与非金融组织贷款,严重缺乏企业资金与机构资金。

对于东北人才流失的原因,可以从以下两个方面分析。一方面,劳动力成本较低。从东北三省三次产业工人平均工资的排名可以分析出,东北地区的平均工资水平在全国范围内处于较低水平,仅有辽宁省第二产业与第三产业工资水平相对较高。黑龙江省的三次产业工资排名分别为29、27、21,吉林省的排名为26、26、28,而辽宁省的第一产业平均工资水平最低,排名为31。东北三省的低劳动力成本,驱使东北人才主动迁移到高成本地区。另一方面,受教育程度较高。东北地区各城市就业人员的受教育程度较高。东北三省人口受教育水平在全国的排名显示,受大学专科教育的从业人员中,辽宁省与黑龙江省居全国前十,吉林省位于第十一名;受大学本科教育的人口在全国位于前十水平;研

究生及以上学历的从业人员中,黑龙江省处于中等偏上水平,辽宁省高居第四,吉林紧随其后位居第八名。而这些受过高等教育的人口,并不能接受三省较低的平均工资水平,留在省内的可能性较小,因此人力资本流失问题也很严重。

四、实证分析

根据上文对东北老工业基地"产城融合"瓶颈的相关分析,为了从城市层面深入研究相关因素对产业结构升级的影响程度,本文分别选取了辽宁、吉林、黑龙江三省34个地级市的市区面板数据建立计量经济模型进行实证分析,以保证结果的可参考性。

(一)变量选择及数据来源

本文拟从产业结构升级水平、社会投入水平、政府职能、对外贸易规模、信息化繁荣程度五个方面分析各种因素对城市层面产业升级的影响程度。

1. 产业结构升级水平(w)

用产业结构层次系数来表示,本文采用产业结构层次系数去衡量各市区产业结构升级的程度,考虑到东北三省产业发展情况,结合产业结构演变的一般规律,将三次产业按照三、二、一的顺序进行排列,对三次产业产值比重加权求和从而得到产业结构层次系数。将产业结构系数设置如下:

$$w = [q(3)] + [q(3) + q(2)] + [q(3) + q(2) + q(1)]$$

其中,w为产业结构层次系数,$q(1)$、$q(2)$、$q(3)$分别代表第一产业、第二产业和第三产业在城市经济中的比重,根据三次产业产值在城市生产总值的比重得出,并且由于是比重关系,所以不需要剔除物价因素,且 $w > 1$。

2. 社会投入水平

"产城融合"的一个要求就是以人为本进行产业和城市的良好融合,而社会投入作为供给方,从劳动力、资本、各项基础设施的完善以及教育、信息等多方面影响产业结构升级,进而促进"产城融合"。

(1)社会劳动力(lab)用市区全部从业人数来衡量。以东北三省近年来人口流动情况来看,人才流失严重,劳动力供给面临短缺状态,另外,劳动力对产业结构升级的影响还表现在劳动力素质方面,劳动力素质高,有利于产业结构升级。

(2)资本(c)用市区固定资产投资总额来衡量。产业升级过程的一个重要路径就是由劳动密集型为主向资本密集型为主的产业结构转型,因此需要大量的资本投入,实体经济中固定资产占有非常重要的地位,故本文采用市区固定资产投资总额来衡量资本。

(3) 技术进步(s)因素用科学教育投入费用总额来衡量。一个城市的技术进步是不明显的,但是可以用科学教育的投入费用来衡量城市的技术进步。

3. 政府职能(g)

本文采用当年政府财政支出占城市 GDP 的比重来衡量。财政支出是政府发挥政府职能的重要手段,反映了政府的规模以及政府对市场的干预程度,而政府干预对产业结构升级具有重要作用,不仅提供了影响产业结构升级的政策激励,而且提供了产业结构升级所需的配套基础设施建设。

4. 对外贸易规模(tr)

用年度货运总量来表示,城市与其他地方的贸易往来在一定程度上反映了城市经济的发达程度,而随着经济的持续增长,必须升级产业结构。

5. 信息化繁荣程度(inf)

本文采用邮政电信业务总量来衡量。当今是信息化时代,信息化水平在一定程度上也代表了一个地区的发达程度,工业则是东北老工业基地的经济支柱,以往研究表明,工业化和信息化融合对地区经济发展水平增长的影响具有显著性。

本文所用数据来自 2001—2014 年的城市统计年鉴以及各省市自治区统计年鉴和《中国统计年鉴》,数据包含了东北三省 34 个地级市 2001—2013 年的相关经济数据。

(二) 实证模型

1. 模型设定

本文将以上分析中的各影响因素作为解释变量,将产业结构层次系数作为被解释变量,将变量取自然对数,通过初步建立面板数据模型来分析影响产业结构升级的各因素的动态效应,模型表达式如下:

$$Lnw_{it} = C_{it} + \beta_1 Lnlab_{it} + \beta_2 Lninv_{it} + \beta_3 Lns_{it} + \beta_4 Lng_{it} + \beta_5 Lntr_{it} + \beta_6 Lninf_{it} + u_{it}$$

式中下角标 i 表示各城市,t 表示 2001—2013 各年,C_{it} 为截距项,u_{it} 为随机扰动项。

2. 模型形式

首先,构造 F 统计量,通过 F 检验去判断是否接受建立混合模型的原假设,若拒绝,则有可能更适合于固定效应模型,继续构造 Hausman 统计量,通过 Hausman 检验去判断是否接受作为随机效应模型的原假设,若拒绝,则采用固定效应模型。

本文数据通过 stata11.0 软件进行面板回归分析,F 统计量在 5% 的置信水平上拒绝了原假设,Hausman 统计量在 1% 的置信水平上拒绝了原假设,故本文选择个体固定效应模型的回归结果进行分析。

3. 计量结果分析

进行面板数据个体固定效应回归的结果如表 2 所示:

表 2　东北老工业基地 34 市产业升级的影响因素的面板回归结果

	Coef.	Std. Err	t	P>|t|	[95% Conf. Interval]	
constant	0.6892733	0.0532829	12.94	0.000	.5845254	.7940213
lnlab	0.0108405	0.0092359	1.17	0.241	-.0073162	.0289971
lninv	-0.0083155	0.0035321	-2.35	0.019	-.0152592	-.0013719
lns	0.0115596	0.0041472	2.79	0.006	.0034068	.0197125
lng	-0.0082192	0.004495	-1.83	0.068	-.0170559	.0006175
lntr	0.0043077	0.0036372	1.18	0.237	-.0028427	.0114581
lninf	-0.0010517	0.0035807	-0.29	0.769	-.0080911	.0059876

由上面个体固定效应的面板数据回归结果可以得出以下结论:

第一,社会劳动力因素对东北产业结构升级的影响不具有统计显著性,东北老工业基地具有较低的劳动力成本,而且在城乡二元结构下,劳动力存在低端劳动力过剩,高端劳动力不足的情况,对于产业转型、产业结构升级来说作用不大。

第二,资本相对于劳动力来说对于产业结构升级的影响更大,在统计上更为显著。这符合东北三省近些年资本流动性不足、资金短缺、基础设施建设方面有待加强的境况。资本作为社会投入水平中的基本供给因素,从以往发达国家发展经验中可以看到,资本深化能够很好地促进产业结构的优化升级,但回归得到的系数为负值,即资本对产业结构升级有负向作用,资本深化抑制产业结构升级,结合东北老工业基地发展瓶颈可知第一产业和第二产业在东北占比较大,资本对其具有负向抑制作用。[9]

第三,技术进步对东北老工业基地产业结构升级影响显著。一方面,基础教育对于提高劳动力素质作用巨大,进而促进产业发展,产业结构升级;另一方面,创新是我国经济持续增长的不竭动力,东北老工业基地面临的技术创新不足、工业产品附加值低等问题,是妨碍产业结构升级的一大重要因素。

第四,政府职能对产业结构升级影响显著,这得益于东北老工业基地特有的经济环境。纵观东北经济发展史,政府在经济发展和产业结构转变中发挥了不可替代的作用,政府职能的发挥影响着产业结构升级的进程,良好的政策引导和财力支持能够使东北老工业基地产业结构升级向更快更好的方向转变,在不损伤产业经济的情况下完成东北老工业基地的产业结构升级。

第五,对外贸易规模和信息化水平对东北产业结构升级的影响不显著,这两方面因素对产业结构升级的促进作用不大。

五、促进东北老工业基地"产城融合"的政策建议

"产城融合"是振兴东北老工业基地、实现东北老工业基地城镇化转型发展的重要环节,只有产业和城市良好融合,在产业结构升级的同时实现城市转型,才能让东北经济实现长期稳定的增长。根据东北老工业基地自身的发展历史和经济特点,针对目前东北老工业基地"产城融合"中存在的瓶颈,借鉴外国城市转型和产业结构升级经验,提出以下针对性建议:

第一,实行产业链的上下延伸,提升产业核心优势,在此基础上大力发展其他行业,促使城市成为资本、技术密集型的综合城市。东北老工业基地具有强大的工业实力,在城市原有产业链的基础上,通过研发、引进高新技术,进行产业改造,将原有的工业产业链从深度和广度上进行上下游的产业延伸,提高产品附加值,形成规模经济降低成本,进而提升产业核心优势,优化产业结构。在此同时,政府制定相应发展政策支持城市转型,减少"路径依赖"发生的可能性和城市转型的难度和代价,实现产业结构升级以及城市顺利转型。

第二,大力发展第三产业,推动产业结构优化升级。第三产业尤其是服务业是促进城市转型发展的主要推动力量,而且依据经济发展与产业结构理论,第三产业占整个产业比重的增大有利于经济在新阶段保持长期稳定发展,政府应在政策和财力上鼓励和支持发展第三产业,适时淘汰落后产业,促进东北老工业基地产业结构升级和城市转型。存在单一产业结构特征的城市在选择接续产业时也应着重考虑发展第三产业,积极引进高新技术人才,激发城市活力和创造力。

第三,注重城市间的区域合作发展以及城市功能协调。虽然东北三省的产

业结构存在趋同的特征,但各省也具有自己的优势产业。因此在促进东北老工业基地"产城融合"的过程中应注重区域内的分工合作,充分发挥不同城市的比较优势,加强地区间的交流与合作,避免产业、城市功能趋同,打破城区间要素流通障碍,在城市功能上实现协调互补。

第四,大力推动金融发展,让金融为实体经济服务,促进产业结构升级和城市转型。金融发展是促进产业升级的重要力量,维系着现代产业的资金链,支持着服务业的发展与壮大。东北老工业基地的金融发展与东部地区仍有一定距离,而金融行业的发展,在广度和深度上都促进城市向综合型、服务型城市转型,使产业和城市有效地融合在一起。

第五,转变政府职能,更好为"产城融合"服务。参考发达国家"产城融合"历程可以发现,政府主导在其中起了很大的作用,转变政府职能,加强基础设施建设,提供发展平台,规范市场秩序,将重点关注在市场没有办法发挥功能的方面,更好地服务于产业,着眼于"以人为本",突破"产城融合"发展瓶颈。

参考文献

[1] Lewis W. A. Economic Development with Unlimited Supplies of Labour[J]. Manchester School, 1954(2):139-191.

[2] Choy L. H. T, Lai Y, Lok W. Economic performance of Industrial Development on Collective Land in the Urbanization Process in China: Empirical Evidence from Shenzhen[J]. Habitat International, 2013(4):184-193.

[3] 孔翔,杨帆."产城融合"发展与开发区的转型升级——基于对江苏昆山的实地调研[J]. 经济问题探索,2013(5):124-128.

[4] 李文彬,陈浩. 产城融合内涵解析与规划建议[J]. 城市规划学刊,2012(7):99-103.

[5] Wang N. The Role of the Construction Industry in China's Sustainable Urban Development[J]. Habitat International, 2014(44):442-450.

[6] 谢呈阳,胡汉辉,周海波. 新型城镇化背景下"产城融合"的内在机理与作用路径[J]. 财经研究,2016(1):72-82.

[7] 柯善咨,赵曜. 产业结构、城市规模与中国城市生产率[J]. 经济研究,2014(4):76-88.

[8] 杨秋菊. 资本深化对黑龙江省产业结构的影响研究[D]. 哈尔滨工业大学,2012.

第一部分　新型城镇化研究

我国新型城镇化的研究综述

张荣天

(扬州大学苏中发展研究院,江苏 扬州 225009)

摘　要: "新型城镇化"已经成为当前我国城镇化发展的重要战略和方向,是一个全新的中国式命题,对新型城镇化研究进行梳理、总结及述评有助于指导我国新型城镇化的实践。本文主要从内涵界定、体系构建、动力机制、发展模式及优化路径5个方面对目前我国新型城镇化的研究进展进行初步归纳和总结,在此基础上从研究尺度、方法及内容3个维度对我国新型城镇化的研究展开述评,并尝试构思出未来我国新型城镇化研究的主要发展趋势。以期通过对国内新型城镇化研究的综述,为我国新型城镇化的发展提供有益的参考和借鉴。

关键词: 新型城镇化　进展　述评　中国

诺贝尔经济学奖得主斯蒂格利茨曾经预言:中国的城镇化和美国的新技术革命将是21世纪带动世界经济发展的两大引擎。[1]近年来,随着中国城镇化不断持续推进,到2012年我国城镇化率已超过50%,各大中小城镇规模迅速扩张,但传统城镇化在推动经济社会快速发展的同时,也产生了诸多矛盾及问题:城镇化质量相对不高、城镇化与工业化不协调、二元制度下的"半城镇化"、土地财政主导下的"造城运动"等[2],这些问题的存在严重影响我国城镇化的健康发展;党的十八大明确提出"新型城镇化"的命题,为今后我国城镇化发展释放了转型的新信号,并且随着国务院《国家新型城镇化规划(2014—2020年)》[3]的相继出台,新型城镇化成为中国未来新的增长亮点、引擎,日益成为一个全新的中国式发展命题,新型城镇化的研究已经成为我国政界、学界普遍关注的重点课题,关于新型城镇化理论研究、实践的探讨已成为我国城镇化研究领域的热点话题,其中地理学、社会学、政治学、经济学、城市规划学等多门学科分别从各自学科研究范式分析及解释

作者简介:张荣天(1987—　),男,江苏南京人,博士后,助理研究员,硕士生导师。主要研究方向为城乡发展与区域规划。通讯地址:江苏省扬州市大学南路88号扬州大学荷花池校区。

了新型城镇化发展的内在规律。鉴于此,本文试图从新型城镇化的内涵界定、体系构建、动力机制、发展模式、优化路径 5 个方面进行研究文献的系统梳理,总结及揭示目前关于新型城镇化研究的主要特点,探讨及分析当前新型城镇化研究存在的主要问题及不足,阐述及归纳未来我国新型城镇化研究的主要发展趋势,以期为我国新型城镇化的深入研究提供一定的参考以及启示。

一、我国新型城镇化的研究进展

(一) 新型城镇化内涵界定

随着城镇化实践素材的不断丰富,出现了"传统城镇化""特色城镇化""新型城镇化"等一些新概念,新型城镇化是城镇化发展的新阶段,是城镇化的历史性转折,是经济社会发展的必由之路,新型城镇化是特色城镇化适应发展阶段的新要求与全球经济变化的新趋势的必然性选择。总体上,国内学者对新型城镇化的发展方向具有较为统一的认识,但对于其具体内涵的理解还存在一定的差异:牛文元[4]认为新型城镇化是注重城乡一体化,注重集约发展、和谐发展,提升农民和城镇居民的生存、生活质量,转变经济发展方式,实现资源节约、环境友好、大中小城镇协调发展的道路;王发曾[5]认为,新型城镇化包括外延扩张和内涵优化两个进程,外延扩张是指城市数目及规模的合理扩张,内涵优化体现在狭义内涵优化、广义内涵优化、泛义内涵优化 3 个层面,并指出追求外延扩张与内涵优化的和谐统一,是新型城镇化最本质特征;仇保兴[6]则认为,新型城镇化是从城市优先发展、高能耗、数量增长型、高环境冲击型、放任式、少数人先富的城镇化向城乡协调发展、低能耗、质量提高型、低环境冲击型、集约式社会和谐的城镇化转型发展;冉启秀、周岳[7]认为,新型城镇化是指社会生产力在市场化、信息化的基础上,在经济制度、经济结构、人口素质、人口居住等方面,由传统农村文明转变成为现代城镇文明的自然历史过程;倪鹏飞[8]认为,新型城镇化是以人口城镇化为核心内容,以信息化、农业产业化和新型工业化为动力,以"内涵增长"为发展方式,以"政府引导、市场运作"为机制保障,走城乡一体化的可持续发展道路;姜永生、范建双[9]则认为,新型城镇化是资源节约、环境友好、经济高效、社会和谐、大中小城市及小城镇协调发展、城乡互促共进的城镇化发展道路;刘维新[10]认为,新型城镇化是重点发展中小城市,建立城市群及其市带,区域经济的协调发展,实现城乡一体化的城镇化发展模式;吴殿廷[11]认为,新型城镇化是以人为本、注重质量、统筹城乡及绿色发展的城镇化发展道路;顾介康[12]从新的发展理念(以人为本)、新的发展思路(四化同步)、新的城乡关系(突出三农)、新的发展形态(双型特征)4个方面阐释了新型城镇化的内涵;有些学者开始从文化资本理论视域[13]、人本视角[14]等对新型城镇化内涵及特征进行尝试性描述;还有学者对安徽[15]、河南[16]、江苏[17]等地域的特色新型城镇化实践展开了积极的探讨。

综合来看,由于研究角度的差异,对新型城镇化概念的理解呈现出多样化特征,目前我国关于新型城镇化内涵的认识已初步取得成果,在众多新型城镇化概念界定基础之上,新型城镇化在逻辑上是传统城镇化发展的自然结果,两者之间既有联系,又有区别;新型城镇化与传统城镇化的时代背景、侧重点、发展模式、动力机制都有一定的区别,但两者并不是泾渭分明,新型城镇化是传统城镇化发展到一定阶段的必然产物,是对传统城镇化的发展扬弃(表1所示)。总体上传统城镇化概念更多地强调"硬件城镇化",而新型城镇化则向"软件城镇化"转型;传统城镇化更多地强调"物的城镇化",而新型城镇化更关注"人的城镇化",因此可以判断出新型城镇化内涵的核心是"人的城镇化",新型城镇化强调的是城镇内涵的增长及其质量升级,是依托于新型工业化发展,以现代新兴技术为主要动力,以城乡一体化和城市现代化为目标的可持续发展的集约型城镇化,是一种高级城镇化发展途径。

表1 "传统城镇化"与"新型城镇化"的区别与联系

		传统城镇化	新型城镇化
区别	时代背景	农业经济、计划经济主导体制	农业经济向工业经济结构转型;计划经济向市场经济体制转型
	侧重方向	人口城镇化、城镇规模、空间扩张	城镇化质量提升、城乡统筹发展、资源环境与人协调发展
	推进主体	各级政府	政府、企业、农民工、市民
	发展模式	"自上而下"为主,"自下而上"为辅	"自下而上"为主,"自上而下"为辅
	动力机制	传统工业化	农业现代化、新型工业化、信息化
联系	新型城镇化是对传统城镇化的扬弃,吸收传统城镇化的精髓,如发挥政府的宏观引导作用;新型城镇化摈弃传统城镇化中的不足,如忽视经济社会、城乡、区域之间的协调发展		

资料来源:牛文元.中国新型城镇化战略的认识[J].科学对社会的影响,2010(1):14-20.

(二) 新型城镇化指标体系构建

目前国内外学者从不同视角构建了城镇化研究的指标体系,但是新型城镇化测度指标体系在一定程度上有别于传统城镇化测度指标体系,目前还未形成一套统一的新型城镇化的评价指标体系,尚处于探索实践期;总体上新型城镇化更强调城镇化质量的全面提升,倡导从偏重数量规模向注重质量内涵的转型升级,不仅包括城镇面积、城镇人口比例提高,而且更要在产业结构调整、人的全面发展、城乡统筹发展、人居环境优化等多个方面实现从"乡"到"城"的实质性转变。目前国内学者对新型城镇化的指标体系研究较典型的成果主要有:闫海龙[18]以人口、经济、社会、空间、生态环境、基础设施、城乡一体化7个子系统构建新型城镇化指标体系,并对新疆进行实证研究;赵永平[19]以经济高效、结构优化、质量提升、就业充分、功能完善、城乡协调、环境友好、生态宜居8个子目标构建新型城镇化的指标体系;杨若晶[20]从城镇发展、经济高效、集约协调、生活方便和环境友好5个方面构建指标,对河南省新型城镇化进行了评价;李文正[21]从经济学视角出发,以人口城镇化、土地利用城镇化、经济城镇化、社会城镇化和生活城镇化5个方面构建新型城镇化的指标体系;孙长青、田园[22]从城镇化水平、经济发展、集约协调、民生改善、生态宜居等方面构建新型城镇化评价指标体系,具有一定理论及实践意义;王博宇、谢捧军[23]从经济动力、人口转移、基础设施、人居环境4个维度构思新型城镇化评价指标体系;张向东[24]从经济发展、人口城镇化、生活方式、环境状态、城乡统筹5个方面构建新型城镇化的测度指标体系;《国家新型城镇化规划(2014—2020)》主要从城镇化水平、基本公共服务、基础设施、资源环境4个方面,选取18项指标构建城镇化指标体系,从国家指导层面给出了具体测算指标。

综合来看,新型城镇化内涵丰富,具有综合性特征,单一、传统指标都不能科学、全面地反映新型城镇化水平,因此目前关于新型城镇化的指标体系构建基本是多视角、全方面的;另外,基于新型城镇化指标体系的综述可知,评价指标选取上具有一定共同性特征:①指标体系中突出反映城镇化质量、城乡协调发展水平;②针对不同区域及城市构建具有符合地方特色的测度指标体系,体现出新型城镇化评价的区域差异特性。目前评价指标体系较少考虑到新型城镇化阶段性及其时效性,主要偏向于静态评价;而新型城镇化的评价标准应是动态发展的,能够对新型城镇化未来发展趋势与方向进行有效判断,并且随着时空演变而不断进行调整与完善。因此,应将评价指标体系置于不断发展的动态过程中,构建动态指标来衡量及评价区域新型城镇化发展的水平及其能力。

(三)新型城镇化动力机制

城镇化的发展既是经济发展的客观规律,也受社会、政策、制度等多重因素的制约,动力机制是研究城镇化问题的重要内容,近年来不少学者对城镇化动力机制进行了研究,提出了多元城镇化动力、制度与要素推进、内生与外力作用、"自上而下"推动等观点。[25-28]新型城镇化的动力机制是推动新型城镇化发展所必需的动力因素,以及维持、改善这种作用的各种经济社会关系、组织制度等所构成综合系统,研究新型城镇化发展的动力机制,构筑与优化新型城镇化动力系统,有助于奠定新型城镇化发展的基础。国内学者王发曾[29]构建出中原经济区新型城镇化动力机制:①核心机制(发展动力),涉及经济发展、社会发展及基础设施等;②辅助机制(行政动力),涉及行政促进、行政控制等;卫言[30]认为,新型城镇化的核心动力是产业结构转换(一产初始动力、二产根本动力、三产后续动力),直接动力是生产要素流动(劳动力、资本、技术等),内生动力是聚集经济效应,加速动力是全球化推进,而特殊动力是政府推动。陈科[31]指出,新型城镇化的发展产业结构转型是基础动力。行政力量助推是核心动力,辖地区位改善是重要动力。杨发祥、茹婧[32]认为,新型城镇化的动力机制是由政府、市场、农民等多重力量协同推进,并指出政府是新型城镇化主导动力,市场是资源优化配置的有效方式,农民是新型城镇化的根本问题。吴晓旭[33]认为,新型城镇化的动力主要来源于农业现代化、工业化、现代服务业及制度动力,这几大动力相互联系、共同驱动新型城镇化发展。有学者指出人口、资源、环境等是制约新型城镇化建设的主要影响因素,构建定量模型揭示它们之间的影响关系及程度[34,35];有学者构建了新型工业化、旅游产业集群等与新型城镇化的耦合模型,并进行了实证检验[36-39];还有些学者尝试从党群互动[40]、空间经济学[41]、总部经济[42]、制度分析[43]等新视角来探讨新型城镇化发展的动力机制。

综合来看,目前国内学者主要对新型城镇化的动力机制模型、影响动力因素、综合动力机制等相关内容进行了理论研究和实证分析,取得了一定的研究成果。目前我国新型城镇化发展动力机制的理论研究主要从新型城镇化与政府调控、新型工业化、旅游发展、产业结构、交通组织等相互关系的视角来定性、定量地分析。同时,关于新型城镇化动力机制的实证探讨既涉及我国发达地区(长三角、珠三角、京津冀等),也涉及对欠发达地区(中原地区、西北地区、西南地区等)新型城镇化发展动力机制的探讨。但是目前国内对于新型城镇化发展动力机制的研究缺乏多视角、多尺度的综合分析框架,仍须不断深化。

(四)新型城镇化发展模式

城镇化发展模式是社会、经济结构转变过程中的城镇化发展状况、动力机制等总和。[44]它是通过城镇化过程引发的城镇化主体、客体在城市内部、城市之间、城市和乡村之间的一种相对静态的结构或者表象。传统城镇化模式又称滞后型城镇化,这种城镇化发展模式是由我国各种历史原因造成的,涉及指令性计划控制、严格的户籍制度、优先发展重工业、优先发展大中城市、限制发展小城市等;发展动力上主要依靠国有经济发展,限制个体经济、私营经济发展等。[45]这种传统的城镇化发展模式严重制约了我国农村、城市的统筹发展,从而不断拉大了我国同其他国家城镇化发展的差距,因此传统的城镇化模式不是我国城镇化发展的最终目标,而新型城镇化发展模式是在对国内外多元城镇化发展模式进行分析与借鉴的基础上提出来的,自2010年新型城镇化提出以来,各省市、地区响应中央的号召,结合本省市、地区的实际情况卓有成效地开展起来,如城市带、都市圈、城乡一体化模式等。[46]宁越敏、李健[47]全面总结了我国泛长江三角地区的上海、江苏、浙江、安徽城镇化的发展模式。郭小燕[48]分析了中部地区统筹城乡发展面临的主要困难和中部地区城镇化的发展现状及主要特征,创新城镇化模式推动中部地区统筹城乡发展。谢路遥[49]提出新型城镇化建设的发展模式——现代农业、新型工业化、生态旅游模式。孔维巍[50]总结了天山北坡经济带新型城镇化的发展模式——都市圈发展模式、外部组团、内部联动统筹协调发展。秦诗立[51]提出了我国山区新型城镇化的三大模式:都市区模式、次经济区模式、小县大城模式。李彦东、刘小新[52]总结我国城镇化发展的模式主要有5种:一是成都模式,即通过大城市带动郊区的发展模式;二是天津模式,即乡镇政府主导的以宅基地换房的模式;三是广东模式,即通过产业集群带动人口集群模式;四是苏南模式,即通过发展乡镇企业实现非农化发展的模式;五是浙江模式,即以家庭工业和专业化市场的方式发展非农业模式。

综合来看,目前新型城镇化模式研究已取得了较为丰富的成果,越来越多的学者关注到城镇化发展模式的具体选择与阐释,并根据不同区情的分析做了不同的探讨,总结出我国不同地域的新型城镇化的基本模式,对深刻理解我国新型城镇化发展规律具有一定实践指导意义。但是目前关于新型城镇化发展模式的研究还处于初步描述阶段,通过定性来判断出区域的新型城镇化的发展模式,仍需借鉴更多的新技术及其新方法应用于新型城镇化发展模式认知与识别;同时还需进一步深化我国中西部欠发达地区、不同类型城市的新型城镇化发展模式的总结与提炼。另外,目前我国城镇化发展正处在重要的转型关键期,需要进一步借鉴国外城镇化转型发展模式的经验与教训。

(五) 新型城镇化优化路径

目前我国学术界关于新型城镇化优化路径的理论模式主要涉及"新规模论""跨越与制度先导论""综合模式论""其他路径论"4种基本观点[53],如何科学、合理地选择新型城镇化发展路径,是新型城镇化研究的重要科学问题。国内学者也开始对我国不同区域的新型城镇化的优化路径进行实践探索:吴江[54]基于城乡统筹的公平关系,确定重庆新型城镇化发展目标及战略,设计出新型城镇化推进路径框架。隋平[55]从户籍制度改革、土地改革及财税改革3方面提出我国新型城镇化的优化路径。王玲杰[56]在剖析城镇化演进阶段性特征和面临主要问题挑战的基础上,以城镇体系建设、产业发展、人口和生态发展等为切入点,展开了新型城镇化优化路径探讨。宋林飞[57]从实施大城市主体带动战略、推进大城市农民工市民化、建立生态文明美丽城市、总结克服"城市病"实践经验、支持中小城镇的发展、创新大城市建设市场机制、发挥大城市反哺农村示范作用等多个方面提出中国特色新型城镇化的实现具体路径。姚士谋[58]从中心城市带动与辐射区域发展、构建新型城镇化的创新模式、认识中国城镇化发展规律等方面构建出我国新型城镇化优化策略。福建省政协教科文卫调研组[59]以福建省为研究案例,分析了福建省新型城镇化建设取得的成就及其面临的主要瓶颈,并从城镇规划引领策略、城乡产业统筹发展策略、城镇空间布局优化策略、社会建设管理策略、城乡财政金融调整策略和城镇管理体制创新策略6个方面构思福建新型城镇化发展的优化战略框架。还有学者对资源型城市[60]、干旱区城市[61]、沿海发达城市[62]、中原经济区城市[63]、藏区城市[64]等不同类型、不同地区的新型城镇化的路径及策略进行了探讨。

二、我国新型城镇化的研究述评

（一）研究评价

纵观我国学者对新型城镇化研究的相关进展，国内学者对于新型城镇化的研究从理论和实践上都取得了一定的成果，从而为我国新型城镇化建设提供了有益的参考及借鉴。目前新型城镇化研究内容主要涉及内涵界定、发展模式、驱动机制及优化路径等多方面，研究呈现出不断深化的趋势；研究方法上主要涉及定量和定性相结合的方法，研究方法不断从定性向定量研究深化；研究尺度上主要从大中尺度（全国、省域）不断向小尺度（市域、县域）深化发展。因此，本文主要从研究内容、研究方法、研究尺度3个方面对目前我国新型城镇化的研究进行初步评价。

（1）从研究内容来看，我国关于新型城镇化研究从起初概念、特征等的定性描述分析，逐渐对新型城镇化的内涵本质、外延拓展进行了全面总结，这为进行新型城镇化的研究打下了坚实基础；并对不同区域的新型城镇化的格局过程、动力机制、发展模式、优化路径等相关内容展开了较详细、全面的论述及实证，关于新型城镇化的研究内容体系也在逐渐不断地完善与完整。但目前国内对于新型城镇化发展动力机制及驱动机理分析不尽全面，没有形成综合尺度分析框架，仍须不断深化；同时我国新型城镇化发展模式总结还未系统化，且新型城镇化的优化路径研究仍处在个案的探索中，理论总结与提升层面还须进一步强化。

（2）从研究方法来看，我国关于新型城镇化的研究方法总体上呈现出从定性描述分析向定量数量模型研究转变、从个案的剖析向区域实证探讨研究转变、从单学科单视角的分析向多学科多视角的分析研究转变。目前，国内关于新型城镇化的研究主要运用了地理信息科学、计量经济学、社会学、心理学等不同学科方法及模型，但是基于各学科的交叉研究多停留在初步借鉴的层面上，仅简单地运用一些定量方法来分析新型城镇化的相关问题，没有深入地运用其他学科的研究范式来解决新型城镇化发展中的问题、矛盾等。因此，如何进一步挖掘与其他学科的交融研究，丰富新型城镇化的研究方法，拓宽新型城镇化研究视角，促使我国新型城镇化研究的深入，值得关注与探讨。

（3）从研究尺度来看，时间尺度上，目前国内关于新型城镇化的研究静态定性描述较多，在分析新型城镇化的格局过程、区域差异等方面也涉及时间尺度演变的分析,但探讨的时间尺度相对较小,还需要深化长时间尺度的对新型城镇化发展规律的探讨。空间尺度上,目前关于新型城镇化的研究主要集中在我国东部沿海发达地区(长三角、珠三角、京津冀等),也涉及对中西部地区新型城镇化发展的模式及路径等研究,研究尺度呈现出不断深化的态势。当前我国新型城镇化的研究仍主要集中在省域、市域尺度上,针对不同区域、城市的新型城镇化发展规律进行分析,但县域尺度新型城镇化的研究还需深化。

(二) 研究展望

随着我国城镇化发展进程的不断加快,"传统城镇化"的各种弊端日益凸显,"新型城镇化"逐渐成为我国城镇化建设的主旋律,关于新型城镇化的研究理论及实践探讨也将不断地得到丰富。鉴于当前我国新型城镇化的理论探讨与实践研究,并结合我国新型城镇化发展的基本态势,初步判断未来我国新型城镇化研究将主要呈现以下几个方面的发展趋势:

(1) 深化与其他学科的融合,拓宽新型城镇化研究视角;借鉴其他学科的理论及方法,加强新型城镇化与多学科的交叉研究,丰富我国新型城镇化研究方法,提升我国新型城镇化的理论水平,凸显新型城镇化学科范式与价值,不断完善我国新型城镇化的内容体系;特别是进一步将3S技术、社会学方法、生态学方法等应用到新型城镇化的定量研究中,比如运用空间关联技术(ESDA)来探讨地域空间上相邻单元的相互作用对新型城镇化发展的影响机制,尤其是空间自相关与空间异质性;通过数学方法(PCA、AHP、DEA 等)来科学地测度及分析新型城镇化的水平、演变等。

(2) 深化中小空间尺度新型城镇化发展规律的研究。目前关于新型城镇化的研究尺度更侧重于国家层面、典型区域(长三角地区、珠三角地区、成渝经济区、中原经区等)这些大空间尺度。今后会更加关注对中西部经济欠发达地区新型城镇化的深入研究,探讨与总结欠发达地区新型城镇化的内涵特征、指标体系、动力机制、发展模式及推进路径,同时还需要进一步深化与发达地区新型城镇化发展规律的对比分析,提出更适合我国新型城镇化的发展模式、路径,更为科学地指导我国东、中、西部地区新型城镇化有序推进。根据各地区情,走多元化、分阶段的新型城镇化发展道路,在实践中不断总结和升华路径理论研究体系。

(3) 深化构建新型城镇化的宏观(自然环境、人口、经济、制度等)、中观(旅游发展、交通可达性等)、微观(农民、企业等)的多尺度综合驱动机制研究范式,探讨我国新型城镇化不同尺度的影响因素及综合驱动机制,并且揭示出不同尺度机制内在的相互作用机理,深入地解释新型城镇化发展的内在动力机制。特别是加强探讨新型城镇化与农民市民化之间的内在关联,基于历史和现实的考察来论证城镇化发展应具有公平、正义的价值维度,立足于中国发展的基本国情,借鉴发达国家在城镇化转型发展中的先进经验,探索出能够保障我国新型城镇化发展的制度设计,这也是新型城镇化研究最为重要的政策落脚点。

三、结　语

1978 年改革开放以后,我国城镇化的发展速度可谓异军突起,有效地促进了我国经济、社会快速发展,改善了我国城乡居民的生活条件及环境,因此城镇化成为改革开放以来中国发展的重大推动力。自我党十八大以来,新型城镇化研究为政界和学界所关注,在理论与实践上展开了深入研究,新型城镇化研究在当前凸显出重要的理论及实践意义。"新型城镇化"逐渐成为十八大以后我党、我国关于城镇化建设的主要方向及趋势,本文以"新型城镇化"研究为切入点,结合当前我国新型城镇化发展的实际情况,对国内新型城镇化的内涵界定、体系构建、动力机制、发展模式、优化路径 5 个方面进行归纳、总结,并从研究尺度、研究内容及研究方法 3 个视角对我国新型城镇化研究现状进行了初步评价。在此基础之上,结合我国新型城镇化研究的基本态势,初步地构思出未来我国新型城镇化研究的主要发展趋势。对我国新型城镇化研究的综述考量,在一定程度上有助于构建一个较为系统化的新型城镇化理论研究体系,丰富与拓宽我国城市地理学的研究理论成果,也可以为我国制定新型城镇化发展规划与政策提供较为科学的参考依据,从而较为有序地推进、保障我国新型城镇化健康、可持续发展。

参考文献

[1] 于猛,宋家宁. 我国城镇化模式研究综述[J]. 中国土地,2013(3):54 – 56.

[2] 简新华,罗钜钧. 中国城镇化的质量问题和健康发展[J]. 当代财经,2013(9):5 – 15.

[3] 中共中央,国务院. 国家新型城镇化规划(2014—2020 年)[M]. 北京:人民出版社,2014.

[4] 牛文元. 中国特色城市化报告[M]. 北京:科学出版社,2012.

[26] 仝德,刘涛,李贵才. 外生拉动的城市化困境及出路——以珠江三角洲地区为例[J]. 城市发展研究,2013(6):80-86.

[27] 陈明星,陆大道. 中国城市化水平的综合测度及其动力因子分析[J]. 地理学报,2009(4):387-398.

[28] 刘世薇,张平宇. 黑龙江垦区城镇化动力机制分析[J]. 地理研究,2013(11):2066-2078.

[29] 王发曾. 中原经济区的新型城镇化之路[J]. 经济地理,2010(12):1972-1977.

[30] 卫言. 四川省新型城镇化水平及指标体系构建研究[D]. 四川师范大学学位论文,2011.

[31] 陈科. 新疆兵团新型城镇化发展及对策研究[J]. 城市规划,2012(7):23-30.

[32] 杨发祥,茹婧. 新型城镇化的动力机制及其协同策略[J]. 山东社会科学,2014(1):56-62.

[33] 吴晓旭. 新型城镇化效率演化趋势及其驱动机制研究[J]. 商业研究,2013(3):44-51.

[34] 中共东明县委党校课题组. "三型社会"条件下山东省新型城镇化建设影响因素研究[J]. 新疆农垦经济,2014(3):34-41.

[35] 张丽琴,陈烈. 新型城镇化影响因素的实证研究——以河北省为例[J]. 中央财经大学学报,2013(12):84-91.

[36] 黄亚平,林小如. 欠发达地区县域新型城镇化动力机制探讨[J]. 城市规划学刊,2012(4):44-50.

[37] 张春燕. 旅游产业与新型城镇化的耦合评价模型[J]. 统计与决策,2014(14):28-31.

[38] 高乐华,张广海. 城市化与旅游产业集群耦合发展机制研究——以山东省为例[J]. 旅游研究,2011(4):59-66.

[39] 马晓龙,李秋云. 城市化与城市旅游发展因果关系的判定及生成机理研究——张家界案例[J]. 地理与地理信息科学,2014(4):95-101.

[40] 王超. 广州新型城市化动力机制探析:党群互动视角[J]. 城市观察,2012(3):41-46.

[41] 明海英. 空间经济学为新型城镇化提供智力支持[N]. 中国社会科学报,2014(10):1-2.

[42] 柳思维,徐志耀. 论总部经济与新型城镇化耦合发展的机制与模式[J]. 武陵学刊,2014(2):38-41.

[43] 李子联. 新型城镇化与农民增收:一个制度分析的视角[J]. 经济评论,2014(3):16-25.

[44] 周榕. 新形势下珠江三角洲城镇化特征及城市规划对策[D]. 清华大学学位论文

［5］王发曾.从规划到实施的新型城镇化［J］.河南科学,2014(6):919-

［6］仇保兴.新型城镇化:从概念到行动［J］.行政管理改革,2012(11):

［7］冉启秀,周兵.新型工业化和新型城镇化协调发展研究［J］.重庆
2008(2):39-45.

［8］倪鹏飞.新型城镇化的基本模式、具体路径与推进对策［J］.江海
87-94.

［9］姜永生,范建双.中国新型城市化道理的基本思路［J］.改革与战略,

［10］刘维新.论中国城镇化的本质、问题与发展模式选择［J］.城市,20

［11］吴殿廷.新型城镇化的本质特征及其评价［J］.北华大学学报
2013(6):33-37.

［12］顾介康.新型城镇化:内涵、品质、特色［J］.唯实,2013(7):60-62

［13］李萍,田坤明.新型城镇化:文化资本理论视域下的一种诠释［J］.学
85-93.

［14］徐选国,杨君.人本视角下的新型城镇化建设:本质、特征及其可
农业大学学报(社会科学版),2014(2):15-20.

［15］李明.安徽特色新型城镇化的内涵和路径［N］.安徽日报,2012-0

［16］梁广前.河南省推进新型城镇化研究［D］.河南大学学位论文,20

［17］李红波,张小林.我国发达地区新型城市化的内涵及测度研究
例［J］.地域研究与开发,2011(6):60-64.

［18］闫海龙,胡青江.新疆新型城镇化发展指标体系构建和评价分析［
2014(2):100-104.

［19］赵永平.新型城镇化的核心内涵及其评价指标体系探讨［J］.怀化学
69-71.

［20］杨若晶.河南省新型城镇化发展水平的测度研究［J］.经济研究
90-91.

［21］李文正.陕南新型城镇化水平测度与提升策略研究［J］.江西农
132-136.

［22］孙长青,田园.经济学视角下新型城镇化评价指标体系的构建［J
2013(11):56-58.

［23］王博宇,谢奉军.新型城镇化评价指标体系构建——以江西省为
科学,2013(8):72-76.

［24］张向东.河北省新型城镇化水平测度指标体系及评价［J］.中国
76-79.

［25］宁越敏.新城市化进程——90年代中国城市化动力机制和特点
报,1998(5):470-477.

文,2004.

[45] 崔照忠.区域生态城镇化发展研究[D].华中师范大学学位论文,2014.

[46] 罗应光.云南特色城镇化发展研究[D].云南大学学位论文,2012.

[47] 宁越敏,李健.泛长三角地区城镇化的机制、模式与战略[J].南京社会科学,2009(5):8-14.

[48] 郭小燕.统筹城乡视角下中部地区多元城镇化模式研究[J].城市发展研究,2009(7):23-27.

[49] 谢路遥.谢家镇新型城镇化建设发展情况的调查研究[D].电子科技大学学位论文,2014.

[50] 孔维巍.新疆天山北坡经济带新型城镇化模式研究[D].新疆师范大学学位论文,2012.

[51] 秦诗立.三大模式推进山区新型城市化[J].浙江经济,2012(9):44-45.

[52] 李彦东,刘小新.新型城镇化发展模式及路径选择研究[J].吉林金融研究,2013(4):16-21.

[53] 吴江.重庆新型城镇化推进路径研究[D].西南大学学位论文,2010.

[54] 吴江.重庆新型城镇化路径选择影响因素的实证分析[J].西南大学学报(社会科学版),2012(2):151-155.

[55] 隋平.新型城镇化的模式及路径研究[J].学术论坛,2013(8):144-148.

[56] 王玲杰.新时期推进新型城镇化的路径及难点辨析[J].生态经济,2014(5):49-52.

[57] 宋林飞.中国特色新型城镇化道路与实现路径[J].甘肃社会科学,2014(1):1-5.

[58] 姚士谋.中国新型城镇化理论与实践问题[J].地理科学,2014(6):641-647.

[59] 福建省政协教科文卫调研组.积极稳妥推进福建省新型城镇化建设调研报告[J].福建师范大学(哲学社会科学版),2013(6):41-45.

[60] 郝德强.资源型城市新型城镇化发展策略研究——以攀枝花为例[J].现代商贸工业,2013(11):19-20.

[61] 张小雷.中国干旱区城镇化发展现状及新型城镇化路径选择[J].中国科学院院刊,2013(1):46-52.

[62] 王立军.沿海发达地区新型城镇化路径研究[J].北华大学学报(社会科学版),2013(5):29-33.

[63] 张红美.中原经济区新型城镇化建设研究[D].河南农业大学学位论文,2013.

[64] 李优树,苗书迪,陈丹,等.藏区新型城镇化的发展路径探讨——以康定县为例[J].经济地理,2013(5):67-71.

第二部分

城乡一体化发展

第二部分 城乡一体化发展

城镇化进程中失地农户收入流动性及其政策含义

杨 晶 丁士军

(中南财经政法大学公共管理学院,湖北 武汉 430073)

摘 要: 本文采用湖北襄阳和云南昆明农户调查数据,考察城镇化进程中失地农户收入流动性,并采用有序 Logit 回归模型从家庭禀赋和风险冲击视角,分析失地农户收入流动性影响因素。研究结果表明:第一,不同类型家庭禀赋因素对失地农户收入流动性的影响存在异质性。劳动力平均受教育程度越低,收入向下流动的可能性越大;初始收入位置越高,收入流动状况更容易恶化;经济支持户数越多,农户越可能收入向上流动。第二,征地后,经济风险和健康风险对农户收入流动性具有明显的冲击。从风险防范因素来看,参加"土地换社保"项目的失地农户收入更容易发生向上流动。第三,不同收入层次的失地农户收入流动性的影响因素也存在差异。昆明地区较高收入农户的收入流动性"上升"的可能性更大。劳动力平均受教育程度低、初始收入位置高、社会资本弱、失地严重、遭受了健康风险的冲击和没有参加"土地换保障"的较低收入失地农户收入向下流动的可能性较大。因此,提高失地农户收入的政策措施应该围绕增强失地农户经济资本和社会资本、防范经济风险和健康风险、降低农户异质性对收入流动性的影响等方面进行设计。

关键词: 征地 家庭禀赋 风险冲击 收入流动性 影响因素

基金项目:农业部软科学研究项目指南课题"农村产业融合促进农民经营性收入增加的作用机理与关键路径",项目编号:201601-2;国家自然科学基金项目"'土地换保障'背景下失地农户的生计重建:基于可持续生计框架的分析",项目编号:71173239;"生命周期、生计策略与农户贫困动态性",项目编号:71273281;中南财经政法大学博士研究生重点科研创新项目"城镇化背景下城乡拆迁户社会流动研究",项目编号:2015DZ1201。

作者简介:杨晶(1991—),男,湖南永州人,硕士研究生,中南财经政法大学城乡发展研究院、研究中心副主任、助理研究员,研究方向:农业经济、社会保障和经济政策评估。丁士军(1963—),男,湖北天门人,教授(二级)、博导,研究方向:农村贫困与社会保障。通讯方式(杨晶):13971688664,wuhan_yangjing@163.com。

一、引 言

收入水平与结构是农户经济分析中的重要问题,也是研究中国城镇化过程中失地农户问题的重要内容。伴随着中国城镇化的加速推进和城乡土地制度的纵深改革,失地农户面临的收入差距持续扩大和隐含的阶层固化问题更加严重。一般认为非农收入水平和结构的变动是影响失地农户收入变化及其差异的主要原因,但是,关于中国农村城镇化过程中失地农户收入流动性问题的研究则很缺乏。

失地农户的收入及其流动性受到一系列因素的影响。史清华等(2011)认为,多元的就业途径、多源的财产性收入和多重的社会保障等是许多失地农户收入上升的重要原因。张科静等(2014)对失地农户收入流动性影响因素的分析表明,收入流动与征地前收入位置、土地资源状况、失地程度、非农劳动力状况、人力资本等因素有显著相关性。丁士军等(2016)证实了失地农户收入流动性影响因素的异质性,认为那些收入更容易向下流动的较低收入农户往往具有户主没有外出务工、兼业程度较低、劳动力人数较少、失地程度较高、遭遇过经济风险和遭受过区域自然灾害等特征。

基于以上综述发现,现有研究主要集中于从家庭特征等方面探讨影响失地农户收入变化的因素,对中国城镇化过程中失地农户这一特殊群体收入流动性的研究还比较缺乏。本文采用实地调查数据,在描述收入流动性现状的基础上,从家庭禀赋和风险冲击对失地农户收入流动性的影响出发,分析失地农户收入流动性问题,这对于政府部门调整和优化保障失地农户长期收入均等与生计发展的政策具有重要意义。论文的研究主要回答三个问题:第一,各种家庭禀赋因素对失地农户收入流动性的影响有什么差异?第二,不同类型的风险因素对失地农户的冲击是怎样的?第三,应该设计什么样的政策措施来帮助失地农户提高收入?

二、理论基础与分析框架

(一)理论基础

农户模型为分析农户生产和消费行为提供了理论基础。农户在面临生产、时间和预算等约束下极大化其效用。在完全市场条件下,农户的生产决策和消费决策是相互独立的,农户首先在生产(技术)约束下最大化利润,然后在标准的预算约束条件下最大化其效用。然而,绝大部分发展中国家,市场是不完善的,生产和消费决策无法独立进行,而是同时做出的。农户的福利由其生产决策决定,而生产决策取决于家庭的偏好及资源禀赋(Bardhan 等,2002)。

在农户收入决定模型中,农户效用最大化受到农户纯收入、工资收入、时间约束和农业生产的要素投入成本的约束。各类生计资本(资源禀赋)起着核心作用,区域、风险以及制度等外部因素也起着重要作用(丁士军等,2016)。征地及其补偿收入既是制度带来的外部影响因素,也因为它导致农户核心生计资本发生改变而形成对收入的关键影响。从经济学意义上讲,征地影响农户的资本边际收益,进而影响农户生产决策,最终带来农户收益的变化。区域因素会对农户收入流动性产生显著的影响。区域内的地理条件、市场条件、自然条件等会影响农户生计策略,从而决定农户的生计结果及其在样本群体中的收入阶层。通常地理条件和市场条件较好的农户能更加容易和更快地重建其失地后的生计策略,从而创造收入。农户已有的资本积累和失地过程中所得的征地补偿共同构成了农户总的经济资本,农户拥有的经济资本越富足,农户越容易利用拥有的资本进行非农投入活动而获得收入;农户的劳动力数量和质量越高,农户家庭劳动生产率通常越高;土地是重要的生计资本,失地农户通常完全失去土地或者部分失去土地,保留部分土地的农户可以继续利用土地进行农业生产活动,但是部分土地的保留又意味着农户会获得较少的经济补偿而经济资本总额减少,因此其对生计结果的影响需要进一步深入分析和实证检验。

(二)分析框架

本文从农户可持续生计的概念出发,建立了动态与静态相结合的失地农户收入流动分析框架。在这个分析框架中,由于农户失地前和失地后的时间区间较小,因此假定失地前后的风险冲击和区域因素是不变的;而失地会直接导致农户的家庭禀赋变化,因此家庭禀赋是动态的。在这样的生计环境中,遭受不同风险冲击的"理性"农户会基于家庭禀赋及偏好做出生计决策。但不同家庭禀赋及偏好的农户生计决策或风险应对策略存在差异,因此农户收益的变化是存在异质性的。从动态的视角(征地前后)来看,收入差距随之产生,农户收入地位也可能会随着时间变化发生转换,从而导致收入流动现象产生。

在分析失地农户收入流动性问题时,首先,将农户收入流动性归类,例如收入上升的农户和收入下降的农户等。将被解释变量设为失地农户收入流动类别,对不同收入流动类别的分析能够反映失地农户收入流动状况及其影响因素。其次，将农户收入流动性影响因素（解释变量）从农户家庭资源禀赋、风险因素两个方面进行分析。失地农户收入流动性受到很多方面的影响。在劳动力市场发育不完全的情况下，农户行为除受其自身资源禀赋的限制外，还受社会经济和政府政策干预的影响，甚至面对着各种各样的风险冲击。因此，农户家庭特征差异、风险冲击都会影响农户收入流动性，进而造成农户收入分化。在此基础上，就可以区分被解释变量和解释变量，并具体地设定计量经济模型进行分析。

三、数据来源和收入流动现状描述

（一）数据来源

本文研究数据来源于国家自然科学基金资助项目在2013年组织的农村调查。调查农户的选择基于分层随机抽样的原则，按照经济发展、地理区位和人口分布等因素选取样本省份进行研究。为便于农户回忆和比较征地前后的信息，分别在湖北、江西和云南主要城市中选择最近3—5年来有土地被征收的农村地区作为研究样本区域；然后，在各个区域内选择2—3个征地较为典型的经济开发次区域；最后，在次区域内随机选取村庄和失地农户进行问卷调查和深度访谈。农户收入指的是农户纯收入，既包括种植业和养殖业等农业性经营收入，也包括非农业经营性收入、工资性收入、财产性收入和转移性收入等。本文基于湖北襄阳和云南昆明429个失地农户的调查数据进行分析。

（二）失地农户收入流动性分析

许多研究采用截面数据从静态视角分析农户收入变化，将单一时间维度的农户收入数据作为收入分组的依据，并进行比较。这种以农户收入静态位序变化为标准测量收入流动性的方法，只能得出单一时间维度下农户收入静态位序变动情况，忽略了不同时间维度下（例如征地前和征地后）农户收入动态位序变化特征。在以往相关研究（章奇等，2007；吴海涛、丁士军，2013；丁士军等，2016）基础上，本文首先将农户征地前和征地后两个阶段的收入数据按照物价指数进行折算，然后放在同一序列中从低到高排序，并根据排序结果进行分组。按照10%、10%、20%、20%、20%、10%、10%的间距，把农户分别归入低收入组（最低、低）、中等收入组（中等偏下、中等、中等偏上）和高收入组（高、最高）3个组共 7 个等级,每个等级农户得到收入中位数。然后,按照同样的方法,将征地前和征地后两个时间点的农户收入数据分开,分别得到征地前、后农户收入等级[①],进而采用改进后的收入转换矩阵对收入流动性进行测算。

在收入流动类型划分研究(丁士军等,2016)基础上,把失地农户收入流动类别分为"上升、上稳、下沉和下稳"4 种。"上升"类别表示征地后农户从低收入组流向中等收入组或高收入组,以及中等收入组流向高收入组,"下沉"类别表示征地后农户高收入组流向中等收入组或低收入组,以及中等收入组流向低收入组,"上稳"类别表示征地后农户收入组不变,但收入等级有所提升,"下稳"类别表示失地农户收入组不变,而收入等级固定或下降。

表1显示,不同收入组失地农户的比重及其流动方向变化存在差异。例如,征地后"最低"收入等级农户比重的增加幅度最大,为10.49%(+),"中"收入等级农户比重变化最剧烈(-),农户比重的减少幅度为14.22%。征地后低收入组失地农户的总比重明显提高了,这说明低收入组农户数量增加了,也意味着征地后低收入农户的总体地位恶化了,这对低收入农户收入向上流动和生计发展是不利的。"中等偏下"收入等级农户比重减少了,但收入位置变化并不显著,"中等偏上"收入等级农户比重增加了,且收入位置发生显著变化,"最高"收入等级农户比重发生了小幅下降,且收入位置变化显著。这说明不同收入等级失地农户收入地位的变化是存在差异的,征地后农户收入变化存在异质性特征。

表1　不同收入组农户比重与变动方向的交互分析(%)

	低收入组		中等收入组			高收入组	
	最低	低	中等偏下	中	中等偏上	高	最高
征地前	11.19	12.35	21.45	20.51	17.72	8.86	7.93
征地后	21.68	10.72	20.05	6.29	20.28	14.22	6.76
变动方向	正	负	负	负	正	正	负
t 检验	显著	显著	不显著	显著	显著	显著	显著

收入转换矩阵可以进一步对不同收入阶层失地农户收入流动的惯性及整体流动状况进行描述。表2显示:第一,不同收入等级失地农户收入流动性存

---

① 将农户征地前收入和征地后收入合并在一起得到新的收入数据。对新的收入数据进行排序并分为 3 个组共 7 个等级,得到农户收入的 7 个等级标准。按照这 7 个等级标准,分别对农户征地前的收入和征地后的收入进行等级划分,得到农户征地前所属的收入等级和征地后所属的收入等级。失地农户征地前后的收入如果处于不同的收入等级就具有收入位序变化的动态含义。将不同等级进行比较就能够很好地反映征地前后农户收入等级的动态变化。

在差异,相对而言,征地前收入位置高的农户更能够保持自身收入地位,例如,"最高"和"中等偏上"收入等级农户的惯性最大(分别是67.65%和40.79%),这表示这部分收入阶层的失地农户更缺乏流动,而"中等"和"低"收入等级农户保持自身地位的能力较弱,收入流动性也更强。第二,征地后,被调查农户的惯性率为0.371,略高于张立冬等(2015)测算的同阶段全国水平[①],这表明被调查地区失地农户收入流动程度相对较低。第三,随着收入等级的提高,失地农户收入向上流动/向下流动的比率呈减小趋势。例如,"低"收入等级失地农户的向上/向下流动比率高达2.89(大于1),"高"收入等级农户的向上流动/向下流动比率仅为0.18。此比率越高,说明收入流动性较大,收入流动效应越能够促进农户收入等级向上变动及经济地位改善。

表2 失地农户收入转换矩阵(%)

		征地后农户收入位置						
		最低	低	中等偏下	中等	中等偏上	高	最高
征地前农户收入位置	最低	29.17	18.75	18.75	12.50	6.25	12.50	2.08
	低	18.87	26.42	24.53	7.55	16.98	5.66	0.00
	中等偏下	18.48	18.48	40.22	10.87	7.61	2.17	2.17
	中等	31.82	3.41	22.73	5.68	28.41	7.95	0.00
	中等偏上	23.68	1.32	7.89	1.32	40.79	25.00	0.00
	高	13.16	5.26	2.63	2.63	18.42	50.00	7.89
	最高	2.94	0.00	0.00	0.00	14.71	14.71	67.65
合计		21.68	10.72	20.05	6.29	20.28	14.22	6.76

表3描述了失地农户收入流动分化状况。低收入组失地农户收入流动状况为"上升"的概率较大,中等收入组农户"下沉"的可能性较大,高收入组失地农户更倾向于"下稳"。这种情况说明不同收入组失地农户收入流动性呈现差异性。结合表2数据分析可知,尽管征地后仍有一部分农户的收入处于低收入组,收入流动性表现为"上稳",但是,农户收入等级越低,收入流动性越强,也更容易"上升"到更高的收入组。尽管中等收入组农户更容易留在本阶层,但也有部分中等收入组农户位移到高收入组(比例为14.29%),并且相当一部分中等

---

① 张立冬等(2015)等学者利用CHNS数据对1989年以来中国农村居民收入流动性进行了测算,测算结果表明,2009—2011年间中国农村居民惯性率为0.346,这低于样本失地农户整体收入流动的惯性率。

收入组农户"下沉"到低收入组(比例为31.50%)。部分高收入组农户虽然也保持了较大的收入惯性,但其收入地位巩固难度较大,30.77%的高收入组农户收入可能向下流动,从高收入组"下沉"到低收入组和中等收入组。

表3 失地农户收入流动分化状况(%)

征地前	征地后			
	上升	上稳	下稳	下沉
低收入组	61.54	12.82	25.64	0.00
中等收入组	14.29	23.44	30.77	31.50
高收入组	0.00	12.82	56.41	30.77
合计(所有样本)	20.28	19.58	34.50	25.64

注:1.征地前农户收入组与征地后农户收入流动分化方向的卡方检验结果为:Pearson chi2(6)=130.03,P值=0.0000。2.低收入组和高收入组已经是收入组划分的临界组,这意味着不能有更高收入组"上升",也不可能有更低收入组"下沉"。

四、失地农户收入流动性影响因素分析

(一)计量经济模型设定

本文从家庭禀赋及风险冲击两个层面解释变量对失地农户收入流动性的影响。失地农户收入流动类别(被解释变量)有上升、上稳、下稳和下沉4种,被解释变量是一个多分类有序变量,因此,选择有序Logit模型进行分析较为合理。

设被解释变量为Y_i,表示收入流动状况,它反映了农户收入地位在考察期内的变化状况,该变量取值越大,则表示失地农户的收入流动状况越差。模型为:

$$Y_i = a + \beta_1 \Delta X_i + \beta_2 R_i + \beta_3 C + \varepsilon_i \tag{1}$$

其中,α为常数项,ΔX_i是对具有时间序列变量性质的X进行的一阶差分,X_i为一组家庭特征变量,R_i为衡量家庭风险变量,C为区域控制变量,β为解释变量的系数值,ε_i为随机扰动项。

(二)变量说明

家庭禀赋因素。首先,人力资本禀赋可以通过影响农户的就业来影响失地农户收入及其流动性。选取"劳动力平均受教育程度""户主是否参加过培训"等衡量农户人力资本状况。一般而言,劳动力平均受教育程度越高,农户的人

力资本越强,收入向上流动可能性更大;户主参加过非农劳动技能培训的农户,其收入流动性也会更好。其次,初始收入状况、财产性收入比重的变化可以反映农户的经济资本。经济资本越多,收入向上流动的概率越大。失地农户可能面临着社会关系的变迁和重组,本文引入"经济支持户数"来反映农户的社会资本状况。发生经济困难需要资金时能够给予经济支持的亲戚和朋友越多,农户的社会资本就越强。此外,土地的多少关系到农户的农业性收入增减,会对农户的收入流动性产生影响,因此,选取"失地程度"作为反映家庭自然资本的变量。

风险因素。自然风险(干旱、暴雨、雪灾和动植物病虫害)会影响农户的生产活动。一般而言,遭受自然风险的农户的收入流动性可能更差。社会风险(农产品市场价格或生产资料价格是否发生较大的波动)对农户收入的影响具有不确定性,当市场价格向上波动时,农户消费或支出会增加,从而收入相对减少,收入流动状况可能更差。经济风险(农户是否有就业机会、自营工商业盈亏状况、教育开支、食品自给率等)和健康风险(是否发生大的医疗开支、是否丧失劳动力)也是影响农户收入流动性的重要因素,遭受风险冲击后的收入流动性会变差。风险防范因素指农户是否参加了"土地换社保"的保险,参加了这种保险的农户,其短期内经济补偿相对较少,但医疗和养老等方面的长期保障或抵御风险冲击的能力可能会更强。

虚拟变量。在模型分析中还设置了"农户类型"和"地区变量"两个控制变量。地区变量是反映农户所在地区的虚拟变量。

表4 变量说明及其描述性统计

变量	变量名称	变量解释与赋值	均值	标准差
家庭禀赋	劳动力平均受教育程度	按劳动力平均受教育年限划分,1=小学以下;2=小学;3=初中;4=高中;5=大专及以上	1.99	0.98
	户主是否参加过培训	户主是否参加过非农技能培训,1=是;0=否	0.06	0.24
	初始收入位置	征地前收入状况,1=低收入组;2=中等收入组;3=高收入组	2.00	0.60
	财产性收入比重变化	征地前后财产性收入占总收入比重的变化(%)	0.06	0.24
	经济支持户数	农户遭受困难时可提供支持的户数(户)	7.73	9.75
	失地程度	征地前农业性土地减少面积占土地总面积的比重(%)	0.78	0.27

续表

变量	变量名称	变量解释与赋值	均值	标准差
风险因素	自然风险	征地后自然风险（干旱、暴雨、雪灾和动植物病虫害）是否发生，1＝是；0＝否	0.27	0.45
	社会风险	农产品市场价格或生产资料价格是否发生较大的波动，1＝是；0＝否	0.40	0.49
	经济风险	无就业机会、自营工商业亏本、大的教育开支、食品自给率等风险是否发生，1＝是；0＝否	0.60	0.49
	健康风险	农户是否发生大的医疗开支、面临丧失劳动力风险，1＝是；0＝否	0.40	0.48
	风险防范因素	农户是否参加"土地换社保"，1＝是；0＝否	0.13	0.34
虚拟变量	地区变量	反映农户所在地区，1＝襄阳；0＝昆明	0.76	0.42
	农户类型	按征地前农业性收入比重占总收入比重划分，1＝纯农（<10%）；2＝农业兼业（10%—50%）；3＝非农兼业（50%—80%）；4＝非农（>80%）	0.14	0.34

五、收入流动性影响因素计量结果和分析

（一）家庭禀赋因素对失地农户收入流动性的影响

回归结果分别如表5至表6所示。限于篇幅，本文仅考虑并讨论对两类农户收入流动性有显著影响的变量特征和模型估计结果。

从人力资本禀赋来看，劳动力平均受教育程度提高对失地农户收入流动性有显著性影响。劳动力平均受教育程度越低，收入流动性为"下沉"的可能性越大。农户平均受教育程度越高，人力资本越强，就业状况越好，非农收入增加越多，农户收入更容易向上流动。而相对人力资本更弱的农户，工作机会的不均和特定职业进入门槛阻碍了劳动力就业（周兴等，2014）。因此，人力资本积累对失地农户收入向上流动的影响比较显著。户主参加非农技能培训也会提高农户人力资本水平，但是该解释变量在模型中没有通过显著性检验，家庭人力资本禀赋的影响效应还有待进一步的研究。

从经济资本禀赋来看,初始收入位置和财产性收入比重的变化对失地农户收入流动性有显著的影响。相对征地前位于低收入组的农户而言,征地前中等收入组农户和高收入组农户的收入流动性更倾向于"下沉"。这说明初始收入位置越高,农户收入越容易恶化,而低收入组农户更易发生向上的流动,这与失地农户收入流动分类矩阵呈现的结果一致。此外,财产性收入比重变化与收入向下流动呈现负相关,财产性收入比重每增加1个单位,农户收入向下流动概率将会降低63%。

从社会资本禀赋来看,经济支持户数对农户收入流动性具有显著的影响。经济支持户数越多,失地农户收入越可能向上流动。经济支持户数增加,失地农户的社会资本也增强,意味着遭受风险冲击时获得亲戚或朋友支持和帮助的可能性更大。但是,征地可能导致失地农户社会关系变迁和重组,传统以地缘和血缘为中心的社会资本产生扩散效应并可能被逐渐弱化,因此,失地农户收入向上流动的效果也受到影响。模型3中这个变量的显著性程度较低也证实了这一点。

表5 失地农户收入流动性影响因素的 Logit 回归结果

变量	模型1（家庭禀赋）	模型2（风险因素）	模型3(全部变量)	
	回归系数	回归系数	回归系数	风险比
劳动力平均受教育程度				
小学以下	-0.979**		-0.802**	0.448
初中	-1.053**		-0.914**	0.401
高中	-1.575***		-1.417***	0.242
大专及以上	-1.677***		-1.377**	0.252
户主参加过培训	0.286		0.297	1.346
初始收入位置				
中等收入组	2.547***		2.585***	13.264
高收入组	3.244***		3.302***	27.177
财产性收入比重变化	-1.018**		-0.993**	0.370
经济支持户数	-0.016*		-0.015*	0.985
失地程度	0.569		0.534	1.706
自然风险		-0.101	-0.063	0.939

续表

变量	模型1 （家庭禀赋） 回归系数	模型2 （风险因素） 回归系数	模型3(全部变量)	
			回归系数	风险比
社会风险		-0.283	-0.151	0.860
经济风险		0.531**	0.424**	1.528
健康风险		0.356*	0.411*	1.508
风险防范因素		-0.363	-0.546*	0.579
地区变量	1.688***	1.873*	1.421*	4.144
农户兼业类型				
农业兼业户	-0.009	-0.427*	-0.058	0.943
非农兼业户	0.361	-0.424	0.294	1.343
非农户	0.017	-1.395**	-0.006	0.994
有效样本	429	429	429	
Log likelihood	-479.28	-526.07	-473.30	
P值	0.0000	0.0000	0.0000	
Pseudo R^2	0.1717	0.0976	0.1821	

注：分类变量中劳动力平均受教育程度"小学以下"、户主未参加过劳动技能培训、初始收入位置为低收入组、未发生自然风险、未发生社会风险、未发生家庭经济风险、未发生健康风险、未参加"土地换社保"、昆明地区和农户兼业类型为"纯农户"为对照组。***、**和*分别表示变量在1%、5%和10%的统计水平上显著。

（二）风险因素对失地农户收入流动性的影响

进一步分析模型2风险类结果可知，与没有遭受经济风险（农户是否有就业机会、自营工商业盈亏情况、教育开支、食品自给率等风险）的失地农户相比，遭受了风险的失地农户发生了显著的收入向下流动。这说明失地农户收入流动性受到了经济风险的冲击。经济风险会通过影响农户经济活动对农户收入造成影响，低估风险或缺乏风险处理手段的农户更容易遭受风险的冲击。

健康风险也是显著影响失地农户收入流动性的重要因素。失地农户是集风险与脆弱性于一体的特殊群体，一旦发生较大医疗开支或丧失劳动力，失地农户的收入状况将会变差，会加大失地农户收入流动性"下沉"的可能性。因此，健康风险与失地农户收入向下流动具有显著的关联。

同时引入家庭禀赋和风险类变量（模型3）后发现，"农户是否参加'土地换社保'项目"这一风险防范变量对农户收入流动的影响效果由不显著变为显著。这说明风险防范因素对失地农户收入流动性的影响可能是通过家庭禀赋因素起作用的。进一步分析可知，与没有参加"土地换保障"保险项目的失地农户相比，参加该项目的失地农户收入流动性更倾向于"上升"，这说明风险防范因素对失地农户的收入流动性造成了显著的向上流动的影响。

此外，自然风险和社会风险对农户收入流动性的冲击并不显著。可能的解释是，失地后大部分农户的生产活动从农业向非农业转变，失地后农户受干旱等自然风险的冲击变弱，农产品市场价格或生产资料价格波动对农户收益的影响也降低，因此影响并不显著，这种效应还需要进一步的检验。

（三）不同收入层次失地农户收入流动性研究

参照孙文凯等（2007）的研究，按照征地前的收入均值，将样本农户分组为较低收入农户和较高收入农户，并采用有序Logit模型，进一步考察不同收入层次失地农户收入流动性的影响因素的差异。

第一，对于较低收入失地农户而言，在同等条件下，劳动力平均受教育程度为初中或高中、初始收入位置低、经济支持户数多、失地程度低、未遭受健康风险冲击、非农和参加了"土地换保障"项目的失地农户，其收入流动性更倾向于向上流动。

第二，对于较高收入失地农户而言，平均受教育程度高、初始收入位置低、财产性收入比重增加多、未遭受经济风险冲击、位于昆明地区的失地农户，其收入流动性更好；与纯农户相比，非农兼业户、非农户的收入流动性为"下沉"的可能更大。

以上结果说明，家庭禀赋和风险冲击因素对不同收入分组的失地农户收入流动性的影响效应存在差异。首先，不论是较低收入农户还是较高收入农户，劳动力平均受教育程度与收入向下流动呈负相关，这说明教育状况是影响失地农户收入流动性的重要原因。初始收入位置的影响效应均为正，表明越底层的失地农户的收入向上流动的可能性越大。这与表2的收入转换矩阵中"农户收入等级越低，收入流动程度越强，也更容易上升到更高的收入组"的统计结果基本一致。

其次，经济支持户数越多，较低收入农户的收入流动状况越好，这表明社会资本对较低收入失地农户收入流动具有显著的影响。同时，土地是重要的生计资本,较低收入失地农户的收入流动性对失地程度的响应较大,这说明失地越多的农户收入向下流动的可能性越大。可能的政策含义是,失地后农户失去土地保障的同时也可能遭受征地政策的负面冲击,因此,保障较低收入失地农户的长期收入增长尤为重要。

此外,从风险冲击视角来看,健康风险对较低收入失地农户收入流动性具有显著影响,经济风险对较高收入失地农户收入流动性的冲击则较为明显,这说明不同类型风险对失地农户收入流动性的影响方向是不同的。参加了"土地换保障"项目的较低收入农户的收入流动性更倾向于"上升",这说明征地补偿的方式应该考虑不同收入失地农户的实际需求和情况。从区域因素来看,昆明地区的较高收入农户的收入流动性"上升"的可能性更大,这说明失地农户的收入流动性存在显著的区域差异。

表6 不同收入层次农户收入流动性影响因素的 Logit 回归结果

变量	模型4(较低收入户)		模型5(较高收入户)	
	回归系数	风险比	回归系数	风险比
劳动力平均受教育程度				
小学以下	-0.669	0.512	-1.883**	0.152
初中	-0.746**	0.473	-1.887**	0.151
高中	-1.167**	0.311	-2.727***	0.065
大专及以上	-0.593	0.552	-2.877**	0.056
户主参加过培训	0.035	1.035	0.360	1.433
初始收入位置	2.525***	12.493	1.431***	4.185
财产性收入比重变化	-0.397	0.671	-2.290**	0.101
经济支持户数	-0.041**	0.959	-0.004	0.995
失地程度	1.058**	2.881	0.214	1.239
自然风险	0.009	1.009	-0.221	0.801
社会风险	-0.221	0.801	-0.017	0.982
经济风险	0.196	1.217	0.755**	2.128
健康风险	0.758**	2.134	-0.304	0.737
风险防范因素	-0.881**	0.414	-0.210	0.809
地区变量	1.560	4.761	1.654***	5.229

续表

变量	模型4(较低收入户)		模型5(较高收入户)	
	回归系数	风险比	回归系数	风险比
农户兼业类型				
农业兼业户	-0.455	0.633	0.288	1.334
非农兼业户	-0.466	0.627	2.374***	10.750
非农户	-0.774*	0.461	2.979**	19.684
有效样本	277		152	
Log likelihood	-299.28		-148.15	
P值	0.0000		0.0000	
Pseudo R^2	0.2118		0.1771	

注:分类变量中劳动力平均受教育程度"小学以下"、户主未参加过劳动技能培训、初始收入位置为低收入组、未发生自然风险、未发生社会风险、未发生家庭经济风险、未发生健康风险、未参加"土地换社保"、昆明地区和农户兼业类型为"纯农户"为对照组。***、**和*分别表示变量在1%、5%和10%的统计水平上显著。

六、结论与政策建议

(一) 研究结论

本文利用湖北襄阳和云南昆明农户的调查数据,通过家庭禀赋和风险冲击对失地农户收入流动性的影响进行分析,得出以下结论:(1)丰裕的经济资本禀赋和社会资本禀赋对失地农户收入向上流动具有显著的促进作用,不同类型人力资本禀赋对失地农户收入流动性的影响存在差异,自然资源禀赋变化对失地农户收入流动性的影响并不显著。例如,劳动力平均受教育程度越低,收入流动性为"下沉"的可能性越大;初始收入位置越高,农户收入更容易恶化,而低收入组农户更容易发生向上流动;经济支持户数越多,失地农户收入越可能向上流动。(2)征地后经济风险和健康风险对农户收入流动性具有明显的冲击。从风险防范因素来看,参加"土地换社保"项目的失地农户收入更容易发生向上流动。(3)不同收入阶层失地农户的收入流动性影响因素存在异质性,农户类型为非农、劳动力平均教育程度较低、初始收入位置较高、社会资本较弱、失地程度较严重、遭受了健康风险冲击和没有参加"土地换保障"项目的较低收入失地农户收入向下流动的可能性较大。

（二）政策含义

本文的政策含义是显然的。为了缓解失地农户风险冲击和福利损失,防止贫困和脆弱农户陷入持续性贫困,促进低收入农户收入向上流动,本文建议,干预的政策措施应该围绕增强失地农户经济资本禀赋和社会资本禀赋,防范经济风险和健康风险,降低异质性对收入流动性的影响等方面进行设计。实施不同收入阶层失地农户差异化的政策干预措施,促进失地农户经济资本和社会资本积累,以及通过教育提高农户的人力资本,缓解风险冲击带来的资源浪费和效率损失,增强收入位置缺乏变动的较低收入者的资源禀赋,保障和发展其可持续生计能力,为他们纵向流动提供公平机会,从而加快较低收入失地农户收入向上流动。

由于样本农户失地前和失地后时间间隔较小,本文仅仅考察了征地前和征地后两个阶段失地农户的收入流动性,而没有考察多个时期失地农户收入流动性的变化,这在后续研究中有待进一步完善。同时,基于样本限制和征地政策可能具有的延时效用,本研究中的以上结果还需要进一步的实证结果予以支持。

参考文献

[1] Bardhan P., Udry C. 发展微观经济学[M]. 陶然,等,译. 北京:大学出版社,2002.

[2] Can Liu, Sen Wang, Hao Liu. The Impact of China's Priority Forest Programs on Rural Households' Income Mobility[J]. Land Use Policy, 2013(31):237-248.

[3] 丁士军,杨晶,吴海涛. 失地农户收入流动及其影响因素分析[J]. 中国人口科学,2016(2):116-125.

[4] 罗楚亮. 城乡居民的收入流动性研究[J]. 财经科学,2009(1):35-44.

[5] 史清华,晋洪涛,卓建伟. 征地一定降低农民收入吗:上海7村调查——兼论现行征地制度的缺陷与改革[J]. 管理世界,2011(3):77-91.

[6] 孙文凯,路江涌,白重恩. 中国农村收入流动分析[J]. 经济研究,2007(9):43-57.

[7] 王朝明,胡棋智. 中国收入流动性实证研究——基于多种指标测度[J]. 管理世界,2008(10):30-40.

[8] 王洪亮. 中国区域居民收入流动性的实证分析——对区域收入位次变动强弱的研究[J]. 管理世界,2009(3):37-44.

[9] 吴海涛,丁士军.贫困动态性:理论与实证[M].武汉:武汉大学出版社,2013.

[10] 严斌剑,周应恒,于晓华.中国农村人均家庭收入流动性研究[J].经济学,2014(3):939-968.

[11] 张科静,丁士军,黄朝阳.上升还是下沉——基于收入流动性视角的失地农户收入研究[J].学术论坛,2014(3):98-102.

[12] 张立冬,周春芳,曹明霞,等.收入差距、收入流动性与收入均等化:基于中国农村的经验分析[J].南京农业大学学报(社会科学版),2015(4):35-42.

[13] 章奇,米建伟,黄季焜.收入流动性和收入分配:来自中国农村的经验证据[J].经济研究,2007(11):123-138.

农地非农化与城市化相关性实证分析
——以浙江省湖州市为例

胡振华 杨国新

（温州大学商学院，浙江 温州 325035）

摘 要：城市需要发展，农地也需要保护，怎样合理控制、有效管理，是决策者密切关注的问题。本文将城镇人口数量占总人口数量的比重以及城镇就业人口作为衡量城市化的标准，将国家基础建设占用耕地的面积作为衡量农地非农化的自指标。借助数据SPSS13.0的处理，通过对两者进行了Pearson相关系数分析和线性回归分析，并根据结果建立了回归模型的方程，发现两者之间呈现出相关程度相对较高的正相关关系，城市化的发展是导致湖州市农地非农化的进程加快的重要原因。湖州市城市化与农地非农化的总体协调度较高，但协调度的值略微呈现出越来越小的趋势。

关键词：农地非农化 城市化 相互关系 湖州市

一、问题的提出

农地非农化是指农用地转变用途，成为居住、交通、工业、商服业等城乡建设用地的过程。其实质是土地稀缺性与人口增加、经济发展、城市化与工业化进程加快之间矛盾的必然产物。土地资源的稀缺性和不可再生性决定了农业用地和建设用地之间必然存在着不可避免的竞争。农地非农化就是土地资源在两者之间配置的结果。只有当两者的边际效益相等时才能使得土地资源得到最优的配置。

基金项目：国家社科基金重大招标项目（编号14ZDA045）、国家社会科学基金重点项目（编号11AJY007）、浙江省软科学项目（项目编号2015C35047）、温州市高层次人才重点创新技术项目（温人社发〔2013〕209号）的部分成果。

作者简介：胡振华（1964— ），江西湖口人，男，管理学博士，温州大学商学院院长，温州大学瓯江特聘教授。研究方向：社会主义市场经济。杨国新，温州大学国民经济研究所。

城市化是人类生产与生活方式由农村型向城市型转化的历史过程,主要表现为农村人口转化为城市人口以及城市不断发展完善的过程。城市化的本质主要体现在以下5个方面:①伴随着大批乡村人口进入城市,城市化表现为城市人口比重不断提高的过程;②随着传统低效的第一产业的劳动力转向现代高效的第二、第三产业,城市化表现为产业结构转变的过程;③大批低收入居民群体转变为高收入居民群体,城市化又是一个市场不断扩张、居民消费水平不断提升的过程;④随着城市文明发展并向农村渗透、传播,城市化也是农民的生产、生活方式不断现代化的过程;⑤由于大部分的国民从事着先进的产业活动,有着较高的生活质量,人们的生活方式与价值观将会发生变化,将建立起区别于农村的城市社会新秩序,因此,城市化过程是国民综合素质不断提升的过程。

本文主要研究农地非农化和城市化之间的关系,主要涉及人口在城乡之间的转移和城市地域面积向农村的扩张,因此本文认为城市化主要体现在以下两个方面:①单个城市人口基数和土地面积日益增加;②一个国家或者地区中,人口与土地的聚集程度增加至某个阈值的人口集聚地日益增加,该阈值是界定"城市"与"农村"的界限。

衡量城市化水平的标准有很多。我国目前,较常用城镇人口占总人口的比重和非农业人口占总人口的比重来衡量城市化水平。但我国的人口统计口径是以户籍制度为依据的,把大量农村户口但在城市从事非农业劳作的人口排除在非农业人口之外,使得城市化水平比真实水平低。为了避免这类情况的出现,本文除以城镇户籍人口占总户籍人口的比重衡量城市化水平之外,还以湖州市城镇就业人口在总就业人口中的占比,从就业人口的城乡结构角度阐述城市化的水平;该数据以第六次人口普查中的常住人口作为测算基数,统计口径更加科学合理,结果也更加真实可信。

二、湖州市农地非农化与城市化的基本分析

湖州市位于浙江省北部,是"长三角城市群"的成员城市。湖州占地面积5158平方千米,2014年户籍人口263.78万,拥有耕地、园地、林地等多类型农地,是中国传统的人口高密度区和土地利用集约化地区。湖州农地数量变化过程与城市化发展的关系在长三角区域及全国都具有一定的代表性和典型性。

(一)湖州市农地非农化水平分析

湖州市是著名的江南水乡,拥有"丝绸之府""鱼米之乡"等诸多美誉。但

其地质类型分布呈现出"七山二水一分田"的特点,农地资源在湖州市的稀缺性由此可见一斑。湖州市土地资源分布的主要特征是农用地占比大、人均耕地面积少以及可开发的后备农地资源不足。根据湖州市统计局2015年公布的数据,1978年湖州市的总耕地资源为214.54万亩、人均占有耕地面积为0.97亩,此后逐年下跌。1997年跌至历史最低值,此时湖州市总耕地资源为194.92亩,人均占有耕地面积仅为0.77亩。说明这期间,农地的消失速度很快,非农化的水平较高。但2000年以后,湖州耕地总面积与人均占有耕地面积都呈现出较快上涨的趋势,说明此时政府已经出台相应的防止农地流失的政策,并且已经有相当一部分农村人口进入城市,城市化进程迅速加快。

1978—2014年间,湖州市耕地总面积总体增加了1.18万亩,人均占有耕地面积减少0.13亩,二者在此期间的变化都呈"V"形(见图1)。耕地的总面积与人均占有耕地面积的变化总体分为三个阶段:①1978—1994年为耕地减少加剧时期,耕地面积减少的速率大体呈较快增长的趋势;②1995—2000年间为耕地减少缓慢时期,受到我国开始逐步落实的"耕地总量动态平衡"的土地政策影响,该期间耕地面积减少的趋势较为缓和,耕地总面积基本维持在194—196万亩的水平,人均占有耕地面积持续保持在0.77亩的水平不变;③2001—2014年为耕地增加时期,湖州市耕地总面积呈逐年较快回升的态势,虽然人均耕地面积也出现了一定程度的回升,但回升趋势相对于耕地总面积而言不是特别明显。由此可见,虽然国家政策在这段时间以保护现有耕地以及开垦新的耕地为导向,但在此之前,城市化的发展仍在一定程度上加剧了农地非农化的进程,直接导致了总耕地面积与人均耕地面积的减少。

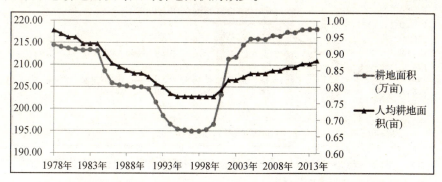

图1 1978—2014年湖州市总耕地面积与人均耕地面积变化情况图

注:资料来源于2015年《湖州统计年鉴》

（二）湖州市城市化水平分析

1978年改革开放以后，随着长三角经济圈的形成，湖州市的经济得到快速发展。在此期间许多农村人口开始涌向城市，使得湖州市的城市规模在逐渐变大。在这样的政治经济大背景下，湖州城市化的水平保持平稳的增长。进入21世纪以来，随着湖州市城市化建设和现代化发展战略的有效落实，城市的经济与服务功能进一步得到强化，城市发展再度趋于迅速增长。湖州的城市化率在达到20％以后，继续呈现出快速增长的态势。2001—2014年，湖州市城镇人口由70.96万人增加到94.83万人，共新增城镇人口23.87万人，城市化率由27.6%提高到35.95%。

根据城市化发展的三阶段论（即城市化水平低于30%为城市化低速增长阶段，城市化水平在30%—60%之间为城市化高速增长阶段，城市化的水平高于60%则为成熟的城市化社会），湖州市的城市化水平已经完成了低速增长的阶段，开始全面进入高速增长阶段。

由于数据来源的限制，总人口与城镇人口占比的数据统计口径都是户籍人口。为了更科学地表达城市化的水平，本文还引入了湖州市总就业人口与城镇就业人口占比两个数据，它们的统计口径是常住人口，其数据本身体现了城市化的影响、产业发展的影响和人口变化的影响。因此，引入湖州市总就业人口与城镇就业人口占比这两个数据使得研究和相关结论更加科学、可信。

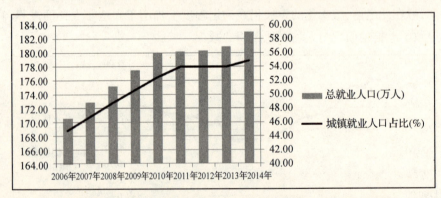

图2 2006—2014年湖州市总就业人口与城镇就业人口占比变化图

注：资料来源于2015年《湖州统计年鉴》

由图2可以看出，湖州市总就业人口和城镇就业人口占比在2006—2014年期间总体呈现出稳定增长的趋势。其中，总就业人口总体增长12.43万，增长了7.30%;城镇就业人口增长了10.04%,在2014年达到了54.84%。这说明,近年来湖州市就业人口总体增速较快,各产业相对发展较快。城镇就业人口在基数增长的同时保持着占比增长的趋势,说明从就业人口的角度看,城市化发展带动的城市产业经济的规模正在逐年稳步增长。

三、湖州市农地非农化与城市化相互关系实证分析

(一)湖州市农地非农化与城镇人口相关关系分析

1. 农地非农化与城市化的Pearson系数相关分析

正如前文所讲述,本文的研究以湖州市基础建设面积(平方千米)占用耕地面积(万亩)的比值作为衡量农地非农化水平的指标,以湖州市城镇人口占总人口的百分比作为衡量城市化水平的指标。伴随着城市占地规模扩张的加快、城镇人口的数量与日俱增,城市化对农地非农化的影响也越来越明显。在一定的城市化水平之下的农地非农化水平也会表现出特定的特征。根据湖州市统计局2015年最新公布的统计年报的相关数据,笔者整理得到了湖州市2006—2014年农地非农化与城市化的变化趋势。如图3所示,湖州市农地非农化水平和城市化水平在2006—2014年的基本趋势是一致的。由此假设,两者在一定程度上存在一定相关关系,可以进行进一步的数据分析。

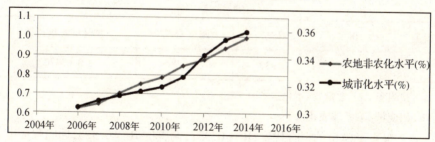

图3 2006-2014年湖州市农地非农化水平与城市化水平变化趋势图
注:资料来根据2015年《湖州统计年鉴》的相关数据整理得到

利用SPSS13.0软件对湖州市农地非农化水平与城市化水平进一步进行线性相关分析。由于两者都是定距类型的数量型数据,因此进行Pearson系数相关分析,其结果如表1所示。

表1 农地非农化水平与城市化水平的Pearson系数相关分析

		农地非农化水平	城市化水平
农地非农化水平	Pearson Correlation Sig. (2-tailed) N	1 9	0.968** 0.000 9
城市化水平	Pearson Correlation Sig. (2-tailed) N	0.968** 0.000 9	1 9

**. Correlation is significant at the 0.01 level (2-tailed).

由表1可知,Pearson相关系数为0.968,sig<α=0.01,即在α=0.01的显著性水平下通过检验,两者呈显著相关,且相关系数很高。所以,湖州市农地非农化水平与城市化水平为强相关。要进一步量化研究两者之间的线性相关关系,须建立回归模型。

2. 农地非农化与城市化的线性回归分析

为了更好地了解湖州市农地非农化与城市化之间的量化线性关系,在已经证明两者为Pearson系数强相关的基础上,对以上两个变量进行线性回归分析并建立回归方程模型。线性回归分析结果如表2、表3、表4所示。

表2 农地非农化与城市化回归模型的拟合优度表

模型汇总

模型	R	R方	调整R方	估计的标准误差
1	0.968a	0.937	0.928	0.03470

a. 预测变量:(常量)城市化水平

b. 因变量:农地非农化水平

表2报告了模型的拟合优度,$R^2=0.937$,调整的$R^2=0.928$,回归程度非常好;湖州市农地非农化水平与城市化水平的相关系数R=0.968,相关程度很高;估计的标准误差为0.03470,表明实际值很接近估计值,回归模型的拟合优度很好,回归线的代表性很强。

表3　农地非农化与城市化回归模型的F检验

Anova^b

模型		平方和	df	均方	F	Sig.
1	回归	0.125	1	0.125	103.683	0.000a
	残差	0.008	7	0.001		
	总计	0.133	8			

a. 预测变量：(常量)城市化水平

b. 因变量：农地非农化水平

表3中的F值为103.683，Sig.<α=0.01，在显著性水平是0.01时，拒绝回归方程的显著性检验的零假设，表明农地非农化的水平与城市化的水平线性显著模型的拟合优度较高，对真实情况的反映程度较好。

表4　农地非农化与城市化回归模型的t检验

系数^a

模型		非标准化系数		标准系数	t	Sig.
		B	标准误差	Beta		
1	(常量)	-1.220	0.198		-6.150	0.000
	城市化水平	6.167	0.606	0.968	10.183	0.000

a. 因变量：农地非农化水平

农地非农化水平与城市化水平的回归模型系数 B=6.167，t=10.183，Sig.<α=0.01，表明该城市化水平在α=0.01的显著性水平下，通过t检验，城市化水平对农地非农化水平呈显著性影响，两者之间线性正相关。

自变量(城市化水平UB)与因变量(农地非农化水平FC)之间的回归模型为式(1)：

$$FC = 6.167 UB - 1.220 \tag{1}$$

(二)湖州市农地非农化与城镇就业人口的相关分析

1. 农地非农化与城镇就业人口的Person系数相关分析

由表5可知，农地非农化与城镇就业人口变化的Person相关系数为0.939，Sig<α=0.01，即在α=0.01的显著性水平下通过检验，两者呈显著相关，且相关系数很高。所以，湖州市农地非农化水平与城镇就业人口为强相关，可以通过后续的多元回归分析得到农地非农化水平、城市化水平与城镇就业人口的相关性。

表5 农地非农化水平与城镇就业人口的Pearson系数相关分析

		农地非农化水平	城市化水平
农地非农化水平	Pearson Correlation Sig. (2-tailed) N	1 9	0.939** 0.000 9
城镇就业人口	Pearson Correlation Sig. (2-tailed) N	0.939** 0.000 9	1 9

**. Correlation is significant at the 0.01 level (2-tailed)

2. 农地非农化、城市化与城镇就业人口的多元线性回归分析

城镇就业人口占比的统计口径为常住人口,且数据本身就从就业角度阐述了人口城镇化这一城市化水平的指标。为了从就业城乡结构、人口城市化等多个角度更科学地研究湖州市农地非农化与城市化之间的量化线性关系,在已经证明农地非农化与城市化、农地非农化与城镇就业人口都为Pearson系数强相关的基础上,对以上3个变量进行多元线性回归分析并建立回归方程模型。多元线性回归分析结果如表6、表7、表8所示。

表6 农地非农化水平、城市化水平与城镇就业人口回归模型的拟合优度表

模型汇总

模型	R	R方	调整R方	估计的标准误差
1	0.996ª	0.991	0.989	0.01374

a. 预测变量:(常量)城市化水平,城镇就业人口
b. 因变量:农地非农化水平

表6报告了加入城镇就业人口这一自变量之后的模型拟合优度,$R^2 = 0.991$,比单独农地非农化与城市化回归模型的0.937更高;调整的$R^2 = 0.989$,同样比之前的0.928更高,回归程度进一步得到提升。湖州市农地非农化水平、城市化水平与城镇就业人口的相关系数$R = 0.996$,相关程度很高;估计的标准误差为0.01374,表明实际值更加接近估计值,回归模型的拟合优度更好,回归线的代表性更强。

表7　农地非农化水平、城市化水平与城镇就业人口回归模型的F检验

Anova[b]

模型		平方和	df	均方	F	Sig.
1	回归	0.132	2	0.066	349.710	0.000[a]
	残差	0.001	6	0.001		
	总计	0.133	8			

a. 预测变量：(常量)城市化水平,城镇就业人口

b. 因变量：农地非农化水平

表7中的F值为349.710,比之前的103.683更高,Sig.<α=0.01,说明在显著性水平是0.01时,拒绝回归方程的显著性检验的零假设,表明加入城镇就业人口占比变化这一自变量之后,把统计口径中通过统计户籍人口得到数据的影响减小,把更加真实的常住人口的变化考虑到农地非农化与城市化线性相关关系的分析中,使得农地非农化的水平与城市化的水平线性显著模型的拟合优度相比之前单一地从农地非农化与城市化两个维度去考虑问题得到的模型的拟合优度更高。

表8　农地非农化水平、城市化水平与城镇就业人口回归模型的t检验

系数[a]

模型		非标准化系数		标准系数	t	Sig.
		B	标准误差	Beta		
1	（常量）	−1.253	0.079		−15.917	0.000
	城市化水平	3.870	0.441	0.607	8.779	0.000
	城镇就业人口占比	1.534	0.247	0.430	6.214	0.001

a. 因变量：农地非农化水平

农地非农化水平与城市化水平的回归模型系数 $B_1=3.870, B_2=1.534$; $t_1=8.799, t_2=6.214$,Sig.<α=0.01,表明该城市化水平在α=0.01的显著性水平下,都通过了t检验,城市化水平、城镇就业人口变化对农地非农化水平有显著性影响,两者之间线性正相关。

自变量1(城市化水平UB)、自变量2(城镇就业人口占比UP)与因变量(农地非农化水平FC)之间的回归模型为式(2)：

$$FC = 3.870UB + 1.534UP - 1.220 \quad (2)$$

由式(2)可以看出,随着湖州市城市化的水平提高,农地非农化的水平也在不断地提高,说明湖州市农地非农化的进程在一定程度上依赖于湖州市的城市化发展水平。虽然湖州市在近些年出台了一些法律法规来保护农地,积极落实国家的"耕地占补平衡"政策,但是在"保农地"与"谋发展"的选择上,湖州市政府部门还是将"谋发展"作为优先考虑的选项。中央政府出台的一系列有关保护农地的政策和行政法规并不能充分发挥出预期的效果,表现出来的就是湖州市农地非农化的程度在近9年与城市化大体发展保持一致。

(三)湖州市农地非农化与城市化协调度分析

1. 协调度概念及模型的建立

协调度指的是系统之间或要素之间在发展的过程中彼此和谐一致的程度。本文建立协调度模型的原则有两个:①可操作性原则;②科学性原则。系统关联的特有性质及层次使得系统被无限可分。但如对系统划分过于细致,协调度模型选取的相关指标过多,模型结构会变得复杂,从而失去实用性。协调度模型的指标选取应该适当、合理,粗而不失真,细而不失可行性。科学性的原则包括两个方面:①模型设计合理,符合农地非农化与城市化可持续发展的规律特点;②模型选择的要素合理,这是协调度模型设计的关键之处。借鉴前人的研究,从耦合的角度出发,笔者采用的协调度模型函数表达式如式(3)所示:

$$C = \frac{FC + UB}{\sqrt{FC^2 + UB^2}} \qquad (3)$$

式(3)中,C表示农地非农化与城市化之间的协调度,FC表示农地非农化的指标,即上文中市政建成面积占用耕地面积的占比,UB表示城市化的指标,即上文中城镇户籍人口占总户籍人口的比重。C的取值范围介于[-1.414,1.414],C的具体值由变量FC与UB共同决定:当FC、UB均为正值且相等时,C值取到最大,为1.414;当FC、UB均为负值且相等时,则C值取到最小,为-1.414;其他任何情形下C值介于两者之间。根据C及FC、UB值的变化,协调度可以从C值的大小和两个子系统指标的正负取值而分为协调、基本协调、弱协调、欠协调、不协调与失调这6种类型,类型与相应的状态描述如表9所示。

表9　农地非农化与城市化协调度类型表

C的取值范围	FC、UB的值	协调度类型	状态描述
0≤C≤1.414	FC≥0,UB≥0	协调	两者发展协调,系统处于较优化状态
0≤C≤1.414	FC≥0,UB≤0	基本协调	UB滞后于FC,系统趋向优化
0≤C≤1.414	FC≤0,UB≥0	弱协调	UB超前于FC,UB发展将促进FC发展
-1.414≤C≤0	FC≥0,UB≤0	欠协调	FC高于UB,UB阻碍FC的提高
-1.414≤C≤0	FC≤0,UB≥0	不协调	UB高于FC,且UB起不到支撑作用
-1.414≤C≤0	FC≤0,UB≤0	失调	系统低位运行,处于较差的状态

2.协调度模型的结果分析

依据协调度模型以及详细计算步骤,得出2006—2014年湖州市农地非农化水平与城市化水平的协调度,如表10所示。

表10　农地非农化水平与城市化水平协调度表

年份	农地非农化水平FC	城市化水平UB	协调度	协调度类型
2006	0.622	0.304	1.337	协调
2007	0.645	0.308	1.334	协调
2008	0.701	0.312	1.320	协调
2009	0.752	0.315	1.309	协调
2010	0.784	0.318	1.303	协调
2011	0.846	0.326	1.293	协调
2012	0.879	0.342	1.295	协调
2013	0.939	0.353	1.288	协调
2014	0.994	0.359	1.281	协调

注:农地非农化水平(FC)为湖州市当年国家基础建设用地面积(平方千米)与当年年末耕地面积(万亩)的比值;城市化水平为湖州市当年城镇人口在全市总人口的占比。数据根据当年湖州市统计局公布的《湖州统计年报》整理得到。

由表10可知,湖州市农地非农化水平与城市化水平的协调度整体略微表现出阶段性的下降趋势,但没有太大的起伏,整体的协调度依旧很好,整个系统仍处在高位运行的协调状态。虽然城市占地面积的扩张、房地产的兴起以及农村人口向城镇迁移等城市化因素使得建设用地占用大量耕地,但是湖州市农地非农化与城市化之间的协调度依旧显示出很高的协调性。这从一定程度上说明了湖州市政府在进入21世纪之后大力推进的土地整治工作、耕地占补平衡政策以及农业结构调整政策取得了相当显著的效果,使得湖州市农地非农化水平与城市化水平在该阶段内始终处于协调状态,但值得注意的是出现了逐年略微下降的趋势,说明整个系统在处于高位运行的总体态势中,依旧有出现低位运行的不协调状态的趋势,这是管理者需要注意的地方。我们需要在两者之间的协调度下降到某一提前设定的警戒阈值之前,采取措施,对系统的协调度进行维稳。

四、结束语

关于湖州市城市化与农地非农化相互关系的分析,本文将城镇人口数量占总人口数量的比重作为衡量城市化的标准,将国家基础建设占用耕地的面积作为衡量农地非农化的自指标。借助数据分析软件 SPSS13.0,对两者进行 Pearson 相关系数分析和线性回归分析,并根据结果建立了回归模型的方程,发现两者之间呈现出相关程度相对较高的正相关关系,城市化的发展是导致湖州市农地非农化进程加快的重要原因。城镇人口无论从基数还是占比,都呈现出不断增加的趋势,这促使湖州市城市规模进一步得到扩展,从而导致建设用地占用耕地的面积越来越多。

湖州市城市化与农地非农化的总体协调度较高,波动幅度较小,9 年间基本总体协调,但协调度的值略微呈现出越来越小的趋势,可见协调度到目前为止受到外界政策和其他因素影响的程度并不大,但这种影响正在随着时间的推移而慢慢加强。

参考文献

[1] 王玲.城市化与农地非农化的关系研究[D].武汉:华中农业大学,2007.

[2] 吴先华.江苏省耕地非农化的动力机制研究[D].南京:南京师范大学,2005.

[3] 李丹,刘友兆.我国城市化发展与耕地变动的关系研究[J].经济纵横,2003(1).

[4] 胡振华,沈杰,胡子悦.农地产权二元主体视角下"三权分置"的确权逻辑[J],中国井冈山干部学院学报,2015(4).

[5] 钟水映,李魁.中国工业化和城市化过程中的农地非农化[M].济南:山东人民出版社,2009.

[6] 胡振华,卢怡康.农户农地证券化意愿及建议——基于浙江省东阳市 12 个村镇的调研[J].贵州大学学报,2015(4).

[7] Greene, R. P., Halin, J. M. Threat to High Market Value Agricultural Lands From Urban Encroachment: A National and Regional Perspective [J]. Social Science, 1995(2).

[8] Johnson D. Economic Reforms in the People's Republic of China[J]. Economic Development and Cultural Change, 1988(3).

[9] 胡振华, 余庙喜. 基于"企业—政府"视角的农地确权绩效分析[J]. 广西大学学报, 2015(4).

造福农民：我国城镇化建设的道义高点与动能转向

刘歆立

（河南农业大学科学发展与农民权利研究中心，河南 郑州 450052）

摘　要：我国的城市化与美国的高科技发展被誉为影响 21 世纪人类发展进程的两件大事。我国 30 多年的城镇化（也可以叫城市化）历程表明，它是在农民无处不在的参与建设和牺牲贡献中进行的，这些参与和贡献既包括农民持续不断地在城镇设施建设、经济发展和其他方面的有形参与，也包括被誉为苏南模式、珠江模式等城镇化模式形成中的制度贡献。因而，让这种以农民参与为显著特征的城镇化发展成果及时反哺与普惠农民应成为其道义高点与发展趋向，使漂移在城乡之间的"农民工"成长为能够过上正常的、有尊严的生活的企业公民与深度融入城市、扎根城市的社区农民，避免重蹈西方国家以牺牲农民利益来换取城镇化快速发展的历史覆辙，真正走出一条以人为核心的新型城镇化发展道路。

关键词：造福农民　城镇化　农民贡献　道义高点　发展趋向

诺贝尔经济学奖获得者、前世界银行副行长斯蒂格利茨曾经说过：中国的城市化（urbanization）与美国的高科技发展将是影响 21 世纪人类发展进程的两件大事。我国 30 多年的城镇化（也可以叫城市化[①]）历程表明，它自始至终都

基金项目：作者主持的国家社会科学基金青年项目"中国特色社会主义道路中农民发展的权利诉求与制度贡献研究"（编号：11CKS018）、河南省高校青年骨干教师资助项目"城乡一体化进程中农村文化公共品供给机制与政策"（编号：2012GJS－050）、河南省高校重点研究项目计划"我省城镇化在实现经济社会转型中的民生改善效应综合性实证研究"（编号：15A630033）、2016 年度河南省高校科技创新支持计划（人文社科类）资助成果。

作者简介：刘歆立（1973—　），男，河南漯河人，副教授，博士，硕士生导师，河南农业大学科学发展与农民权利研究中心副主任，从事农村科学发展与农民权利研究。

① 在世界城市化进程中，城市化与城镇化是重合的概念。之所以说城镇化，是为了凸显小城镇在城市现代化过程中的特殊价值，以区分通常理解的大城市发展模式。本文根据研究需要和我国城市化经验而主要使用城镇化概念。

是在农民无处不在的参与建设和牺牲贡献中进行的,依靠农民的广泛参与和牺牲贡献成功完成了快速城市化进程是我国城镇化的一个鲜明特色,这个特点决定了城镇化的发展应是城乡一体化与惠及乡村的历史过程,应在反哺农村与造福农民中彰显社会主义城镇化的多方优势与获得今后发展的持续动力。

一、我国各地农民以多种方式推动全国城镇化的迅速发展

20世纪七八十年代我国农村政策的重大调整是废除配合与支持城市和工业优先发展战略的人民公社制度,农民向城市地区与非农产业转移成为一个无法逆转的发展趋势。随着大量农村剩余劳动力开始向城市和沿海地区大规模转移,我国城市化悄无声息地进入了前所未有的快速发展时期。1978年我国城镇化率只有17.9%,也就是人们常说的我国百分之八十的人口是农民,2012年达到52.6%,全国城镇人口首超农村人口,2015年底,作为农民大省的河南省城市化为46.85%,自2010年以来年均城镇化率提升1.61个百分点。[1]我国城镇化的这一快速提升直接受益于农民的广泛参与和牺牲贡献。

改革开放以来,我国城镇发展经历了3个阶段。第一阶段(1978—1984年),借助乡镇企业"异军突起"与"一飞冲天"的优势,国家对中小城镇进行补课性质的发展,大城市的发展规模与数量受到严格限制,其发展处于停滞状态;第二阶段(1985—1995年),逐步解除大城市发展的多种限制,对农民工进城的态度从政策默许转向鼓励支持,农民以"离土不离乡"的特点参与大城市城区扩张,城市人口急剧增加;第三阶段(1995年至今),政府首提"城市群"概念,实施"以大带小"和以"城市群"为核心关键点的新型城镇化发展模式,形成了京津冀、长江三角洲、珠江三角洲等一批城市群,有效地将农业人口转移为城镇人口。[2]

经过这3个发展阶段,我国城镇化水平迅速拉近了与世界城市化平均水平的距离。"我国城镇化水平与世界城镇化平均水平的差距,也由1978年的20.5个百分点,缩小到4.3个百分点左右。"[3]不仅如此,30多年来城镇居民住房条件获得根本性改善,交通运输、道路桥梁、水热气供应、电力电信、防洪排涝、环境卫生、园林绿化等市政工程设施与就业服务、文化教育、娱乐体育、商业服务等社会基础设施都得到同步发展。

在我国城镇化不断向前发展的历史进程中,农民对我国城镇化建设的作用至少表现在以下两个方面:(1)农民进城创业就业成为城镇化的主动力。据统

计,我国城镇人口由1978年的1.7亿人增加到2011年的6.9亿人。[4]其中绝大多数新增城市人口都是农业转移人口,这些人口为城市发展创造了巨大经济需求与社会财富。多由农民创办的个体工商户、中小企业在县城和小城镇的集聚更是为县域经济的发展提供了重要的推动力。(2)农民是城镇化的主要建设者。农民工占整个全国建筑业从业人员的80%,在城市第三产业从业人员中农民工占52%。所有城市中最脏、最累、最差的基础性工作工几乎全部由农民"承包"。

在30多年连绵不断的城镇化过程中,各地农民在推动城镇化发展中至少创造出如下的模式:

(一) 苏南模式

所谓"苏南"主要是指以苏州、无锡、常州3个地级市及其所辖的12个县级市为主的地域。改革开放造就了农村城镇化发展的苏南模式。在制度创新上,通过发展横向经济联合,自费兴建经济技术开发区,实施外向带动战略,改革土地使用制度,深化农村体制改革,建立和完善社会保障体系等一系列改革措施,使其地区经济得到了快速发展。在政府推动上,从产品经济转向商品经济,从内向型经济转到外向型经济,引进大工业和吸引大量外资,有计划地发展工业园区,使农村城镇化发展走向了"三集中"的良性发展轨道。

(二) 珠江三角洲模式

珠江三角洲是我国改革开放的前沿地带和试验区,范围北起花都、从化、增城、清远市,东到惠州市,西到肇庆市,南部包括江门市的全部地区。改革开放以后,乡镇企业取得了快速的发展。珠江三角洲地区农村的城镇化发展的主要动力来自农村工业化,特别是乡镇企业的巨大发展使得珠江三角洲地区产生了大批的现代化小城镇和规模较大、基础设施及公共设施齐全完善的建制。珠江三角洲地区农村城镇化发展的最基本特征是城乡融合发展与接纳了1000万的外来打工人员。

(三) 温州模式

改革开放以后,温州人的经商、手工业才能被激发出来,一开始就形成了家庭工业、专业市场、小城镇、供销员四位一体的市场经济模式,温州的工业化战略是一种劳动替代资本投入的发展战略,资本的原始积累表现为人力资本收益积累的过程,由此导致温州地区民营经济空前活跃,这种活跃的经济又催生了农民自己集资建设小城镇的城镇化模式。这种自力更生的发展模式加快了农业人口向非农化转移,加快了乡镇企业非常规地灵活发展。

(四)上海模式

1985年由上海市土地局、农委等政府部门提出"三集中"的小城镇发展模式,"三集中"指的是农村人口居住向城镇集中、农村工业企业向乡镇工业园区集中、农业耕地向农场或农业大户集中。这是上海市郊区工业化、城镇化发展和建立现代化农业的指导模式,在上海地区取得了很大成功。"三集中"模式既符合"控制人口、节约土地"的可持续发展原则,又使乡镇企业走上产业化、规模化的良性发展轨道,使农村剩余劳动力转向非农产业。

二、我国城镇化的发展包含农民的艰辛努力与巨大牺牲

从新中国成立初期开始,我国农民就为国家工业化起步和城市优先发展做出了艰辛的努力和巨大的牺牲。据相关资料记载,"早在1952年到1978年,国家就以'剪刀差'的形式从农村抽取资金9494.9亿元,相当于同期农业净产值的57.5%。改革开放以后的1979到1994年,国家又以'剪刀差'的形式再次让农村无偿贡献出15000亿元。农村每年平均向城市贡献938亿元"[5]。长期城市本位的"取多予少"或"只取不予"的不合理政策,直接造成农村基础设施落后,农村发展乏力,包括农业在内的农村现代化只能成为一个遥不可及的田园梦想。

改革开放后,大量农村剩余劳动力(即农民工)进城市务工和生活,不仅促进了中国城市经济、社会的发展,也对城镇化的推进和完善起到了至关重要的作用。

30多年以来,年轻力壮和富有创意的农民源源不断地从农村流进城市,为我国经济持续起飞提供了充裕的优质劳动力,在根本意义上解决了城镇劳动力供给长期结构性匮乏的社会痼疾,实现了生产要素的合理配置与优化组合,而且有效地抑制了劳动力成本的上升速度,降低了工业化的人力成本。"农民工在传统体制之外开辟了一条工农之间、城乡之间交流的新通道,使工业化发展与全国农村劳动力剩余相沟通,为工业化提供了源源不断的劳动力,满足了工业化迅速发展对劳动力不断扩大的需求……根据第五次人口普查资料,农民工

在第二产业从业人员中占57.6%,在加工制造业从业人员中占68%,在建筑业从业人员中占80%"。[6]

在第三产业方面,农民更是以其吃苦耐劳的工作精神与不讲条件的就业姿态遍布各个产业角落。在很多大中小城市和中小城镇,农民成为建筑、纺织、环卫、零售、餐饮、家政等行业的主力军。农民进城务工使第三产业所需要的劳动力得到补充,而第三产业的发展与城市化进程是相伴而生的,农民进城务工是全面推进城镇化必不可少的。

在城市消费方面,农民对城市消费的冲击是直接的。从消费规模上看,农民进城务工扩大了城市消费规模,不仅表现在对住宅、食品、服装、日用品与交通工具的需求上,而且也表现在对教育、文化娱乐、消遣等精神产品的需求上,这样就有利于拉动城镇消费需求,促进了城镇经济发展。从消费结构上看,农民在城市就业谋生的同时还在不断改变着城市的消费结构,即以基本生活资料为主体的普通需求在整个城市消费的比重增加,使消费的类别更加多样化和多层次化。从消费水平上看,农民进城为城市居民提供了更多优质廉价的产品和服务,从而使城市居民的消费水平得到提高,农民带去的农村优秀工艺和烹饪等技艺又使城市居民的消费内容更加丰富,消费选择更加多样。

在对改革进程的推动上,农民跨地区流动就业蕴含着深刻的体制变革因素,这也是我国制度改革与创新的重要动力,这些力量又是市场拉力、内在推力和政策动力共同作用的结果,是改革开放的必然产物。首先,农民的就业流动加速了户籍制度改革进程,即对传统的户籍管理制度和就业制度带来挑战,为冲破城乡隔离的二元社会经济结构,形成统一的城乡劳动关系和就业制度做出了历史性贡献。其次,农民的流动就业促进了城乡之间和区域之间的协调发展。农民工通过城乡之间的双向流动,创造性地把"三农"问题和工业化、城市化、现代化耦合在一起进行自主解决。农民富于创造性的劳动,为工业增加了竞争力,为城市带来了活力,也为改革增添了动力。例如河南固始县通过劳务输出造就了一批百万、千万甚至亿万富翁,县城及乡村面貌发生了历史性变化,可称得上农民外出务工传递带动发展的典型。[7]再次,农民进城务工也推动着城市政府公共资源和公共服务的供给能力,推动着城市化、城镇化的不断升级,使人们的生活质量不断得到提升。

同时,由于二元社会结构的长期性、城镇化的过程性、市场经济的趋利性和社会利益结构的凝固性等复杂的原因,我们更要看到农民在当前城镇化发展付出的惨重代价与做出的巨大牺牲。一是被统计为城镇人口的2.34亿农民工及其随迁家属,未能在教育、就业、医疗、养老、保障性住房等方面享受与城镇居民同等的基本公共服务,造成巨量的"半城镇化人口"不能融入城市社会而处于城乡之间的痛苦摇摆之中,流动人口边缘化、中国特色的贫民窟等词汇的出现就是对这一问题的反映。二是"民工潮"是"城乡综合征"恶性循环的结果并成为社会流血的巨大创口,20世纪90年代城市改革的进程使得城市失业人口剧增,而城市资本密集与技术密集的发展更是对进城的农民进行无情的排斥,在这种情况下亿万农民工只能在低人权待遇下生存发展,其生存状况的恶劣自不待言。而且,它还直接造成严重的"留守"问题,例如留守儿童缺失正常的父爱或父母之爱,留守老人缺乏正常的子女孝敬赡养,留守家庭因夫妻分居而走向解体等。三是农业经济的"空心化"与农村聚落"空心化"加剧,直接造成农村基础设施、环境卫生条件、公共服务体系更加落后,直接导致农村在经济、社会、文化、医疗和教育等各个领域与城市的差距越来越大,农村现代化进展缓慢甚至农村日益凋敝。四是新生代农民工、"三无"农民①等特殊农民群体的问题,新生代农民工问题与传统意义上的农民工有着多方面的不同。例如有研究表明,他们在各项心理健康因子上阳性项目数据总和高于全国成人常模,导致他们人际关系敏感、性格偏执抑郁、容易敌对他人,富士康连环跳与制造损人不利己的爆炸事件是其极端表现。这是这代农民工把生活理想锁定为城市却又无法在城市发展的生存尴尬与认同危机的现实投射。"三无"农民也是一个非常特殊的农民群体,这些原来从事农业生产的农民因为城镇化的原因而无地可种、无业可就、生活无保障,只能被迫外出漂泊与依靠打工来生活,他们往往成为上访闹事者与社会不稳定因素。当然,农民在当前城镇化发展付出的惨重代价与做出的巨大牺牲远不止这些,限于篇幅这里不再一一赘述。

公正是社会制度的首要美德,公正地对待城镇化进程中的农民贡献与牺牲是社会主义制度的内在规定与具体表现。因而,让这种以农民参与为显著特征的城镇化发展成果及时反哺与普惠农民应成为其道义高点与发展趋向,避免重蹈西方国家以牺牲农民利益来换取城镇化快速发展的历史覆辙,真正走出一条以人为核心的新型城镇化发展道路。

---

① 新生代农民工系指:出生于20世纪80年代以后,年龄在16岁以上,在异地以非农就业为主的农业户籍人口。三无农民,指的是一些地方在"加快城镇化""经营城市"等口号下侵占农民土地而不给农民合理的补偿与适当的安置,使这些农民务农无地、上班无岗、低保无份。

三、造福农民是我国城镇化健康发展的道义高点

古人曰:天下何以治?得民心而已!天下何以乱?失民心而已。民心是最大的政治。在中国得失民心的关键是得到农民的支持与拥护。我们党能够"得天下",很大程度上是因为成功地通过土地革命让农民翻身得解放。新中国成立后,只有继续造福农民才能牢固执政。因此,新中国成立后不久,毛泽东就倡导创建"工农结合、城乡结合"的新型社会组织来缩小城乡差别与工农差别。虽然通过在农村推行"大包干"改革基本解决了农民温饱问题,邓小平在1987年仍不无忧虑地指出:"农村不稳定,整个政治局势就不能稳定,农民没有摆脱贫困,就是我国没有摆脱贫困。"[8]习近平也多次指出:"中国要强,农业必须强;中国要美,农村必须美;中国要富,农民必须富。"[9]并多次提出与强调要通过以人为核心的新型城镇化建设形成以工促农、以城带乡、工农互惠、城乡一体的城乡关系。2013年底召开的中央城镇化工作会议指出:推进城镇化是解决农业、农村、农民问题的重要途径。因此,以往的城镇化建设基本上是沿着造福农民方向建设的城镇化,通过30多年的城镇化连续建设,不断地增加农民的获得感、幸福感。因此,造福农民是我国既往城镇化健康发展的一个重要的道义高点。

有研究指出,改革开放前为了"优先快速发展重工业和实行单一公有制……实行了比原苏联更为极端的压制农民的体制和政策"[10]。其重要表现是工业化与城市化的严重脱节以及通过以户籍制度为依托的城乡二元结构汲取农村各类资源。改革开放后,伴随着农村改革与城镇化建设进程,我们的农民政策经历了从"取之于农"到"反哺于农"的发展演变,特别是从20世纪末开始实施废除农业税费、建立新"农合"与农村低保等"多予少取"甚至"不取反予"的支农惠农政策,标志着造福农民成为当前我国城镇化健康发展的道义高点。可以说,我国经历了世界历史上规模最大、速度最快的城镇化进程,在我们这样一个拥有13多亿人口的发展中大国实现了人类发展史上没有先例的城镇化。2000年以来,城镇人口①平均每年增长接近2000万人,接近20世纪80年代的2倍,2013年城镇人口达到7.3亿,城镇化率达53.7%,基本达到世界平均水平。[11]

---

① 按照国家统计局《关于统计上划分城乡的暂行规定》,城镇人口是有城市户口的人数和居住城市半年以上的农村人口的人数总和。

1978—1984年，我国以农村经营体制改革为动力的城镇化开始发展。这一时期，国家以农村为经济改革重点带动了城镇化补课式发展，例如通过"大包干"等农村政策的改革使农民拥有了自主经营农业生产的权利，松动了对农民从事非农产业的政策限制，使农民收入水平和消费水平明显提高，在此期间，我国的城镇化年均增长率达到0.7%，超出改革开放前年均水平的0.5个百分点[12]，至1984年，全国城镇人口增加到3.0191亿人，占总人口的比重飙升至23.01%。为此，1984年的中央一号文件顺势规定：允许具有一定条件的农民进入集镇从事第二、三产业和定居，农村劳动力被赋予了很大的流动自由。这意味着长期以来的逆城镇化政策的终结。此后，允许农村劳动力的自由流转、东南外向型经济的迅猛发展与乡镇企业的异军突起，更进一步推动了农村剩余劳动力的外流与城镇化的发展。1997年，国务院批转公安部《小城镇户籍管理制度改革试点方案》，规定试点镇具备条件的农村人口可以申请城镇常住人口，然后在总结经验基础上分期、分批推开。1998年，我们党实现了处理城乡关系理念由"农村支持城市"向"城市反哺农村"的历史性转变，提出："必须注意对农民多给予、少索取，整个国民收入分配要在较长的时间内向农民倾斜，并且要突出地抓好农民负担工作，让农民得到更多的实惠。"[13]这体现了我们党在推进城镇化建设上由"农业支持工业、为工业提供积累"的普遍性趋向转到"工业反哺农业、城市支持农村，实现工业与农业、城市与农村协调发展"的普遍性趋向。

回顾30多年我国城镇化发展历程，它不仅是我们党解决农业、农村、农民问题的重要途径，是推动东、中、西部地区协调发展的有力支撑，也是我们党逐步实现城乡居民基本权益平等化、城乡公共服务均等化、城乡居民收入均衡化、城乡要素配置合理化与城乡产业发展融合化的过程，是我们党不断地赋权于农民、还账于农民和造福于农民的跨世纪德政工程，因而它才如此快速与顺利地不断发展。例如，在推进农业转移人口市民化过程中，我们提出了要维护进城落户农民土地承包权、宅基地使用权、集体收益分配权的政策主张，在提高城镇建设用地利用效率的过程中，我们提出了促进生产空间集约高效、生活空间宜居适度、生态空间山清水秀的总体要求，强调"尊重自然、顺应自然、天人合一"的建设理念等。可以说，30多年城镇化发展稳步地推动了以城带乡、以工补农，有力地促进了城市基础设施向农村延伸，带动了城市公共服务向农村拓展，实现了现代文明向农村辐射，逐步填平了存在于城乡之间由于历史与客观原因造成的许许多多的有形或无形的发展鸿沟，充分彰显了以人为核心特别是凸显农民福祉的新型城镇化的道义优势。

四、我国城镇化建设要走出造福农民的新型城镇化发展道路

中国特色社会主义道路是实现社会主义现代化的必由之路,也是创造包括农民在内全国人民美好生活的必由之路。这一道路是由诸多具体道路构成的。党的十七大报告把中国特色城镇化道路列为中国特色社会主义发展的一条具体道路,十八大报告对包括城镇化在内的这些道路的特点与价值做了又进一步阐明。党的十八大之后,习近平总书记告诫全党"勿忘人民,甘作奉献"。2016年7月,习近平在庆祝中国共产党建党95周年讲话中昭告于世"造福人民"的党之初心:"坚持不忘初心、继续前进,就要坚信党的根基在人民、党的力量在人民……不断把为人民造福事业推向前进……带领人民创造幸福生活,是我们党始终不渝的奋斗目标。"[14]无疑,今后的城镇化不应该成为扩大城乡鸿沟的资本主义城镇化,而应"使改革发展成果更多更公平地惠及全体人民,朝着实现全体人民共同富裕的目标稳步迈进",在以城带乡的纵深发展中把农村建设成美丽乡村和农民幸福家园,从而使它进一步成为造福农民的社会主义性质的城镇化。

我国的城镇化不能简单地照搬西方国家的经验做法,特别是不能以牺牲农民利益来换取城镇化的快速发展。事实上,即使为不少学者津津乐道的美国城市化发展也存在许多问题。例如,美国西部地区至今犹存的数量庞大的流动季节农业工人和城市贫民窟中没有希望的失业者,他们不少是在美国农业现代化进程中失去了家园与土地的印第安人后裔,不时地激发社会冲突的美国种族、失业等社会之痛实际上也是美国未能消除农村危机造成的。

2013年我国常住人口城镇化率为53.7%,户籍人口城镇化率只有36%左右,二者之所以存在如此大的"数字鸿沟",就是因为存在漂移在城乡之间和1.5亿常年性流动的农业人口,他们未能或者不愿意获得城市户籍而一直处于无法实现永久性迁移的"半城市化"状态。之所以如此,是因为我们吸引农民进城的做法多为临时性的权宜之计,从而形成了单身型、钟摆式而非永久性、家庭式的农业人口迁移模式。这种城镇化方式让流动人口家庭看不到成为城市人的希望,而且直接影响流通人口家庭的正常生活,甚至造成诸多的复杂社会问题。近年来涌现的农民工"返乡潮""民工荒"等现象就是城镇化未能充分彰显造福农民的民生效应的必然结果。

推进城乡发展一体化是国家现代化的重要标志。现阶段我们已经有条件

把造福农民作为主要的城镇化目标。例如,城镇化重点可以调整为县城、中心城镇、新型农村社区等贴近农民生活实际的段位。当前我国中小城市城市化率为34.9%,远低于全国城镇化水平,德国70%的人居住在小城镇,美国50%以上的人居住在5万人口以下的小城镇。[15]考虑到农民工在大城市无法市民化的民生痛苦(据统计,农民工总量65.4%集中在东部地区,64.7%集中在地级以上城市),而667个城市中约2/3出现交通拥堵等民生痛苦,城镇化的重心下沉是我国改善城乡居民民生的现实理性选择。再如,许多发达国家城镇化达到我们今天这个阶段后,外来工进城后的住房基本上都是政府集体提供的,香港接近60%的人口居住在公租房里面,新加坡的组屋及其供应办法类似于香港的公租房,这些都值得我们借鉴。

城市是人类多样鲜活文明要素的聚集地,也是改善民生的现代平台。融入城市和成为一名城市居民是亿万新生代农民的共同梦想;有关统计显示,我国的城镇化率是按城镇常住人口统计的,其中包括游动于城乡之间的2.6亿农民工群体,如果以户籍为统计口径,城镇化率只有35%,远低于世界52%的平均水平或发达国家70%以上的水平。[16]随着产业转移和新兴产业兴起,城镇化不仅可以成为中西部区域经济快速发展的引擎,而且能够释放出巨大的就业机会、环境优化等可以预期的造福农民的民生效应。当然,要实现这些目标需要我们很好地以人为核心、以造福农民为重要目标来推动今后城镇化的健康发展。

如李克强总理所指出的那样,把城镇化的最大潜能和改革的最大红利结合起来,形成叠加效应,中国的经济就有长久的增长动力。然而我们必须看到,在当前与今后一段时间内我国经济发展可能进入一个持续存在的新常态的特殊发展阶段,突出特点是经济从高速增长转为中高速增长。权威人士分析认为:"我国经济运行不可能是U形,更不可能是V形,而是L形的走势。这个L形是一个阶段,不是一两年能过去的。"[17]受此影响,我国城镇化下一阶段发展要以预定轨道与速度向前发展,亟待我们找到有力推动它的力量主体与持久动能。这个力量主体就是存在于农村的新一代农民与他们渴求融入城市发展的生存与发展需求。因为30多年中国城镇化给我们最大的启示就是:只要城镇化政策给予了农民充分的发展空间和自由选择的权利,他们就自然产生难以想象的自我激励去克服城乡间的地域差异、文化隔阂,以及城乡二元结构造成的障碍,去实现个人收入的最大化与对幸福的追求。从这个角度看,我国今后城镇化的动力蕴藏于其本身能给农民带来进城发展的未来愿景,实现于我们能够通过公正合理的城镇化机制来造福农民。

有学者基于东莞数据研究认为,成家后的农民工夫妻即使不失业,也至少要连续工作30年,即连续工作到55岁左右,全家(本人及子女)才有可能在城市定居。这种现象是城市化与工业化高度分离造成的直接恶果。事实上,仅关注城市自我现代化的城镇化只能适用于诸如新加坡、中国香港这样没有农民需要消化、只需自我完善的国家或城市。我们的城镇化一定要让在城市有稳定生计的农业转移人口在城市里长久地生活下来。

一是城镇化造福农民最实质的意义是由原来的农民家庭变成新市民家庭,这个过程应该是按照十八大提出的统筹城乡发展的思路,为新市民家庭创造出足够稳定的家庭收入维持其正常的生活水平(考虑到农民家庭子女平均数多于市民家庭子女数,其平均收入不能太低),解决养家糊口之外的养老、子女受教育等家庭问题,让他们由"农民工"转变为过上正常的、有尊严的生活的企业公民,让他们能够融入城市、扎根城市、公平分享他们亲手创造的经济发展成果。例如发展能够吸收农村妇女或老人在城市就业的低端劳动密集型产业与第三产业。

二是城镇化造福农民的程度与对现有城镇发展进行去利益化改革紧密关联。要逐步消除户籍人口与非户籍人口之间不平等的待遇和差距,还原户籍登记功能和突破将户籍与福利合一的社会管理制度(目前,与户籍制度挂钩的个人权利有20多项),将户籍与福利脱钩,实现城市财政支出和公共产品提供对所有居民无差别、全覆盖,使常住城市农民工家庭迁居城市并安居乐业。目前最有可能市民化的农业转移人口是1980年后出生的新生代农民工与来自农村的大中专毕业生,他们有着较为强烈的市民化愿望和在城市发展的实际能力,在机会平等、权利平等和规则平等的前提下可以和城市居民获得相差无几的收入。这个群体市民化的程度与水平是观测未来十年城镇化程度的晴雨表,并直接影响农民对城镇化前景的判断与参与的热情。

三是城镇化需要不断创造出造福农民的前提条件。例如,城市基础设施决定的承载能力要与容纳足够数量的农业转移人口相适应;提供廉租房或者以土地换住房等社保措施解决新市民的居住问题;乡镇企业要尽可能地为农业转移人口提供就业岗位;对第三产业要予以政策倾斜,以吸纳农村转移人口中的老年劳动力与女性劳动力,服务业用地与工业用地应该逐步实现基本同价以利于农业转移人口创业就业。

四是建立农民市民化的自由退出机制,允许市民化后的农民还保有重新选择做农民的自由,应该明确规定户口迁入城市的居民保有农地承包权和集体成员权等。以经济为主导加快行政体制改革突破"行政化"束缚,实行级差化的资源分配模式,形成经济力量主导的城镇化格局。这里需要提醒的是,我们在建立这一自由退出机制的同时,不能忽略对农村公共服务范围的扩大与质量的提高,应让农村在城乡统筹中变得更适宜生活与发展,让农民在美丽文明的社会主义新农村与光鲜时尚的现代化城市的竞争发展中冷静理性地做出属于自己的选择。

五是城镇化造福农民的愿景目标实现具有长期性、艰巨性和复杂性,今后的城镇化不能再沦为一哄而上的"造城"运动,它需要建立在专业分工和持续的劳动生产率改善的基础之上。农村大学生比重的连年下降折射着教育资源的分配不公,城乡居民人力资本的巨大鸿沟需要政府努力去逐步填平。目前农业转移人口在就业方式、价值观念、生活习惯等方面都进行着转变性适应(马克思称的"惊险一跳"),未来"无土一代的农民"①在市民化转型中对身份障碍、就业障碍、社保障碍、子女受教育障碍等的跨越中,政府有着义不容辞予以援手解决的责任。

参考文献

[1] 刘江浩. 1.07亿,河南人口大数据发布[N].大河报,2016-06-15.

[2] 田国强. 中国改革历史、逻辑和未来[M].北京:中信出版社,2014:283-285.

[3] 国务院发展研究中心课题组. 中国城镇化:前景、战略与政策[M].北京:中国发展出版社,2010:103.

[4] 中共中央国务院. 国家新型城镇化规划(2014—2020),人民日报[N],2014-03-17.

[5] 任玉岭. 大国民生:从公平中国到美丽中国[M].北京:电子工业出版社,2013:70.

[6] 韩长赋. 中国农民工的发展与终结[M].北京:中国人民大学出版社,2007:108-109.

[7] 韩长赋. 中国农民工的发展与终结[M].北京:中国人民大学出版社,2007:129.

[8] 邓小平. 邓小平文选(第3卷)[M].北京:人民出版社,1993:237.

[9] 中共中央宣传部. 习近平系列重要讲话读本[M].北京:学习出版社,2014:68.

---

① 90后的一代农民被誉为"无土一代的农民",他们大多数没有分到土地,也没有农业的生产技能与经验。在他们的成长中,电视、手机等大众传媒使城市生活成为他们当然的生活目标与理想,他们当中很少有人想回家当农民,就此而言,进城打工成为他们人生的一条艰难的"不归之路"。

[10] 武力,郑有贵. 解决"三农"问题之路——中国共产党"三农"思想政策史[M]. 北京:中国经济出版社,2004:9.

[11] 中共中央宣传部. 习近平系列重要讲话读本[M]. 北京:学习出版社,2014:71-72.

[12] 赵晓雷. 城市经济与城市群[M]. 上海:上海人民出版社,2009:45.

[13] 中共中央文献研究室. 十五大以来重要文献选编(中)[M]. 北京:人民出版社,2001:1146.

[14] 习近平. 庆祝中国共产党成立95周年大会上的讲话[N]. 人民日报,2016-07-02.

[15] 丁声俊. 德国小城镇道路及启示[J]. 世界农业,2012(2).

[16] 中共中央国务院. 国家新型城镇化规划(2014—2020)[N]. 人民日报,2014-03-17.

[17] 龚雯,许志峰,吴秋余. 权威人士再谈中国经济:U型、V型走势都不可能[N]. 人民日报,2014-05-09.

第三部分

特色乡镇发展规划

轴带引领战略下长江中下游城市群发展
——基于两大城市群比较与对接视角

刘西忠
（江苏省哲学社科界联合会，江苏 南京 210004）

摘　要：近年来，国家对区域发展战略进行重大调整，突出轴带引领作用，着力构建行政板块＋发展轴带＋城市群的网络化格局，实现了对中国经济地理的重塑。与长三角城市群建设全球有影响力的世界级城市群目标相比，长江中游城市群被定义为中国经济新增长极，尚处在发展培育的过程中，但在纵向轴带的通达性上更具优势。要增强城市群发展的宏观统筹，实现协作化、协同型发展；增强城市群功能的轴带引领，实现网络化、组团型发展；增强城市群布局的科学有序，实现生态化、质量型发展；增强城市群外部的过渡对接，实现均衡化、共享型发展；增强城市群合作的契约约束，实现市场化、互惠型发展。

关键词：轴带引领　长江经济带　城市群　比较

党的十八大以来，中央着眼于国内国际两个大局，在持续推动四大板块分类发展的基础上，相继提出一带一路、京津冀协同发展和长江经济带等跨区域发展战略，统筹实施"四大板块"＋"三个支撑带"战略组合，实现了对中国经济地理和区域发展格局的战略重塑。"十三五"规划强调指出，要以区域发展总体战略为基础，以"一带一路"建设、京津冀协同发展、长江经济带建设为引领，形成以沿海沿江沿边沿线经济带为主的纵向横向经济轴带。在新形势下，谋划长江中下游城市群的发展，需要以更加宏观的视野，更加注重纵向横向经济轴带的引领和支撑作用。

一、从行政板块到轴带引领战略：基本含义及主要特征

　　板块经济是行政区经济，以一个或多个行政区域为基本单元，属于行政区

作者简介：刘西忠，江苏省哲学社会科学界联合会研究室主任、副研究员、博士。主要研究方向：区域发展、智库建设和人才等。

之间的抱团取暖、组团发展,区域内部和区域之间协调的基本工具是行政手段。从某种意义上讲,板块经济是竞争的、静态的、相对封闭的。在板块经济发展的初期,行政因素在区域经济发展中起着重要的推动作用。当板块经济发展到一定阶段,行政因素的推动作用开始减弱,甚至由积极的推动因素演化为消极的阻碍因素,形成行政壁垒,阻隔生产要素的流动。

轴带经济是经济区经济,往往突破行政区的界限,其指向开放,是动态的、合作的外向协调,主要依靠区域之间的各种联系带动生产要素的流动,更多依赖市场的力量,更加注重联动效应。与传统的汲取性发展相比,轴带经济更加强调不同区域之间的协同发展、共享发展和包容性发展。由板块经济为主导,到轴带经济与板块经济相结合,有利于克服经济边界与行政边界的矛盾,减少行政边界之间发展的内部张力。

随着行政区向经济区转变、行政板块推动向轴带引领的转变,城市发展的结构模式也发生了相应的转换,使由单个城市的发展转向多个城市的协调发展,由行政区内多个城市的协调发展转身跨行政区域的若干城市协同发展有了可能。城市群不是一群城市的简单组合和相加,既不同于"体量太小"的小城市,也不同于"以邻为壑"的大都市,城市群的发展目标是建构良好的城市分工体系和层级关系,以解决大城市与中小城市、城市与农村不断激化的矛盾。城市群也不是简单的"经济群""交通群",不能把异常复杂的城市群发展建设简单地等同于经济和交通建设,这是在各城市群之间形成更大规模的同质竞争和结构趋同的根源。在《国家新型城镇化规划》首次提出的"人文城市"战略框架下,规划和建设若干"文化型城市群",解决过分强调人口、经济和交通等导致的"城市病",应该是当下最优先和最着重考虑的战略选项之一。

轴带引领战略以点轴开发理论(点轴理论)为支撑。这一理论由我国著名地理学家陆大道先生提出。点轴开发模式是增长极理论的延伸,从区域经济发展的过程看,经济中心总是首先集中在少数条件较好的区位,成斑点状分布。这种经济中心既可称为区域增长极,也是点轴开发模式的点。随着经济的发展,经济中心逐渐增加,点与点之间,由于生产要素交换需要交通线路以及动力供应线、水源供应线等,相互连接起来就是轴线。这种轴线首先是为区域增长极服务的,但轴线一经形成,对人口、产业也具有吸引力,吸引人口、产业向轴线两侧集聚,并产生新的增长点。点轴贯通,就形成点轴系统。因此,点轴开发可以理解为从发达区域大大小小的经济中心(点)沿交通线路向不发达区域纵深地发展推移。从轴带的属性看,由两沿开发到四沿并重,沿海沿江发展,沿边、就是大力发展边境贸易,沿线,就是沿高速交通轴线发展。高速铁路和公路的快速发展,使得沿线发展成为可能,并且显现出更加明显的优势。轴带引领理论对传统区域发展理论特别是点轴理论进行继承与扬弃,更加强调宏观视角、融合理念、协调指向和共享特质。

如果说,在板块发展战略中,各发展主体之间的位置是平行的,是并联式发展的话,实施轴带战略,特别是纵贯或横贯不同板块之间的轴带,就是串联式发展。建设纵向和横向经济发展轴带,特别是建设与板块分布方向相垂直的轴带,是增强经济板块间经济联系的重要举措。实施板块与轴带、城市带相结合的战略,有利于同时发挥并联和串联效应,构建网络化的区域发展格局,形成高效节能的"集成电路",为推动区域协调发展提质增效。从国家层面来看,把"四大板块"与"三大支撑带"相结合,把城市群作为推进城镇化的主体形态,从以往的单独区域支撑发展到现在的区块与支撑带连接的共同支撑,这意味着中国的区域经济发展战略逐步走向整体性和全局性,意味着中国经济地理的重塑。

二、轴带引领视野下城市群的发展

在中国知识界关于中国城镇化问题的研究文献中,采用"城市群"概念始于20世纪80年代中期。从发达国家城市化发展规律和经验来看,"城市群"是城市化发展到高级阶段的产物。2006年批准的国家"十一五"规划纲要文本首次采用"城市群"概念替代"城镇密集区"概念,强调把"城市群作为推进城镇化的主要形态"。2010年国务院颁布实施的《全国主体功能区规划》进一步指出,"资源环境承载能力较强、人口密度较高的城市化地区,要把城市群作为推进城镇化的主体形态"。2011年批准的国家"十二五"规划纲要强调,"以大城市为依托,以中小城市为重点,逐步形成辐射作用大的城市群,促进大中小城市和小城镇协调发展"。在2016年全国两会上,国务院总理李克强提出:"十三五"时期要规划建设19个城市群,外加拉萨和喀什两个城市圈。给出了未来5年新型城镇化建设的基本路线图,同时也勾勒出我国在实现第一个百年目标时的"城市中国"风貌。

城市群之间的时空距离缩短,空间相互接近,形成一定的交叉重合区域,最终形成城市群的一体化。在城市群发展的大背景下,城市的边界并非可以无限扩大,相反,按照集约、精明的理念,要着力控制城市的总规模,对城市发展的边界进行动态的调整。从见缝插针发展到有意的空间留白留绿,实行差别化、网络化发展。城市群建设并非城市边界之间的靠拢或重合,将几座城市集中为一座城市,那样的话就陷入了摊大饼的思维误区。城市群的发展,要保持城市之间的合理距离,使城市之间能够遥相呼应,在功能方面相互补充,通过快速的联系通道降低通勤时间和成本。

  就我国城市群而言,可以划分为三个层级:第一层级,横跨省级区域的国家级城市群(包括世界级城市群);第二层级,省内多城市组成的次级城市群,覆盖一省大部分区域;第三层级,省内少数城市组成的三级城市群。在长三角地区的江苏,在国家级城市群与三级城市群之间缺少一个过渡性的次级城市群。江苏提出建设扬子江城市群,把南京都市圈和苏锡常都市圈联结在一起,把南通和泰州纳入,有利于促进沿江城市发展的一体化。对于长江中游城市群来说,我们也可以划分出两条城市带:一条是以武汉为中心,横跨湖南、湖北和江西三省,由从宜昌到武汉再到安庆之间的"W"形长江为轴线的两岸城市组成的城市带;另一条是沿沪昆线分布,以长沙和南昌为双核结构的湘赣城市带。

  要实现城市群之间和城市群内部的协调协同发展,必须发挥经济轴带作用,通过经济轴带的贯通使城市群成为一个有机的整体,从而实现龙头带动、龙脉相通、首尾呼应、协调共生、共享共赢。作为经济轴带动中的轴,应当具有这样一些特征:第一,这是一条特征轴,能够提炼出共同的文化、风俗、风情,为经济的交流和融合奠定人文基础。由于城市群内部城市之间本身具有一定的张力,共同的文化基础有助于减弱或消除这种张力,如果不考虑文化的相通而搞"拉郎配",城市之间的张力就有可能增强。第二,这是一条流动轴,有利于生产要素的流动,并且这种流动通道具有复合性、立体性、协同性。因此,并不是所有的线状标志都能够形成经济轴带,没有流动性和流动量,就没有经济轴带的形成。比如,由于黄河中段通航能力较弱,长城不承载生产要素流动功能,沿线又缺乏高速交通,因此,尽管呼吁推动多年,黄河中游经济带也难以形成。从这一意义说,丝绸之路经济带要发展,交通等基础设施要先行,着力打造能够带动生产要素流动的经济大通道。第三,这是一条可以跨越的轴,轴的左右两侧都具有一定的纵深,并且能够比较顺利地跨越。江苏沿江南北两侧发展严重不平衡,一个重要的原因就是苏南容易接受上海的辐射,南通、泰州、扬州受过江通道的限制,上海和苏南城市对苏中的带动有限。随着近年来跨江通道建设力度的不断加大,苏南和苏中呈现加快融合的趋势。第四,这是一条可持续协调发展的轴。经济轴带,轴是载体,带是内容,经济发展的容量,在一定程度上取决于轴的承载能力。轴的开发,不是全面开发,而是在轴上选择一些点,进行重点开发。比如,对于大部分地方已经过度开发的长江沿岸,中央提出了共抓大保护、不搞大开发的方针。

三、轴带引领视角下长江中下游城市群的比较分析

在长江中下游地区,分布着两个国家级城市群:一是长三角城市群,目标是建设全球有影响力的世界级城市群;一是长江中游城市群,被定义为中国经济新增长极。

1. 长江中下游城市群与其他世界级城市群的比较分析

在长三角城市群规划中,将长三角城市群与其他世界级城市群进行比较,在此,我们按照有关指标,将长江中游城市群纳入这一比较体系,可以发现:长江中游城市群5项指标值分别为:面积31.7万平方千米,人口12100万,GDP总量约9800亿美元,人均GDP 8080美元,地均GDP 309美元,分别相当于长三角城市群的1.5倍、80%、47%、59%、33%,世界级六大城市群平均值的2.3倍、1.74倍、35%、16.6%、8.9%(见表1),人均、地均指标差距非常大。从这一角度讲,长江中游城市群尚处在发展培育的过程中,距离其他世界级城市群还有很长的路要走。

表1 长江中下游两大城市群①与其他世界级城市群比较

城市群	中国长江中游城市群	中国长三角城市群	美国东北部大西洋沿岸城市群	北美五大湖城市群	日本太平洋沿岸城市群	欧洲西北部城市群	英国中南部城市群
面积(万平方千米)	31.7	21.2	13.8	24.5	3.5	14.5	4.5
人口(万人)	12100	15033	6500	5000	7000	4600	3650
GDP(亿美元)	9800	20652	40320	33600	33820	21000	20186
人均GDP(美元/人)	8080	13737	62030	67200	48315	45652	55305
地均GDP(万美元/平方千米)	309	974	2920	1370	9662	1448	4485

数据来源:国家有关规划中科院南京地理与湖泊所研究报告。

国际公认的世界级六大城市群,除了长三角城市群以外其他世界级城市群

---

① 长江中游城市群、长三角城市群数据为2014年统计数据。

分别为:一是美国东北部大西洋沿岸城市群,包括波士顿、纽约、费城、巴尔的摩、华盛顿等城市及其周边市镇。二是北美五大湖城市群,包括芝加哥、底特律、克利夫兰、匹兹堡、多伦多、蒙特利尔等城市及其周边市镇。三是日本太平洋沿岸城市群,包括东京、横滨、静冈、名古屋、大阪、神户、长崎等城市及其周边市镇。四是英国中南部城市群,包括伦敦、伯明翰、利物浦、曼彻斯特、利兹等城市及其周边市镇。五是欧洲西北部城市群,包括巴黎、阿姆斯特丹、鹿特丹、海牙、安特卫普、布鲁塞尔、科隆等城市及其周边市镇。

2. 长江中游城市群与长三角城市群的比较分析

首先,对长江中游城市群与长三角城市群的总体情况进行比较分析。长江中游城市群是我国面积最大的城市群,包含湖北、湖南、江西三省31座城市,占三省总面积的56%;长三角城市群包含上海、江苏、浙江和安徽四省市26座城市,占四省市总面积的60%。前者为多核城市群,后者为单核城市群。从经济总量看,长江中游城市群不到长三角城市群的50%,从人均GDP看,长江中游城市群是长三角城市群的59%,发展水平与全国的平均水平相当。从城市群所处的发展阶段来看,长三角城市群处于基本成熟阶段,长江中游城市群处于发展培育阶段。

表2 长江中游城市群与长三角城市群比较

城市群	长三角城市群	长江中游城市群
面积(占区域和全国比)	21.17平方千米(60%,2.2%)	31.7平方千米(56%,3.3%)
人口	1.5亿(11%)	1.21亿(8.8%)
地区生产总值(2014),在全国GDP中的占比	12.67万亿(18.5%)	6万亿(8.8%)
城市数量	26个	31个
二级城市群	5个都市圈,每个不超过4座城市,小组团,覆盖部分区域	1个城市圈和2个城市群,城市数量均在8座以上,大组团,全覆盖
发展轴线	4条发展带	5条发展轴线

其次,对一级城市群内次级城市群的数量、规模、类型等分析。在长三角城市群规划中,包括5个次级城市群,即南京、杭州、合肥、苏锡常和宁波5大都市圈,除杭州包括4座城市外,其他都是3座。可以说,长三角城市群规划在布局上相当"吝啬",一些有实力的城市被甩出,浙江有金华,江苏有通盐泰,安徽纳

入长三角城市群中的 8 个市仅有 3 个市纳入合肥都市圈。而且，经过多年来的发展，已经初具规模的横跨江苏、安徽两省的南京都市圈也没有出现在规划中，只是强调"促进与合肥都市圈融合发展"。长三角城市群规划，没有将上海都市圈单独列出，而根据《上海城市总体规划（2016—2040）》公示稿，上海都市圈的格局为 1+6，包括上海和周边的苏州、无锡、南通和宁波、嘉兴、舟山六市。从总体上讲，长三角城市群内部次级城市群的数量多，但每个次级城市群内部的城市数量相对较少。而长江中游城市群则明显不同。长江中游城市群包括武汉城市圈、环长株潭城市群、环鄱阳湖城市群 3 个次级城市群，次级城市群内城市的数量分别达到 13、8 和 10 个，而且整体就是部分之和，即不同于长三角在划分次级城市群时将部分城市"甩"出，而是根据省级区域，把纳入的城市全部分到 3 个次级城市群。而且从城市群的命名看，除武汉城市圈是用城市命名的，湖南和江西的城市群没有使用省会城市的名字来命名，更加强调抱团发展的重要性。长江中游城市群，准入门槛相对较低，是由多中心构成的一个空心城市群。长江中游城市群，武汉和长株潭为实心城市群。环鄱阳湖城市群也是空心的，鄱阳湖生态经济区向环鄱阳湖城市群的转变，更加需要注重生态。

在长江中游城市群规划中，支持长江中游城市群与安徽省若干基础条件好、联系比较紧密的省际毗邻城市合作发展，比如咸宁—岳阳—九江，荆州—岳阳—常德—益阳，九江—黄冈—黄石，长沙、株洲、湘潭—新余、宜春、萍乡，黄冈—安庆—六安，九江—安庆—池州—景德镇等，加强规划统筹和产业协作，促进基础设施联网、公共服务对接，形成小组团、大集群、网络化和立体式的合作格局，建成长江中游城市群一体化发展先行区和示范区。

最后，关于发展轴线和轴带的比较。长江三角洲城市规划指出，要促进 4 条发展带聚合发展。如下图：

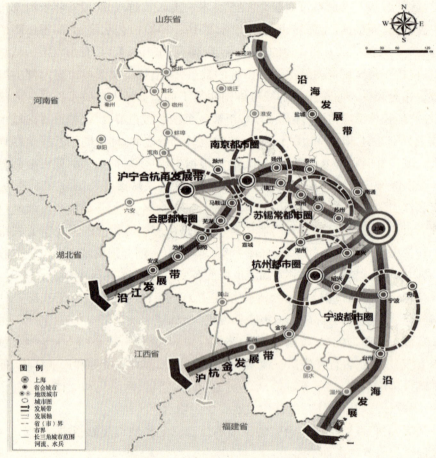

图1 长三角城市群空间格局示意图

一是沪宁合杭甬发展带。依托沪汉蓉、沪杭甬通道,建设长三角城市群吸聚最高端要素、汇集最优秀人才、实现最高产业发展质量的中枢发展带,辐射带动长江经济带和中西部地区发展。二是沿江发展带。依托长江黄金水道,打造沿江综合交通走廊,增强对长江中游地区的辐射带动作用。三是沿海发展带,加快建设浙江海洋经济示范区和通州湾江海联动开发示范区,打造与生态建设和环境保护相协调的海洋经济发展带,辐射带动苏皖北部、浙江西南部地区经济全面发展。四是沪杭金发展带,依托沪昆通道,提升对江西等中部地区的辐射带动能力。长三角城市群,以上海为中心的单中心城市群,经济轴带除沿海呈直线双向扩散外,其他轴带均呈射线状单位辐射,整个城市群扩散呈现扇形结构。在四条发展带中,有3条都强调对长江经济带、中游地区和江西等地的带动作用,是两个国家级城市群连接的重要纽带。

长江中游城市群规划提出"两横三纵"共5条发展轴,分别为沿江、沪昆和京广、京九、二广,并强调依托重点发展轴线,强化轴线功能,形成沿线大中城市和小城镇合理分工、联动发展的格局。

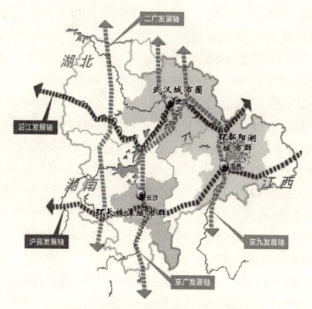

图2 长江中下游城市群发展轴线示意图

一是沿江发展轴,加强与长三角和成渝等地区的联动发展,共同建设长江经济带。二是沪昆发展轴。加快沪昆高速铁路建设,构建贯通城市群东部和西南地区的联动发展轴,成为连接东中西地区的重要通道。三是京广发展轴,沟通南北,进一步加强与京津冀、珠三角、中原经济区等地区的经济联系。四是京九发展轴。依托京九通道,加快城市快速通道建设,成为联系京津冀、珠三角和海峡西岸等地区的重要通道。五是二广发展轴,成为沟通北部湾经济区和中原经济区、关中—天水经济区等地区的重要轴线。在5条发展轴中,沿江发展轴、沪昆发展轴两条横轴直接与长三角城市群对接,3条纵轴则更多地强调贯通南北的作用。

从总体上看,长三角城市群纵向轴带少,横向轴带多,纵向通达性不够,缺少纵向大动脉的带动,而长江中游城市群纵贯南北,横连东西,四通八达,更具有开放性,有利于促进其形成在全国的"中心"地位,发挥其枢纽作用。沪昆线,相当于长三角的沪宁线,具有较大的发展潜力。

四、构建长江中下游城市群良性群际关系、实现整体有序健康发展的路径

高铁(高速铁路)交通发展背景下,交通资源优势在大城市之间逐步均等化、均衡化、均质化,把交通资源转化为发展资源。长江中游城市群综合交通优势明显,湖南地处"东部沿海地区和中西部地区过渡带、长江开放经济带和沿海开放经济带结合部",长沙处在京广轴线和沪昆轴线的纵横交会点上,沿线各分布6个省会城市,通达性能在全国省会城市中不多见。如果说,20世纪80年代是珠三角发展的黄金10年,90年代是长三角发展的黄金10年,21世纪以来特别是2010年以来是京三角(京津冀)发展的黄金10年,那么,如果长江中游城市群能够把握发展机遇,从现在开始,很可能是中三角发展的黄金10年。届时,我国5大城市群的东中部4个将形成钻石结构,长江中游城市群成为中国区域崛起的第四极;或者我们再放大一下视角,在包括成渝城市群在内的5个国家级城市群中,长江中游城市群将成为这颗美丽中国钻的"钻心"。

1. 增强城市群发展的宏观统筹,实现协作化、协同型发展

城市群不是"一群城市"。城市群之间,不但要有物理连接,而且还要有心灵的相通,不但要有生产要素的交换和流动,而且还应当能够产生强烈的化学反应,不但能够产生1+1+1=3的结果,更需要形成1+1+1>3的效应,通过生产要素的重新排列组合,能够产生石墨变金刚石的效应。在协调机制上,坚持国家层面顶层设计、宏观协调与区域内各级政府协商合作相结合。长江经济带层面的总体协调由国家推动长江经济带发展领导小组负责,沿岸各省级党委政府是协调推进的主体。要把城市群当作一个城市来经营,注重不同城市之间的功能区分和城市之间的合理距离,注重城市群不同城市之间的连接、衔接机制。城市群发展并非一味地追求城市范围的扩大,要把城市基础设施互联互通,增强通达性,形成同城效应、一体化格局。要构建多方平行协作关系,加强城市群之间的联系、沟通和协作,避免城市群之间形成新的塌陷。在更高层次上统筹区域发展,加大产业布局、财政税收跨区域统筹力度,对不同行政区域采取不同的考核标准,实现经济发展区域与生态保护区域交错分布,良性互动,促进可持续发展。

2. 增强城市群功能的轴带引领,实现网络化、组团型发展

发展城市群,要特别注重城市之间的分工和经济联系,在强调通勤方便性的同时,考虑物流的通达性,通过经济联系来带动通勤,增强城市群之间有效的人口和人才的流动性。相对于水运的成本经济,高速交通则具有速度的优势,城市群的发展要注重复合轴带的作用,把成本优势和速度优势有机地结合起来,把信息、人才、物资流动结合起来。按照主体功能区规划的要求,走出全域开发、摊饼式发展的误区,实现各类发展区域的优势互补,包容融合,共同发展。由板块并联发展,到轴带引领下的串联发展、网络化发展,构建网络化的发展格局,建成高效能的"集成电路"。实行小核心带动大外围,小组团促进大合作,做强核心,激活周边。在总体结构上,要增强武汉、长沙、南京、九江和岳阳5座城市之间的连通性和凝聚力,形成长江中游城市群发展的主环。这个主环,中间怀抱一座青山,两侧簇拥两湖绿水。武汉城市圈要发挥开放型经济新体制综合试点试验地区的优势,进一步完善开放型经济结构、体系、布局,建设开放型经济高地,在长江中游城市群中打造率先崛起的第一极,把武汉城市圈率先建设成世界级城市群。长江中游城市群,需要树立整体观念,在宏观层面上加强协调,促进协同,统筹推进。同时也要注重因区、因城施策,确定城市群各城市发展的时空序列,形成若干个紧密型的小组团,通过小组团促进大合作。城市群更多的是向内聚集,城市组团更多的是外向聚集,实现跨省级行政区域的合作发展。长沙处在京广轴线和沪昆轴线的纵横交会点上,沿线各分布6个省会城市,通达性能在全国省会城市中不多见,长株潭城市群的3+5模式,要重点把"3"做大做强,同时强化沪昆轴、京广轴的带动作用。

3. 增强城市群布局的科学有序,实现生态化、质量型发展

世界级城市群不在于大,而在于强。日本太平洋沿岸城市群和英国中南部城市群,面积仅相当于长江中游城市群的11%和14.2%,即使规模较大的美国东北部大西洋沿岸和欧洲西北部城市群,其面积也仅相当于长江中游城市群的43.5%和45.7%。长江中游城市群,要走向世界,必须在现有的基础上突出优势,重新包装,在国家级城市群中建设世界级城市群,而不是把国家级城市建设为世界级城市群。突出城市群开发的绿色元素,坚持生态优先,绿色发展,大搞大开发,共抓大保护,把城市隔绿的理念运用到区域发展中,在更高层次上统筹区域发展。长江中游城市群建设,要将保护中部的"青山"和一江(包括长江及其支流)两湖的"绿水"放在压倒性位置,在中部沿发展轴线构建以武汉、长沙、南昌、岳阳、九江为支点的五角形结构。要更加注重内涵式发展,强调质量和效

益,建设两型社会示范区,确立新形势下促进长江中游城市群发展的战略驱动力和核心竞争力,走出一条不同于珠三角、长三角的小康和现代化新路。建设城市群,并非无限扩张,也并非城市规模的无限扩大。要强化精致城市、精致小镇、精致乡村的理念,实现精致化、精细化发展。长江中游城市群发展的策略是多中心发展,按照主体功能区规划的要求,走出全域开发的误区,由摊饼式发展转变为切块式发展,构建网格化、网络化的发展格局,实现各类发展区域的优势互补,包容融合,共同发展。

4. 增强城市群外部的过渡对接,实现均衡化、共享型发展

第一,政府主导的飞地经济最好沿轴线布局。每个城市在定位时,首先考虑能够为城市群体的发展做些什么,而不是能够从城市群的发展得到些什么。从眼睛向内到眼睛向外,重点思考如何携手并进,共同发展,而不是自相残杀,恶性竞争,相互拆台。作为中国五大国家级城市群的"钻心",长江中游城市群要通过纵向、横向轴带,加强联系,增强贯通,实现城市群发展的集聚和扩散双重效应。要强化湖南"东部沿海地区和中西部地区过渡带、长江开放经济带和沿海开放经济带结合部"一带一部的区位优势和意识,相对于陇海中部和黄河中游区域,中三角先行一步,更胜一筹,在国家重大区域发展战略中当好主攻手、二传手、先行军、传输带,把长江上游和下游连接起来。长江中游城市群作为我国目前中东部四大国家级城市群钻石结构的一极,和全国五大国家级城市群钻石结构的中心,要坚持对外开放与对内开放相结合,向东接受长三角辐射,向西联动成渝城市群,向南对接珠三角,向北呼应京津冀,带动中原地区,成为国家级城市群之的"动力之心"。注重城市群对周边地区的辐射带动作用,对于因城市群的划分而舍去的部分,应更加重视。第二,在主体功能区的划分上,辖区内大部分属于限制或禁止开发区域。在两大城市群发展过程中,要突出安徽的沟通和衔接作用。因此,在定位省级城市群功能时,在很大程度上强调与周边地区的联动,增强区域城市发展的整体能力和对周边地区的带动能力。要特别注重纳入长江经济带而没有纳入城市部分区域的发展,比如长三角的苏北、皖北、浙西南,长江中游的鄂西、湘西和赣南发展。要促进人才在城市群内部城市之间的有序流动。大城市高房价对优秀青年人才,特别是刚毕业的大学生、研究生产生一定的排斥作用,政府部门可以通过发放租房、购房补贴的形式,来抵扣优秀人才留下来的高成本;另一方面,可以通过同城化等,引导人才合理地向周边流动。

5. 增强城市群合作的契约意识,实现市场化、互惠型发展

传统的区域主义强调行政层级协调,增加社会协调的成本。新区域主义,强调政府间的协商对话机制、产业间的联动发展机制、社会资源的整合机制,行业协会和大企业可以多搭建一些平台,增强社会活力。既要充分发挥市场在资源配置过程中的决定性作用,同时要更好地发挥政府作用。中央政府主场下、省级政府领导下,城市群发展模式组团化、网络化,群内各城市和机构参与治理,进入多主体参与、多中心治理时代,进入行政管理与契约治理相结合的时代。打破区域分割壁垒,改变单纯以地理片区划分为主要依据的区域政策制定方式,优化财政税收、土地保障、环境治理、科技创新、人才支撑和规划管理等各类政策资源,推进区域政策统一规范、衔接协调。实现由行政区经济到经济区行政思维的转变,通过制定与经济区相适应的跨区域政策,释放板块之间和板块内部的张力,促进经济社会的进一步融合。缩小政策单元,增强区域政策的精准性,实行有差别的区域发展政策,形成与经济发展梯度相适应的政策梯度,构建区域发展的政策有机体。改变单一的、整齐划一的考核指标和方式,变地方锦标赛、对抗赛为友谊赛、团体赛,构建协调互动、相互促进的发展共同体,培养一批协调和谐、共建共享发展的团体冠军。建立党委政府统一领导下的契约约束机制,既包括政府间的契约、产业和企业之间的契约,也包括社会组织之间的契约,更好地汲取制度资源,突出制度层面的合作,形成区域协同发展的良性机制。

参考文献

[1] 陆大道.我国区域开发的宏观战略[J].地理学报,1987(2).
[2] 刘士林.城市群不是简单的经济群[N].解放日报,2016-05-24.
[3] 刘西忠.行政板块、发展轴带与城市群联动研究——兼论江苏区域协调发展格局重塑[J].南京社会科学,2016(9).

基于多尺度地理空间的江苏省"美丽乡村"研究

姚亦锋

（南京师范大学景观研究中心，江苏 南京 210023）

摘 要：目前乡村研究多注重经济和土地利用，而本文探讨以地理景观格局构建乡村审美空间。乡村审美空间蕴含着内在和深刻的人地关系理念，比经济效应有更深的自然情怀，是可持续发展的思想感情基础。江苏省乡村具有四千年的历史，留下珍贵的人地关系文化遗产和审美烙印。城市化发展过程中自然地理脉络的破坏对于乡村景观是致命的。探讨以多尺度层面的地理景观建构乡村审美空间：在区域大尺度范围内，保存区域地理脉络格局具有传承"人地关系"文化基因的重要作用；在镇域中尺度范围内，将生态文明和社会经济发展要求安排在景观空间格局配置中，以地理景观的视角和美学原理布局乡村空间，追寻乡村与自然融合相处、和谐安宁的画面境界；在乡村小尺度范围内，建筑内外空间，注重自然景观与田园风光融合，以优雅平缓的美学规则构图布局，造就素雅含蓄的村落景观。从地理景观形态结构、格局演化进程与机理响应对照乡村审美空间景观，最终造就广阔地域的"美丽乡村"。

关键词：城市化 江苏省乡村 地理景观 文化驱动力 多尺度审美空间

一、问题以及相关研究

海德格尔（M. Heidegger）哲学著作《存在与时间》有言："只有理解了人类的生存本质，才能理解人类的生存空间。"[1]乡村审美景观深层折射的是人与自然的本质关系。这种非功利的价值是以心灵悟性感受而获得，应该是现代人地关系研究关注的重要课题。

乡村审美空间蕴含着内在和深刻的人地关系理念，是通过人类的社会实践和世代文明积淀而显现的。而经济因素驱动对于乡村空间的影响，相对是直接

作者简介：姚亦锋，男，副教授、硕士研究生导师，主要从事城镇景观规划、历史文化遗产保护规划、风景园林规划和自然环境变迁方面的教学与研究工作。多次主持或参加国家级或省级风景园林规划、城镇规划，发表学术论文六十多篇。

的、表面的。

数千年以来,田园牧歌一直是中国或者西方艺术史上吟诵的美丽风景。景观审美曾在相当长时期是乡村规划的最重要原则[2],而实用功能处于次要位置。史前时期先民聚落选址,首先以天地山河的空间尊重对应村址位置,山西的陶寺遗址(2500 - 1900 BC)、河南的二里头遗址(1700 - 1500 BC)等田野考古都显示出这样原始自然崇拜的审美理念。[3]在农业时代这种理念逐渐转化为自然审美[4],其中依然保存有自然崇拜的重要成分,早期乡村布局没有精确的数据计算,而是以"风水""占卜"等人的自然审美悟性作为规划指南。地理脉络之中形成的乡村和谐空间是至关重要的,对于其自然山河形态的尊重是乡村聚落规划的最重要目标。

在江苏省苏南太湖流域形成的水景乡村具有四千多年的悠久农耕渔猎历史,乡村建筑精巧秀丽,景观空间追求清新、淡泊、韵味的美学境界。苏北淮河流域乡村也有四千多年传统,乡村建筑质朴素雅,民宅和农田有机融合自然山水,具有淡雅含蓄的审美文化特色。

现代中国乡村景观面临着城镇化、现代化、全球化等多元文化的冲击,传统乡村景观民族性退化以至无法弥补地消逝。[5]乡村景观审美标准含糊或者庸俗化,以想象中的西方城市艳丽景观,或者古代皇家红墙琉璃瓦,或者现代大城市高楼大厦作为现代理想的美丽乡村。例如江阴华西村建设有"法国凯旋门""美国白宫"等国际八景,在高处建设"天安门城楼"。更多乡村新规划是以实用功能为首要目标,以经济发展为根本目的,而美学景观被忽略。乡村扩展或者新交通道挖掘地理脉络,毁坏地理与历史乡村相融合的格局空间,这引起的当地生态景观性质的变化是最致命的。

城市地理学者研究出经济驱动因素形成的城镇聚落分布模式[6],如杜能(J. H. Thuren)的环形,韦伯(C. Webber)的三角形,克里斯塔勒(W. Christaller)的六边形,但是人们的情感以及文化因子未纳入其中。景观生态研究以"斑块、廊道、基质"模式分析区域内各要素组合的景观格局,也还是缺少人文情感分析。现代中国快速城市化背景下,大规模乡村改造建设表层显示是以人的现实使用功能为目的,深层把握则是人地关系永久可持续发展问题。乡村景观含有广大区域的农田,具有农业生态和接近自然的特点。目前乡村规划关注经济发展、土地利用、产业结构、村庄人口分布等方面,而审美空间、文化空间以及相应景观格局规划研究很少涉及,甚至没有。

列斐伏尔(H. Lefebvre)提出"表征的空间",空间演绎有各种文化语义、表象、象征等美学含义。[7]苏贾(Edward Soja)在《后现代地理学》提出"第三空间"概念[8],空间对于人含有意义和意味,地点、方位、场所、景观、环境、家园、城市、领域等地理相关概念,构成了人类生活与生俱来的空间本性。在海德格尔语境里,"住所是人类与物质世界之间精神统一形式的基本单元。通过反复体验和复杂联系,人类住所空间建构赋予地方含义"。地理空间称为"区域"则包含有城镇、乡村、田园、交通,地理的空间称为"家园"则反映了人们的文化、情感和审美。乡村审美空间显示出地理和社会空间的关系,审美观念映射出人地关系更为内在和深刻的内容。

在现代中国快速城市化背景下,土地经济、空间格局和社会形态的迅速变化影响着乡村空间格局重构。[9]国内有学者以传统乡村景观基因识别来探讨乡村景观保护规划[10],还有学者以景观的视觉美化和环境体验的适宜性,提出了乡村景观可居度、可达度、相容度、敏感度、美景度五度,建立以人居环境为导向的乡村景观评价指标体系[11]。

联合国教科文组织(UNESCO)的《保护世界自然和文化遗产公约》在1992年已经把"农业景观"列为文化遗产的一个类别[12],并指出其价值:乡村耕地、牧场和村落是人类世代重要的土地利用形式,乡村农业在历史上持续有机进化形成的景观区域,对于现代社会有重要的作用,也是人文传统进化过程的物质证据。世界自然保护联盟(IUCN)在1994年也设立了国际农业保护区,其指出:选定的"农业景观"具有美学、生态和文化价值,是人类和自然长时间互动所产生的一片地域,同时拥有很高的生物多样性。

二、地理景观提升乡村审美空间的途径

索尔(C. O. Sauer)在著书《景观的形态》[13]中指出:"文化景观"是某个文化群体利用自然景观的产物,"其中文化是驱动力,自然界是媒介,文化景观是结果"。审美空间的形成源自社会与人的长期实践。[14]最早期的审美活动是原始自然崇拜,进而发展演绎有文化空间、文化符号、文化形象的美学表征。显示出乡村地理、人类农业生产活动布局以及和社会空间的关系。历史上社会发展改变着空间蕴含的复杂语义,不断创新编写着各个区域、地方、场所的文化历史。

地理空间被看作人的生存方式,海德格尔指出,"空间是通过存在而显示出意义的"。乡村在农业生产、运输交通、居住生活等方面表现出经济空间。在

伦理、信仰、象征、欣赏的社会方面表现出韵味审美空间。"高士幽居,必爱林峦之隐秀;农夫草舍,长依陇亩以栖迟。拥书水槛,须知五月江寒;垂钓砂矶,想见一川风静。"[15]

地理空间是"硬件",而其中乡村文化是"软件",乡村文化"软件"驱动运行造就了地理空间"硬件"的界面景观。而景观形象深刻反映出地区人民的审美价值观。地方审美空间表层是非功利的,实质显现映射出人地关系本质的取向价值。在时间流逝各阶段过程中,文化运行并且留下各阶段的审美痕迹遗址。在区域文化生态系统中,人类由于具有文化而形成环境之中的特殊生态群落;人类以文化过程适应自然环境,并发展为各种文化类型和模式,自然审美就是在文化模式里滋生出的各自审美空间和审美意向。

表1 乡村地理景观与审美空间元素对比

景观空间	乡村地理景观	乡村审美空间
原初形体	山脉、河流、农田、林地、建筑、乡村	风水地貌、风水林、历史建筑、乡间小路、古迹、遗址
景观元素	斑块、廊道、基质	构图、色彩、符号、文化象征
景观空间结构机理	格局、韵律、网络	观赏点、观赏线、观赏区
景观空间形态	生态绿化空间	美术构图、画境、韵味空间
环境目标效应	人居生态环境良好	清新淡泊、审美"意境"
文化哲理	天人合一	隐喻、韵味、诗意

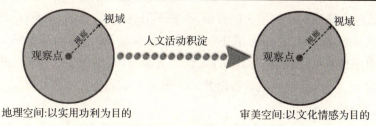

图1 地理景观提升乡村审美空间途径示意

在农业时代,中国传统人居环境构建审美空间有三个叠加层次:第一是"生境",构建可以居住的生活环境,这层目标直观明确;第二是"画境",营造具有美术构图的空间,这层要求设计含有文化艺术手法;第三是"意境",蕴含有美学哲理境界的空间,这层最为复杂丰富,隐喻有诗意的个人感情,更多内容是人与自然关系的"天人合一"哲学基本理念,对于自然、土地、山河尊重的思想高于使用功能。

春秋战国时期伍子胥曾经在苏州提出城镇规划的原则:"相土尝水,象天法地"[16],太湖流域水网田园景观以及城镇聚落形态传承这样的自然景观理念,传统乡村建筑景观追求清新素雅的美学风格,含蓄隐约地显示出美丽秀华,而非浓艳凝重。在悠久的历史过程中积淀形成了乡村景观、环境伦理观和文化美学价值。

一个地区景观审美理念变迁深刻显示出景观品质、结构和功能的人地关系轨迹。探究数千年审美空间变迁轨迹可以使地区人类与自然景观保持可持续发展的深远运行,而现代乡村景观损坏也是由传统人文理念的丧失引起。

图2　文化立意提升乡村审美空间途径示意
(中国传统景观三层境界示意图)

三、江苏省地理形态与乡村景观

(一) 江苏省乡村分布变迁脉络

江苏省地理形态有80%是平原,而且平原区域水网稠密,河渠交叉,河湖相通,是我国水域面积比例最大的省份,苏南湖泊有太湖、尚湖、阳澄湖,苏北有洪泽湖、骆马湖,全省有大小河道2900多条,湖泊近300个;全省20%为丘陵岗地,江南山地有宁镇山脉、茅山山脉;江北有天台山、老山山脉。长江横穿全省东西425千米,大运河纵贯全省南北718千米。东部还有海岸线954千米以及相应的大面积滩涂湿地。

全省有6个地理景观区域。苏南包含2个地理景观区域:环绕太湖流域的江南水乡和宁镇山脉区域,这一带春秋战国时期就有建制乡镇。苏北包含有3个地理景观区域:黄淮平原、滨海平原以及北部低山丘陵区域,这一带最著名的是楚汉争霸历史。苏中主要地理景观是江淮平原区域,有白马湖和历史名镇溱潼镇。

商周时期,受到黄河流域中原文化影响,徐淮地区出现最早的城镇。

春秋战国时期一系列村镇沿着太湖流域起源并且发展,在苏南形成吴越文化体系,有东山镇、西山镇、木渎镇等,是留存至今一批江南水乡特色景观。

秦汉时期,一系列村镇沿着淮河流域发展的兴起,在苏北形成徐淮城镇体系,有马坝镇、渔沟镇。

魏晋南北朝时期,一系列村镇沿着长江流域发展兴起;南京和镇江地区沿江有防御堡垒转为军事重镇,也有草市转为商业城镇。

隋唐之后,由于人工大运河的开凿,一系列村镇再沿着大运河发展兴起;有徐州地区的窑湾镇,淮安地区的码头镇;清朝乾隆下江南,沿运河在宿迁皂荚镇建有行宫;最著名的是扬州,盐商富豪云集。

清朝末期至民国,受到西方经贸影响,沿海逐渐形成一系列新兴民族工商业城镇,代表性的有南通市唐闸镇,张謇在此创建民族工业园区。同时大运河沿线城镇经济退化衰落。

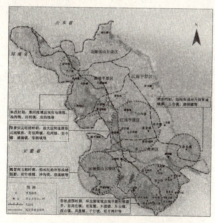

图3　江苏省村镇历史变迁轨迹示意

图4　江苏省国家级历史村镇分布图

江苏省现在有小城镇1243个,占全省35%人口。其中有国家级和省级历史名镇32个,国家级和省级历史名村11个;目前仅有太湖流域的同里镇、周庄镇为著名旅游景点,每年有百万人游览。另外还有很多历史悠久且风景美妙的村镇,不为人所知。

最近10多年以来,全省范围内大规模和高强度的城市化发展,大城市和小城镇面积都在迅速扩展,国家级和省级快速公路、高速铁路建立形成交通网络,大量增加各类型的水电设施,等等,这些对于全省范围内的村镇传统景观格局产生很大的影响。

表2 江苏省国家级历史文化名村名镇表

地区	区域	历史文化名镇、村	历史沿革	景观特色	现状主要产业
苏州	长江三角洲和太湖流域地区	周庄镇	春秋战国称摇城	河网纵横，留有明清建筑街区和古桥	旅游业、手工艺品
		木渎镇	春秋战国吴王夫差在灵岩山顶建姑苏台，"积木塞渎"，木渎得名	山环水绕，留有明清建筑街区和园林庭院	旅游业、手工艺品
		甪直镇	春秋战国为吴宫旧地，唐宋名镇	河网纵横，留有明清建筑街区和古桥、古银杏树	旅游业、手工艺品
		东山镇	春秋战国始建制，兴盛于南宋	千年古镇，太湖三面环抱，古雕花楼，青石板街道	农业、渔业
		凤凰镇	"马家浜"新石器遗址，春秋战国时期有集市	明清建筑街区，六朝寺庙，千年红豆树，河阳山歌	精细加工业
		千灯镇	始建于春秋战国时期	河网纵横，留有名人故居、古塔、古寺庙	旅游业、手工艺品
		同里镇	始建于宋代	河网纵横，留有明清建筑街区和古桥	旅游业、手工艺品
		沙溪镇	宋、元集市成镇，明清为重镇	沿河明清建筑群，历史街区	旅游业、农业
		沙家浜镇	始建于明代	大面积芦苇荡，鱼米之乡，革命历史故事场地	水产养殖业
		陆巷村	始建于南宋	面临辽阔太湖，留有明清建筑和古桥	林业、纺织业、旅游
		明月湾村	始建于春秋战国，兴盛于唐代	面临辽阔太湖，留有明清建筑和古桥	栽橘、渔业

续表

地区	区域	历史文化名镇、村	历史沿革	景观特色	现状主要产业
无锡	长江三角洲和太湖流域	长泾镇	古名"东舜城",兴起于明代,清初更名"长泾镇"	明清建筑、历史古街和古寺庙,"舜耕于此"遗址	纺织印染业
		荡口镇	形成于南宋初年,兴盛于清末民国初期	明清建筑群和古街区,名人故居	造船业
		礼社村	形成于南宋	明清至民国建筑,传统风貌的深宅大院	旅游业
南京	长江下游丘陵地带	淳溪镇	始建于东周,曾有名"浣溪镇"	明清建筑和古街	农业产品加工业
扬州	江淮平原南端	邵伯镇	始建于东晋,唐宋兴盛	明清建筑和街道,古木甘棠树,有文物"镇水铁牛"	高分子化工材料产业
泰州	江淮海积平原	黄桥镇	建镇于北宋神宗元丰年间	明清建筑群和古街区,传统烧饼美食	纺织、食品业
		溱潼镇	形成于元朝	临湖集镇,明清建筑群,有古树名木"神州茶花王"	渔业、旅游业
		沙沟镇	始建于西汉	大面积芦苇荡,明清建筑和古巷道,园林庭院	水产、商贸交通
南通	长江下游冲积平原	余东镇	始建于唐代,兴于北宋,盛于明清	明代建筑街区和民国建筑	小五金装潢制品
盐城	里下河平原、黄淮平原、滨海平原	安丰镇	西汉时成村庄,唐开元年间建镇	明清建筑街区"九坝十三巷",古庙和八卦水系遗址	纺织业
徐州	黄淮平原南部、华北平原东南部	窑湾镇	始于春秋战国,隋唐时期大运河开通后兴盛,明清、民国时期为重要交通码头	大运河古码头,明清建筑街区,千年龙槐,沿河湿地	手工艺品、食品加工、旅游业

四、江苏省"美丽乡村"空间构建研究

(一)大尺度:区域景观构建

大尺度景观区域范围内包含多个城镇体系,文化传承也是在大尺度范围里进行,而不可能仅局限于个别乡村小范围。依托共同的山脉水系景观作为底蕴,江苏省内有太湖流域城镇景观体系、淮河流域城镇景观体系、长江中下游城镇景观体系,还有宁镇山脉城镇景观体系。

1. 地理景观传承文化基因

地理环境与人类活动长期相互作用这种关系总是存在的,在这个过程中,人们经济生产和生活方式有明显的地域积淀特征,从而形成特定的文化模式。这种"模式"是区域人地关系发展的文化基因,具有较强的整体性和稳定性。乡村就是这个地理空间之中的一种文化景观,其产生和发展具有地理的规律。太湖流域苏南城镇景观,是以纵横水系与低丘山岭为基本地理基础,在数千年时期内形成素雅的水乡田园村庄,成为珍贵的文化遗产。

地理脉络挖掘对于乡村景观传统是致命的毁坏。在古乡村居民的意念里,地理的"风水"脉络保存远高于经济利益。因此在大尺度区域里保存地理脉络景观,建构乡村的空间关系,特别对于有历史传统乡村的文化传承具有本质意义。

2. 大尺度视域空间

构建区域大尺度视域观赏空间,将人们的精神感知融入乡村聚落基址形态的分析,超越以往的只关注景观纯物理性质的空间分析。

苏南沿长江有宁镇山脉,逶迤连绵100多千米,在南京形成有钟山风景区,幕府山风景区附近有燕子矶镇,栖霞山风景区附近有栖霞镇,汤山风景区附近有汤山镇,在句容市形成有宝华山、茅山风景区,还有镇江南山风景区。规划审美视域空间的"景观廊道""观景点",形成区域内风景区制高点与周围城镇的相互眺望的视域景观体系。

景观审美强调趣味欣赏空间,高岗山峦设定"鸟瞰"风景制高点,开阔平原地设立多层次"平远"眺望点,蜿蜒河流设立"深远"观景廊道。使得风景的概念扩大渗透于村落以至农田等领域,进而达到广阔地域"诗情画意"的美丽境界。

（二）中尺度：镇域景观构建

镇域具有相对独立的行政管辖范围，在此理解为中尺度空间区域。人居村镇与广大农田的空间格局协调是规划的关键问题。

1. 乡村结构机理

镇域大面积是农田和自然区域，审美空间的格局和韵律机理由趣味"斑块、廊道、基质"构成。设计形成富有"画境""意境"的斑块场地，沿河流和道路建立绿化观景廊道；古迹分布的线性区域，建立"遗产景观廊道"；建立大面积的农田景观基质面。从而建立区域审美景观体系。

研究以乡村地理景观为基础，控制乡村建设高度、规模、建设强度等；继而以乡村田园景观机理为背景，调控乡村民宅建筑，而非以往只是注重建筑区域的规划设计。针对太湖流域苏南乡村有大面积农田、水塘湖泊和自然丘陵区域的特点，建立观赏空间控制区。以山脉河流水系地理体系调查为基础，以艺术构图原理要求村落与田园形成虚实分布对比。

2. 传统农业区

现代乡镇都在大搞工业开发区，其实乡村农田是最有价值的。苏南有持续数千年的水稻田景观，苏北也有悠久的旱杂粮农田景观。规划设立传统形态的乡村田园保护区，以传统方式耕作维持其土地的原生农业，保存其千年乡土朴素而又优雅的田园牧歌景观。显现乡土传统审美文化价值，形成珍贵的人地和谐景观资源和旅游资源。

3. 农田绿化

乡村绿化设计应该显示朴素的自然群落本色，而不必模仿大城市扭捏作态的花坛广场，修剪整齐的行道树。乡村绿化景观富有自然和田园野趣，春天成片油菜花，夏天成片葡萄园，美景实质上超出城市人工设计的公园。乡土树种为绿化骨干，设计考虑与农田庄稼融合。江苏省宿迁有万亩意杨林，盱眙有国家级山区林场，泰州有千亩银杏园，宝应有星罗棋布的荷花塘，阳澄湖有沙家浜辽阔的芦苇荡。

最新调查统计出江苏省域内有古树15000多棵，其中有600棵树龄500年以上的古树，宿迁一古槐树有2200年树龄，据说是项羽种植的，连云港、泰州和镇江有多株千年古银杏，江阴有千年古红豆树，还有千年松柏、古紫藤。这些古树名木具有文物价值，其苍老盘曲形态体现了乡村生态景观的神圣价值。

（三）小尺度：村镇场地景观构建

村镇或者场地小尺度范围的景观构建，以往是建筑设计手法进行的审美空间构图，依据是"修建性详细规划"和"景观设计"的规定。

1. 自然标志物

在有数千年人地关系积淀的文化传统的乡村，自然景观标志有风水地貌、风水山石、风水林等，其中积淀有地方重要的景观理念。人文景观标志有庙宇、祠堂、牌坊、碑刻等，这些是地方民众文化传承载体，其中有人地关系的传统理念。这些标志物是关于乡村历史记忆的遗址，也是重要的审美空间形成要素，保存和修建对于地方文化传承有重要意义。

2. 乡村建筑空间

乡村建筑面临广阔的田园，相比大城市拥挤的居住空间更为温馨宜人，设计应该蕴含自然审美观念，不宜采用高大门楼建筑或者金碧辉煌装饰。苏南同里、周庄等乡村建筑面临田园、河流和街道，建筑群有多层空间进深，内部有天井、庭院和园林。中国传统民居建筑以儒家和道家哲学理念，以优雅平缓美学规则构图布局，青砖粉墙灰瓦，不求艳丽华贵，造就素雅含蓄的村落景观，这些独具特色的遗产源远流长地传承了数千年。

（四）社会空间景观构建

乡村审美空间源自人的长期社会生产实践与文化积淀，各种社会力量空间化过程存在诸多的变化因素，不断改变着空间构成面貌，改变着空间蕴含的复杂语义。从本质理念到实体社会，体现出乡村文化符号、文化形象和文化审美的哲学表征，形成整体审美空间。

乡村审美空间规划应该考虑社会生活过程中形成的空间本质，社会关系因素形成的空间内涵，以此确定乡村的发展规模和建设布局，重要的是保持社会空间相互关系的和谐。

五、乡村审美景观评价以及规划

审美是个人主观变化的感受，乡村美学空间定量评价指标描述是件困难的事情。景观生态格局分析指标对于自然特征可以量化分析，但是不能表达景观艺术境界。

这里试图探讨一定范围内达成共识的乡村审美定量定性标准。

表3 乡村审美空间规划评价标准

尺度范围	表现地域	审美空间评价	文化效应	规划要点
区域	山水地理脉络	体现地方文化并且具有传承寓意的地形地貌保存完整的程度	地方文化"模式"传承	经验数据在80%以上为较好,30%以下为破碎化
	视域空间	平远、深远、高远	风景融合在乡镇农田	形成区域风景名胜观赏体系
	绿化系统	均衡度、连接度和网络体系程度	绿色生态文化	跨越多个城镇区域的连续绿化带、绿化景观区
	历史遗址	文物级别、数量,古迹分布状况	文化传承和旅游影响	划定遗址核心区和限制区
镇域	传统场地	景观理念传承载体的保存程度	庙会祭祀	非物质文化遗产表现场地
	农业生产区	特色生态农业基地面积	田园牧歌	划定农业遗产保留区
	历史文化空间	历史村镇和地段存留面积	文化空间传承延续度	保存历史文化内核和空间机理
	格局韵律	节点与廊道形成秩序节奏	景观韵律感	形成景观空间多样机理
	农田绿化	生态多样性和丰富度	群落造型和色彩	本土植物、自然式绿化
	乡村布局结构	乡村融合自然比例程度	空间韵律美感	景观格局时空变化模拟对比
镇区	村镇建筑	青砖粉墙灰瓦,优雅人文尺度	素雅含蓄	传统民居形式
	重要节点和场地	构图画境,隐喻意境	意蕴深长	以美术原理空间构图设计

续表

尺度范围	表现地域	审美空间评价	文化效应	规划要点
	标志物	地域文化提炼和表现程度	地方文化象征	道口突出部
	建筑空间控制	建筑与自然协调融合程度	平缓优雅,融合自然	依自然地形确定建筑高度、密度、色彩和空间组合形式等指标
	历史建筑保存	1万平方米内有60%历史建筑可定为"历史文化区"	岁月悠久感	划定核心保护区和控制区
社会空间	各类群体利益	社会和谐程度	文化空间表征	各种社会集团利益分布

六、乡村景观规划案例——东山镇

（一）东山镇现状

江苏省苏州市吴中区东山镇,古称"洞庭东山",距苏州城区37千米,位于太湖内东部突出半岛位置,三面环湖水,全镇总面积96.6平方千米,常住人口5.3万余人。镇域内有一字形连绵低山冈丘陵,种植大面积自然混交树林及大面积水稻田,还有许多大小形态的水库和水塘,素以"鱼米之乡"闻名江南。

该地曾经发掘有新石器村落遗址,春秋战国时代已有地名,属吴国,至今有吴王夫差与西施故事传说,唐朝开始有建制镇区。现保存有较大规模面积的明清建筑住宅、庭院、街坊等,镇区附近有传统的千年水稻田,具有四千年人地关系的积淀传统。该镇2010年被评为国家级历史名镇,也是太湖风景名胜区十三大景区之一。湖水映照历史古村镇,庭院空间曲折而又深深,环境幽静,散发出悠悠历史情调。

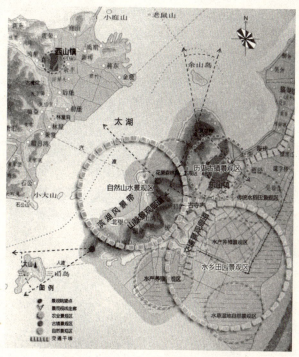

图5　东山镇乡村景观规划示意图

（二）审美空间规划研究

文化传承：村民对于自然山水尊重的理念继承，这是审美空间保存的原始驱动力。在景观形态规划方面，应该保留乡村寺庙、古迹、风水地形、风水树林以及景观标志物，这些承载着世代村民的自然审美理念，是非实用功利的要素，但深含人地关系永续发展的寓意。

地理景观保存：连绵山冈、太湖岸线、农田、水塘等自然元素结合历史村落，形成了生态景观最基本的结构骨架，河网水系既是这里人类的聚居地，又是经济网络空间，是世代生命赖以延续的纽带。纵横水系与民居建筑街区传统空间相映共存数千年，已经凝结成景观基因。景观规划保护山脉连续性和水系完整性，保护自然生态格局，这是延续村镇文化文脉的地理基础。

审美空间控制：山冈顶部、湖岸突出部、村头、古迹、田野要点等设计观赏视点，山脉、湖岸线、道路、林中小径等线型景观地设计观赏走廊，特色农田、水库区、森林地设计观赏区域。太湖直接影响着这一带水系河网，形成水乡生态农田与古镇交融的景观。在可能景点空间，引入绘画图像"意境""韵味"设计手法，通过模拟空间优化，形成审美理想空间格局。

绿化景观体系：以道路交叉口、古迹点、水源地作为景观节点，以道路、河流、田埂作为景观廊道，以林地、牧场、农田、生态园作为景观基质面，形成"斑块、廊道和基质"模式的"点、线和面"整体景观网络。而且千年水稻田耕作积淀形成乡村农业文明，建立传统田园生态保护区，形成有水乡特色的乡村田园风景。

文化景观区：保护镇区内明清建筑历史形态，保护老街道井字形格局，保存其狭窄街巷和青石板路面空间界面，还要保存镇区有些重要景观节点通往湖面、山峦、庭院的视觉廊道，保持街区建筑空间与周围自然环境的有机通透融合。根据镇区不同古迹范围，划定景观核心保护区和景观控制区。

七、研究结论

乡村审美空间蕴含着内在和深刻的人地关系理念，是通过人类的社会实践和世代文明积淀而显现的。审美景观价值体现是非功利的、隐喻式的。古代村民以原始自然崇拜为审美空间目标，乡村审美景观高于经济价值的布局规划。

现代城市地理研究的城镇聚落分布模式，还缺少人文审美分析。现代中国快速城市化背景下，大规模乡村改造建设关注经济发展、土地利用、产业结构、村庄人口分布等方面，是以人的现实使用功能为目的，而审美空间、文化空间以及相应"美丽"景观格局则是深层把握人地关系永久可持续发展问题，规划研究很少涉及，甚至没有。

"美丽乡村"研究重在多尺度、多元化、多层次的建构。在区域大尺度范围内，以文化地理学探究人地关系互动整合形成地域的文化模式，使乡村传统景观以相应地理空间为本底延续传承。景观形象也在反映出地区人民的文化价值观。区域地理格局具有传承文化基因的重要作用，现代大规模城市化挖掘地理脉络是最致命的破坏行为。

在镇域中尺度范围内，以景观生态学探究农田景观与村镇格局协调，将生态文明和社会发展要求安排在景观空间格局配置中，形成保持整体环境的景观网络。明确景观优化和社会经济发展的具体要求，把风景审美的理念渗透在城镇、乡村以至农田等更广阔的领域，进而达到乡村地域"诗情画意"的美丽境界。

在乡村建筑小尺度范围内，建筑空间设计融合自然审美观念，以优雅平缓美学规则构图布局，造就素雅含蓄的村落景观。不宜采用高大门楼建筑或者金碧辉煌装饰。中国传统乡村建筑外部面临田园、河流和街道,内层通有天井、庭院和园林。这些独具特色的景观源远流长地传承了数千年。现代乡村建筑模仿大城市实用原则,丧失融合生态地理的审美文化传统。

江苏省的苏南太湖流域乡村景观形成清新淡泊的美学境界,苏北淮河流域乡村景观造就质朴素雅的审美风格。民宅和农田有机融合自然山水,具有淡雅含蓄的审美文化特色。传承数千年,留下珍贵的文化遗产,深层映射出人地关系本质的取向价值。

探究现代乡村空间形态结构、格局演化进程与机理响应,传承地理与文化融合的"模式"基因,追寻和谐安宁的画面境界,规划乡村田园的美丽空间体系,从而实现乡村永久的可持续发展。

参考文献

[1] 海德格尔.存在与时间[M].陈嘉映,译.北京:生活·读书·新知书店,2005.
[2] 李泽厚.美的历程[M].北京:文物出版社,1983.
[3] 王恩涌.中国文化地理[M].北京:科学出版社,2008.
[4] 曹意强,麦克尔·波德罗.艺术史的视野:图像研究的理论、方法与意义[M].杭州:中国美术学院出版社,2013.
[5] 王之婧,胡立辉,李树华.原风景对景观感知影响的调查研究[J].中国园林,2010(7):46-48.
[6] 谢花林.乡村景观功能评价[J].生态学报,2004(9):1989-1993.
[7] Henri Lefebvre. The Production of Spacek[M]. Oxford: Blackwell,1991.
[8] Edward Soja.后现代地理学[M].王文斌,译.北京:商务印书馆,2004.
[9] 龙花楼.论土地整治与乡村空间重构[J].地理学报,2013(8):1019-1028.
[10] 刘沛林.中国传统聚落景观区划及景观基因识别要素研究[J].地理学报,2010(12):1496-1506.
[11] 王云才.论中国乡村景观评价的理论基础与评价体系[J].华中师范大学学报,2002(3):299-293.
[12] Sauer C. O. Morphology of Landscape[M]. Berkely: University of California Press,1974.
[13] 童强.空间哲学[M].北京:北京大学出版社,2011.
[14] 陈英瑾.风景名胜区中乡村类文化景观的保护与管理[J].中国园林,2011(11).
[15] 傅抱石.中国绘画理论[M].南京:江苏教育出版社,2011.
[16] 贺业锯.中国古代城市规划史[M].北京:中国建筑工业出版社,1996.

新型城镇化背景下云南省各州市城市发展质量的统计综合评价分析

——基于熵权的 TOPSIS 方法

聂 飒

(云南民族大学经济学院,云南 昆明 650031)

摘 要: 在新型城镇化背景下从人口质量、经济质量、生活质量、环境质量和城乡统筹质量5个方面构建云南省城市发展质量统计指标体系,运用基于熵权的 TOPSIS 方法针对云南省各州市及六大城市群进行统计综合评价分析。研究得出除省会昆明以外,其他各州市的城市发展质量普遍偏低,并且各区域内城市发展极不平衡。最后,根据综合评价结果发现云南省城市发展过程中存在的优势与不足,提出了若干对策建议。

关键词: 新型城镇化 城市发展质量 TOPSIS 方法 综合评价

一、引言

党的十八大报告提出"新型城镇化"概念,即以城乡统筹、城乡一体、产城互动、节约集约、生态宜居、和谐发展为基本特征的城镇化,是大中小城市、小城镇、新型农村社区协调发展、互促共进的城镇化。2012年中央经济工作会议提出"积极稳妥推进城镇化,着力提高城镇化质量"。城镇化是我国现代化建设的历史任务,也是扩大内需的最大潜力所在,要围绕提高城镇化质量,因势利导、趋利避害,积极引导城镇化健康发展。习近平总书记指出:"积极稳妥推进城镇化,合理调节各类城市人口规模,提高中小城市对人口的吸引能力,始终节约用地,保护生态环境;城镇化要发展,农业现代化和新农村建设也要发展,同步发展才能相得益彰,要推进城乡一体化发展。"李克强总理指出:"推进城镇化,核心是人的城镇化,关键是提高城镇化质量,目的是造福百姓和富裕农民。要走集约、节能、生态的新路子,着力提高内在承载力,不能人为'造城',要实现产业

作者简介:聂飒,女,1982年4月生,辽宁铁岭人,经济学博士,现为云南民族大学经济学院讲师,研究方向为宏观经济分析与预测。

发展和城镇建设融合,让农民工逐步融入城镇。要为农业现代化创造条件、提供市场,实现新型城镇化和农业现代化相辅相成。"综上所述,在新的经济发展时期,国家高度重视城市发展问题,从单纯重视人口城镇化转变为重视城镇化发展质量,新型城镇化已成为缩小地区城市化发展差距,加速整体城市化进程,最终促进我国区域经济协调发展的国家战略,这对促进我国经济的可持续增长具有深远的意义。

目前,关于城市发展质量综合评价方面的研究颇多,早期研究中很多是运用城市质量的概念对一个国家或地区的城市发展水平进行评价(王慧,1997;叶裕民,2001;国家城调总队和福建省城调队课题组,2005)。在接下来的研究中许多学者从不同的角度直接构建城市发展质量指标体系进行评价(赵雪雁,2004;白先春等,2005;袁晓玲等,2008;方创琳等,2011;郭相兴等,2014;杨文等,2015)。随着中国城市化进程的加快,关于城市群发展质量综合评价的研究大量出现(沈玲媛等,2008;王剑锋,2014;卢丽文等,2014;崔木花,2015;李磊等,2015)。同时,亦有学者从城市经济发展质量、城市环境质量和城市居民生活质量等视角期望构建更为全面的指标体系来研究城市发展质量问题(韩士元,2005;顾成林等,2012;范柏乃,2006;孜比布拉·司马义等,2011)。

综上所述,国内学术界针对城市发展质量的综合评价问题进行了大量的研究,研究表明根据不同的研究侧重点所构建的评价指标体系存在明显差异,目前尚未形成统一的指标体系用来评价城市发展质量问题。党的十八大提出了"新型城镇化"概念,要求注重城市发展质量。因此,很有必要按照新型城镇化的发展规划要求,构建新的反映城市发展质量的统计指标体系。云南省作为我国少数民族聚居的西南边疆省份,是我国面向西南的桥头堡,拥有得天独厚的战略地位。随着经济的发展,云南省城市化水平有所提高,但与发达地区相比仍存在较大的差距。由于云南省由众多少数民族地区构成,拥有独特的城市发展特点,目前已经形成了以滇中城市群为主,其他五大城市群快速发展的城市格局,因此非常有必要在新型城镇化背景下分析云南省各州市及各城市群的城市发展质量情况,找出城市发展过程中存在的问题,为提升我省城市发展质量提供一定的参考。

二、建立云南省城市发展质量统计指标体系

本文在新型城镇化背景下研究云南省城市发展质量的统计综合评价问题。

现有研究中所构建的统计指标体系中大部分指标不适用于云南省的实际情况，因此本文根据系统性、主导性、层次性、可操作性等原则，同时基于城市发展质量的丰富内涵及新型城镇化发展规划的相关要求，从人口质量、经济质量、生活质量、环境质量、城乡统筹质量5个方面选取25个指标构建云南省城市发展质量统计指标体系，如表1所示。

表1 云南省城市发展质量评价指标体系

目标层	准则层	指标层	单位	方向
城市发展质量	人口质量	人口自然增长率	‰	+
		每万人中高等学校在校学生人数	人	+
		每万人中自然科学机构从事科技人员数	人	+
		每万人中卫生技术人员数	人	+
		报刊出版发行量	万份	+
	经济质量	人均地区产值	元	+
		工业企业全员劳动生产率	万元/人	+
		第三产业增加值占地区总产值比重	%	+
		金融机构年末存款余额	亿元	+
		旅游业总收入	亿元	+
	生活质量	城市人均可支配收入	元	+
		移动电话普及率	部/百人	+
		每万人中拥有卫生机构数	个	+
		人均邮电业务量	元	+
		每百人中公共图书馆藏书数	册	+
	环境质量	建成区绿化覆盖率	%	+
		人均公园绿地面积	m²	+
		城市污水处理率	%	+
		工业固体废物处置利用率	%	+
		空气综合污染指数	μg/m³	−
	城乡统筹质量	城乡居民人均可支配收入之比	倍	−
		城乡居民消费品零售总额之比	倍	−
		城乡最低生活保障人口数之比	倍	−
		新型农村合作医疗参合率	%	+
		城乡居民养老保险参保比例	%	+

三、基于熵权的 TOPSIS 综合评价方法介绍

TOPSIS(Technique for Order Preference by Similarity to an Ideal Solution)法是由 C. L. Hwang 和 K. Yoon 于 1981 年首次提出,该方法根据有限评价对象与理想化目标的接近程度进行排序,是在现有的对象中进行相对优劣的评价。TOPSIS 法是多目标决策分析中一种常用的有效方法,又称为优劣解距离法,其基本原理是通过检测评价对象与最优解、最劣解的距离来进行排序,若评价对象最靠近最优解同时又最远离最劣解,则为最好;否则不为最优。与其他综合评价方法相比,该方法在使用过程中,传统的赋权方法同样具有一定的主观性,不可避免会影响到评价结果的有效性。基于信息熵赋权的 TOPSIS 方法可以有效解决赋权主观性问题,因此本文选择基于熵权的 TOPSIS 方法对云南省各州市城市发展质量进行综合评价分析。

基于熵权的 TOPSIS 方法具体操作步骤如下所示。

步骤1:对决策矩阵进行规划化处理。假设存在 m 个样本与 n 个指标,构成决策矩阵 Y,使用公式(1)得到规划化矩阵 Z。

$$z_{ij} = \frac{y_{ij}}{\sqrt{\sum_{i=1}^{m} y_{ij}^2}} \tag{1}$$

其中,y_{ij} 为决策矩阵中 Y 的元素,表示第 i 个样本第 j 个评价指标,$i = 1, 2, \cdots, m; j = 1, 2, \cdots, n$;$z_{ij}$ 为规范化矩阵 Z 中的元素。

步骤2:计算信息熵 H 并确定熵权 W。计算公式如下:

$$H_j = -k \sum_{i=1}^{m} f_{ij} \ln f_{ij} \tag{2}$$

其中,$f_{ij} = \dfrac{y_{ij}}{\sum_{i=1}^{m} y_{ij}}, k = \dfrac{1}{\ln m}$。

再将上述公式(2)中熵值转换为熵权,如公式(3)所示。

$$w_j = \frac{(1 - H_j)}{(n - \sum_{j=1}^{n} H_j)} \tag{3}$$

步骤3:计算加权规划矩阵 X。计算公式如下:

$$x_{ij} = w_j \times z_{ij} \tag{4}$$

步骤4：确定理想解 X^* 与负理想解 X^0，如公式(5)和(6)所示。

$$\begin{cases} x_j^* = \max_i x_{ij}, & \text{当第} j \text{个指标为正向指标时} \\ x_j^* = \min_i x_{ij}, & \text{当第} j \text{个指标为负向指标时} \end{cases} \quad (5)$$

$$\begin{cases} x_j^0 = \max_i x_{ij}, & \text{当第} j \text{个指标为负向指标时} \\ x_j^0 = \min_i x_{ij}, & \text{当第} j \text{个指标为正向指标时} \end{cases} \quad (6)$$

步骤5：采用欧氏距离计算各评价对象到理想解与负理想解的距离 d_i^* 与 d_i^0。

$$d_i^* = \sqrt{\sum_{j=1}^n (x_{ij} - x_j^*)^2} \quad (7)$$

$$d_i^0 = \sqrt{\sum_{j=1}^n (x_{ij} - x_j^0)^2} \quad (8)$$

其中，d_i^* 为第 i 个评价对象到理想解的距离；d_i^0 为第 i 个评价对象到负理想解的距离。

步骤6：计算各评价对象的综合评价指数 C_i^*。C_i^* 值越大，评价对象优先级越高。

$$C_i^* = \frac{d_i^0}{(d_i^0 + d_i^*)} \quad (9)$$

四、云南省城市发展质量的统计综合评价分析

考虑数据的可获得性，本文选择2014年云南省各州市城市发展质量统计指标数据，基于熵权的TOPSIS方法进行综合评价分析，具体结果如下。

（一）指标权重计算结果

本文首先将指标体系中负向指标正向化，然后根据公式(1)将原始数据进行规范化处理得到Z矩阵，再根据公式(2)—(6)分别测算出各项指标的熵值、权重及正负理想解，最后将单个指标的权重汇总对准则层进行赋权，具体结果如表2所示。由表中所示，准则层权重分别为人口质量0.41，经济质量0.28，生活质量为0.12，环境质量为0.09，城乡统筹质量为0.10。可见，人口质量权重最大，其次是经济质量，第三是生活质量，城乡统筹质量居第四，环境质量赋权最低，说明前两项是决定云南省城市发展质量的主要方面，总权重近70%；生活

质量、环境质量和城乡统筹质量对城市发展质量的影响相对较小。这种赋权结果比较符合云南省的实际情况。由表中所示，权重比较大的指标包括每万人中高等学校在校学生人数(0.1999)、每万人中自然科学机构从事科技人员数(0.1198)和金融机构存款余额(0.1737)，这三项指标分别从属于人口质量和经济质量准则，进一步说明人口质量和经济质量对于城市发展质量具有关键影响。

表2　熵值、权重及理想解计算结果表

准则层（权重）	指标层	熵值	权重	正理想解	负理想解
人口质量（0.41）	人口自然增长率	0.9939	0.0040	0.0014	0.0007
	每万人中高等学校在校学生人数	0.6939	0.1999	0.1917	0.0046
	每万人中自然科学机构从事科技人员数	0.8165	0.1198	0.0771	0.0019
	每万人中卫生技术人员数	0.9887	0.0074	0.0030	0.0012
	报刊出版发行量	0.8761	0.0809	0.0687	0.0030
经济质量（0.28）	人均地区产值	0.9694	0.0200	0.0098	0.0022
	工业企业全员劳动生产率	0.9821	0.0117	0.0048	0.0013
	第三产业增加值占地区总产值比重	0.9950	0.0033	0.0011	0.0006
	金融机构年末存款余额	0.7341	0.1737	0.1650	0.0024
	旅游业总收入	0.8860	0.0745	0.0513	0.0018
生活质量（0.12）	城市人均可支配收入	0.9966	0.0022	0.0007	0.0004
	移动电话普及率	0.9862	0.0090	0.0041	0.0015
	每万人中拥有卫生机构数	0.9681	0.0208	0.0102	0.0020
	人均邮电业务量	0.9588	0.0269	0.0092	0.0013
	每百人中公共图书馆藏书数	0.9114	0.0579	0.0457	0.0050
环境质量（0.09）	建成区绿化覆盖率	0.9832	0.0110	0.0038	0.0008
	人均公园绿地面积	0.9807	0.0126	0.0059	0.0013
	城市污水处理率	0.9947	0.0034	0.0010	0.0004
	工业固体废物处置利用率	0.9543	0.0299	0.0112	0.0007
	空气综合污染指数	0.9512	0.0319	0.0134	0.0017

续表

准则层（权重）	指标层	熵值	权重	正理想解	负理想解
城乡统筹质量（0.10）	城乡居民人均可支配收入之比	0.9968	0.0021	0.0007	0.0004
	城乡居民消费品零售总额之比	0.9566	0.0283	0.0145	0.0008
	城乡最低生活保障人口数之比	0.9466	0.0349	0.0183	0.0021
	新型农村合作医疗参合率	0.9973	0.0018	0.0005	0.0003
	城乡居民养老保险参保比例	0.9508	0.0321	0.0126	0.0008

（二）云南省各州市城市发展质量分项评价结果

在进行云南省各州市城市发展质量综合评价之前，本文首先进行分项评价，对比各地区的排名情况，了解各地区在城市发展中的优势与劣势。根据公式(7)—(9)可分别计算出基于熵权的城市发展质量分项评价结果，如表3所示。

表3 2014年云南省各州市城市发展质量分项评价结果表

地区	人口质量	排名	经济质量	排名	生活质量	排名	环境质量	排名	城乡统筹	排名
昆明	0.9926	1	0.9892	1	0.9065	1	0.2661	15	0.5291	4
曲靖	0.0714	11	0.1468	4	0.0866	14	0.4273	12	0.4316	9
玉溪	0.0540	4	0.1126	6	0.1900	5	0.2505	16	0.5647	2
保山	0.0581	3	0.0569	14	0.1289	13	0.5796	5	0.3228	13
昭通	0.0528	16	0.0886	8	0.0834	15	0.3452	13	0.4587	7
丽江	0.1741	13	0.1617	3	0.2260	4	0.8181	1	0.4616	6
普洱	0.0794	5	0.0581	13	0.1586	9	0.5411	7	0.3376	12
临沧	0.0403	15	0.0311	15	0.1306	12	0.6293	4	0.4877	5
楚雄	0.0656	9	0.0686	11	0.1815	7	0.5684	6	0.5803	1
红河	0.0718	14	0.1403	5	0.1427	11	0.3218	14	0.2570	15
文山	0.0603	7	0.0643	10	0.0445	16	0.4529	11	0.5355	3

续表

地区	人口质量	排名	经济质量	排名	生活质量	排名	环境质量	排名	城乡统筹	排名
西双版纳	0.2634	6	0.1010	7	0.3144	2	0.5126	8	0.3655	11
大理	0.0838	8	0.1675	2	0.1736	8	0.7194	3	0.2381	16
德宏	0.1925	2	0.0582	12	0.1507	10	0.7211	2	0.4032	10
怒江	0.0491	12	0.0066	16	0.1851	6	0.4773	10	0.2672	14
迪庆	0.0576	10	0.0599	11	0.2726	3	0.5124	9	0.4514	8

1. 人口质量综合评价结果分析

由表3中人口质量排序结果可知,位于前5位的分别是昆明、德宏、保山、玉溪和普洱,位于后5位的分别是怒江、丽江、红河、临沧和昭通。从人口质量各指标数据来看,昆明作为云南省省会且是唯一一个特大城市,在每万人中高等学校在校学生人数、每万人中自然科学机构中从事科技人员数及报刊出版发行量3个方面具有绝对优势,说明昆明市集聚了大量的高素质人才,总体人口质量最好。同时,也可以看出昆明市在人口自然增长率上并未占有突出优势,仅位于中间水平。每万人中卫生技术人员数指标更是明显低于其他地区,说明昆明市从事卫生技术人员数与总人口之间存在明显不匹配,提供医疗服务的能力存在较大问题,暂且不考虑医疗水平等问题,这就不难理解虽然昆明市拥有大量的医疗机构及卫生技术人员,但仍然经常出现挂号难、排队时间长等看病难问题。从其他各州市地区来看,人口自然增长率达到6‰以上的地区分别为昭通、德宏、怒江、曲靖、普洱、临沧、红河及文山8个州市,迪庆最低,为4.34‰。云南省各州市的人口自然增长率普遍都偏低,这非常不利于本地区人口的可持续发展。从每万人中高等学校在校学生人数指标来看,除了昆明市以外,其他地区均处于较低水平。省内大中专院校主要集中在滇中地区,其他许多州市甚至没有高等院校,大中专院校的地区分布极不平衡,高素质人才培养缺乏平台,这非常不利于云南省人力资源储备的总量增长。从每万人中自然科学机构从事科技人员数指标来看,昆明、德宏、西双版纳3个地区优势明显,其他地区则存在明显劣势,这与自然科学机构的分布特征具有较大相关性。从每万人中卫生技术人员数指标来看,西双版纳、德宏、玉溪、楚雄、迪庆等州市具有较明显的优势,这也许和当地人口总数较少相关。但不可否认,云南省在卫生技术人员总数上存在着明显不足,整个医疗卫生事业均需要进一步发展。最后,报刊出版发行总量指标可以间接地反映人口质量,处于较低水平的地区分别是迪庆、怒江、西双版纳、临沧、丽江等州市。

2. 经济质量综合评价结果分析

由表3中经济质量排序结果可知,位于前5位的分别是昆明、大理、丽江、曲靖和红河,位于后5位的分别是德宏、普洱、保山、临沧和怒江。从经济质量各种指标数据来看,2014年昆明市人均地区产值达到56236元,第三产业增加值占GDP比重为53.1%,金融机构存款余额达到10582.22亿元,旅游业总收入达到614.77亿元,以上指标均远高于其他州市,经济发展质量占绝对优势,但全员劳动生产率仅为39.58万元/人,明显低于玉溪、昭通、丽江、文山等州市。从人均GDP指标看出,玉溪市人均地区产值达到50500元,仅次于昆明,迪庆达到36181元,其他州市均低于30000元,最低为昭通12840元。从工业企业全员劳动生产率指标看,位于前5位的分别是玉溪、丽江、昭通、迪庆和大理,后5位分别是怒江、德宏、曲靖、普洱和保山。从第三产业增加值占GDP比重指标看,超过50%的是昆明、迪庆和怒江3个州市,超过40%的是丽江、楚雄、文山、西双版纳和德宏5个州市,最低的是玉溪市,占比仅为31.9%。从金融机构年末存款余额指标看,达到1000亿元以上的分别是昆明、曲靖、玉溪、红河、大理和昭通,位于后5位的是怒江、迪庆、德宏、西双版纳和临沧,最低为怒江,仅为153.23亿元。最后,从旅游业总收入指标看,位于前几位的是昆明、丽江、大理、西双版纳、红河、迪庆、德宏和玉溪,其他州市均低于100亿元,最低是怒江,仅为21.13亿元。

3. 生活质量综合评价结果分析

由表3中生活质量排序结果可知,位于前5位的分别是昆明、西双版纳、迪庆、丽江和玉溪,位于的是临沧、保山、曲靖、昭通和文山。从城市人均可支配收入指标看,昆明市最高为31295元,其次是玉溪、曲靖、迪庆和大理,大部分州市高于20000元,仅临沧和怒江低于20000元,最低是怒江,仅为17266元。从移动电话普及率指标看,除昆明、昭通、德宏超过100部/百人以外,其他州市普及率均处于70部/百人左右,最低是怒江,仅为56.28部/百人,说明大部分州市的移动电话普及率偏低。从每百人中公共图书馆藏书数指标看,位于前5位的是怒江、玉溪、迪庆、楚雄和昆明,位于是西双版纳、文山、曲靖、保山和临沧。从每万人中拥有卫生机构数指标看,超过6个的分别是西双版纳、迪庆、昆明、楚雄和玉溪,低于5个的分别是红河、曲靖、昭通、怒江、文山和丽江,其中丽江最低,仅为0.96个。从人均邮电业务量指标看,排在前5位的分别是昆明(210.84元)、西双版纳(76.06元)、丽江(65.10元)、迪庆(61.43元)和大理(44.51元),其他州市均低于40元,最低为临沧,仅为23.27元。

4. 环境质量综合评价结果分析

由表3中环境质量排序结果可知,位于前5位的是丽江、德宏、大理、临沧和保山,位于的是曲靖、昭通、红河、昆明和玉溪。从具体环境质量指标看,建成区绿化覆盖率指标最高的是西双版纳(44.34%),其次是昆明(39.89%)、曲靖(36.46%)、玉溪(36.53%)和红河(35.1%),排在后5位的是大理(30.27%)、怒江(23.24%)、昭通(19.26%)、文山(17.93%)和迪庆(9.35%)。从人均公园绿地面积指标来看,排在前5位的分别是丽江、西双版纳、楚雄、德宏和昆明,排在后5位的是保山、大理、文山、迪庆和昭通。从城市污水处理率指标看,昆明最高,为94.1%,怒江最低,为36.09%,其他州市处于65%—90%之间。从工业固体废物处置利用率指标看,超过80%的仅有丽江、德宏两州市,介于60%—80%之间的是曲靖(74.9%)、保山(76.61%)、临沧(74.83%)、楚雄(68.41%)和大理(75.31%),介于30%—60%之间的是昆明(37.09%)、玉溪(36.05%)、昭通(41.86%)、普洱(43.36%)、红河(40.16%)、文山(46.39%)和西双版纳(54.68%),低于10%的仅是怒江(5.86%)和迪庆(9.73%)。从空气综合污染指数指标看,昆明、玉溪、曲靖3个城市超过了4,相对来说空气综合污染程度要高一些,超过1的是保山(1.06)、昭通(1.34)、楚雄(1.08)、红河(1.84)、文山(1.0)和西双版纳(1.10),其他州市则普遍低于1,最低的是迪庆(0.54)。

5. 城乡统筹质量综合评价结果分析

由表3中城乡统筹质量排序结果可知,排在前5位的分别是楚雄、玉溪、文山、昆明和临沧,排在后5位的分别是西双版纳、普洱、保山、怒江和红河。具体来说,从城乡居民人均可支配收入之比指标看,城乡之间收入差距最大的是怒江(4.02),最小的是西双版纳(2.35),其他州市均处于3.0左右,全省各州市城乡之间收入差距普遍超过两倍,收入差距较大。从城乡居民消费品零售总额之比指标看,最大的是昆明(28.65倍),其次是楚雄和玉溪,其他州市均处于6倍以下,最低的是临沧(2.27倍)。从城乡最低生活保障人口数之比指标看,最大的是怒江(14.00),其次是普洱(11.38),最小的是昆明(1.59)。从新型农村合作医疗参合率指标看,除西双版纳(57.56%)、昆明(84.13)和楚雄(79.45%)以外,大部分州市参合率都达到98%左右,迪庆达到100%。从城乡居民养老保险参保比例指标看,除文山、玉溪、昭通、楚雄和临沧以外,其他州市均低于50%,最低是迪庆,仅为4.35%。

(三) 云南省各州市城市发展质量综合评价结果

由以上云南省各州市城市发展质量分项评价结果可以清晰地看出各州市在城市发展方面的相对优势与劣势。在此基础上,本文运用表2中各项指标权重与正负理想解,综合人口质量、经济质量、生活质量、环境质量和城乡统筹质量5个方面的影响,基于熵权的TOPSIS方法进行综合评价,得到云南省各州市城市发展质量的综合评价指数并进行排序,具体结果如表4所示。由表中综合排名结果可知,位于前5位的分别是昆明、西双版纳、丽江、德宏及大理,位于后5位的分别是文山、昭通、保山、临沧和怒江。由表中得分看出,云南省除昆明市得分较高以外,其他州市均处于较低水平,说明其他州市城市发展质量均偏低,同时根据排名情况亦可以了解到不同区域之间城市发展质量存在明显差异。

为了更直观地观察区域之间的差异,本文将云南省16个州市按照排名划分成3个类别加以归纳:

第一类,是排名前5位的州市。其中,滇中地区占1位,为昆明;滇西地区占2位,按照排名依次为大理、德宏;滇西南地区和滇西北地区各占1位,分别是西双版纳和丽江。

第二类,是排名第6位至第10位的州市。其中,滇中地区占3位,分别是曲靖、玉溪和楚雄;滇东南和滇西北地区各占1位,分别是红河和迪庆。

第三类,是排名第11位至第16位的州市,其中,滇西和滇西北地区共占2位,分别是保山和怒江;滇东南和滇东北各占1位,分别是文山和昭通;滇西南地区占2位,分别是普洱和临沧。

表4 2014年云南省各州市城市发展质量的综合评价结果

排序	地 区	d^*	d^0	综合评价指数
1	昆明	0.0210	0.2757	0.9292
2	西双版纳傣族自治州	0.2564	0.0749	0.2260
3	丽江	0.2397	0.0525	0.1796
4	德宏傣族景颇族自治州	0.2511	0.0489	0.1629
5	大理白族自治州	0.2517	0.0385	0.1326

续表

排序	地区	d^*	d^0	综合评价指数
6	曲靖	0.2546	0.0331	0.1149
7	红河哈尼族彝族自治州	0.2536	0.0305	0.1073
8	玉溪	0.2561	0.0291	0.1020
9	楚雄彝族自治州	0.2590	0.0278	0.0969
10	迪庆藏族自治州	0.2658	0.0275	0.0937
11	普洱	0.2616	0.0251	0.0876
12	文山壮族苗族自治州	0.2622	0.0241	0.0842
13	昭通	0.2595	0.0234	0.0827
14	保山	0.2625	0.0216	0.0760
15	临沧	0.2695	0.0211	0.0725
16	怒江傈僳族自治州	0.2696	0.0186	0.0647

我们将六大城市群区域内各州市所属类别进行绘图,得到图 1 所示。

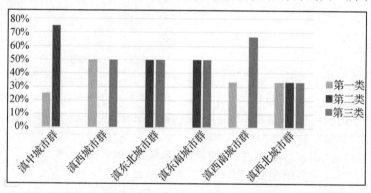

图 1　云南省各州市城市发展质量综合评价指数排名分布情况

注:本文中将曲靖会泽县并入滇中城市群。

图 1 所示,滇中地区各州市的城市发展质量较高,普遍位于第一类和第二类;滇东北和滇东南地区的各州市城市发展质量普遍偏低,大多位于第二类和第三类;滇西和滇西南地区则呈现两极分化特征,位于第一类和第三类;滇西北地区的各州市则 3 个类别均有,说明区域内部呈现城市发展质量差异明显的特征。

（四）云南省各城市群城市发展质量综合评价结果

本文基于熵权的 TOPSIS 方法计算了各州市的综合评价指数，按照六大城市群进行合并得到了城市群的综合评价结果，如表 5 和图 2 所示。

表 5　2014 年云南省各城市群城市发展质量综合评价结果

城市群	人口质量	经济质量	生活质量	环境质量	城乡统筹	综合评价
滇中城市群	1.1836	1.3172	1.3646	1.5123	2.1058	1.2430
滇西城市群	0.5085	0.4444	0.6793	2.8382	1.4256	0.5511
滇东北城市群	0.1242	0.2355	0.1700	0.7725	0.8903	0.1976
滇东南城市群	0.1321	0.2046	0.1872	0.7746	0.7925	0.1915
滇西南城市群	0.3831	0.1902	0.6036	1.6830	1.1907	0.3860
滇西北城市群	0.2807	0.2282	0.6838	1.8078	1.1802	0.3380

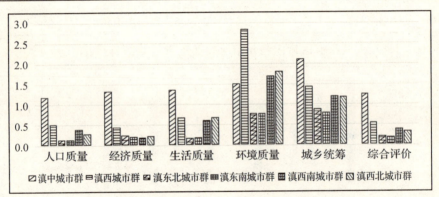

图 2　云南省六大城市群城市发展质量综合评价结果

由图 2 可以更清晰地观察出各城市群分项及综合排名情况。第一，滇中城市群在人口质量、经济质量、生活质量及城乡统筹质量 4 个方面具有绝对优势，仅在环境质量方面略有不足，综合起来排名第 1 位。第二，滇西城市群在环境质量方面具有绝对优势，同时在人口质量、经济质量、生活质量和城乡统筹质量方面亦优势明显，综合起来排名第 2 位。第三，滇西南城市群在环境质量、城乡统筹质量、生活质量及人口质量方面亦存在优势，在经济质量方面存在不足，综合起来排名第 3 位。第四，滇西北城市群主要在环境质量、生活质量及城乡统筹质量方面具有较大优势，而在人口质量和经济质量方面存在不足，综合起来排名第4位。第五,滇东北和滇东南城市群在上述5个方面均排在最后,其中,滇东北在经济质量、城乡统筹质量方面略存在优势,综合起来排名分别为第5位和第6位。

五、结论与对策建议

本文在新型城镇化背景下从人口质量、经济质量、生活质量、环境质量及城乡统筹质量5个方面构建城市发展质量统计指标体系,运用基于熵权的TOPSIS方法对云南省各州市及六大城市群进行了综合评价分析,研究得出云南省除省会昆明市外,其他州市的城市发展质量普遍偏低,各区域内部城市发展极不平衡,区域之间城市发展亦存在较为明显的差距。本文通过云南省城市发展质量的统计综合评价分析发现了云南省各州市城市发展中存在的优势与不足。根据分析结果,我们总结出提升云南省各州市城市发展质量的若干建议。

(一)抓住"一带一路"战略机遇,发挥桥头堡作用,促进经济快速发展

城市发展质量是经济发展水平的突出表现,在目前国际国内形势风云变幻的背景下,云南省作为祖国面向南亚、东南亚的边疆省份,作为开放的最前沿阵地,要在国家"一带一路"战略领导下,充分发挥云南区位优势,推进与周边国家的国际运输通道建设,打造大湄公河次区域经济合作新高地,建设成为面向南亚、东南亚的辐射中心,发挥桥头堡作用,积极参与和助力"一带一路"建设,紧紧抓住战略机遇,发展国际贸易,带动省内各州市经济快速发展,为云南省城市发展质量的提升提供雄厚的经济基础。

(二)将城市群发展与新型城镇化相结合,促进区域城市协调发展

根据云南省六大城市群发展规划,各城市群结合各自区位优势、产业特点、交通运输及旅游资源等因地制宜地制定了符合本区域城镇化发展的目标和定位,以昆明市为中心的滇中城市群、以大理为中心的滇西城市群,以蒙自、个旧、开远、建水为中心的滇南城镇群,将承担起云南省发展的重任,与新型城镇化规划相结合,全省将立足区域合理分工,科学确定主体功能,加快构建"一圈一带六群七廊"空间布局。打破行政区划约束,跨地区优化资源和生产力配置,推进滇中城市经济圈一体化,将滇中培育成全省跨越发展的重要引擎,从而辐射带动滇东北、滇东南、滇西及滇西北、滇西南城镇群内部的城市协调发展。

(三)积极面对国际国内发展新机遇,促进旅游业可持续发展

众所周知,云南省具有丰富的旅游资源,自中国加入 WTO 和西部大开发战略实施以来,市场需求旺盛,旅游产业得到快速发展,目前已经积累了较为完整的旅游产业体系及基础设施比较优势,随着中国—东盟自贸区建设及参与澜沧江—湄公河次区域旅游合作的推进,云南省旅游业面临着前所未有的机遇,但也面临着周边省份类似旅游资源的激烈竞争,而云南省各州市许多旅游景区环境治理较差,市场营销未与新媒体结合,宣传力度较弱,无法吸引游客前来参观,造成旅游资源的浪费,因此应该加大旅游景点开发力度、基础设施及生态环境维护力度,加大宣传,与新媒体合作,确保旅游业的稳定持续性发展,为各州市城市发展提供产业支撑。

(四)倡导全民健身及全民阅读,促进教育事业发展,努力提高人口质量

目前,国家积极倡导全民健身及全民阅读,旨在提高国人的身体素质和智力素质,我省应结合各州市的实际情况大力宣传全民健身,进一步完善社区健身设施,为公众健身搭建良好的平台。随着移动互联网络的普及、新媒体时代的来临,云南省要积极响应国家号召,辅之以传统媒体,倡导全民阅读,提高人口素质。同时,云南省应积极扶植和推进大中专院校较少地区的高等教育事业发展,为当地培养优秀人才。综上,从身体素质和人口素质方面综合提升各地区人口质量,为区域城市发展提供智力支持。

(五)加大卫生机构建设力度,培养高素质卫生技术人员,促进卫生事业发展

近年来,云南省医疗卫生事业发展迅速,但与发达地区相比,仍相对落后,看病难、看病贵等问题仍较为突出。尤其是,高素质卫生技术人员奇缺,遇到大病只能到省级医院救治,省会城市各大医院人满为患。由于我省本就是少数民族居多,群众的生育意愿本就非常强烈,各大医疗机构本就是超负荷运转,加之国家生育政策的调整,对各大医疗机构施加了巨大的压力。因此,加大卫生机构建设力度,积极培养和吸引高素质卫生技术人员,改善硬件条件与软件条件,尽快提高医疗卫生水平,促进卫生事业快速发展,这将是云南省未来需要重点解决的问题之一,也是城市发展质量提高的关键点。

（六）尽快实现城乡医疗保险和养老保险全覆盖，确保群众医疗养老有保障

近年来，云南省城乡医疗保障工作效果显著，覆盖率超95%，局部地区已经达到100%，为居民看病治病解决了很大的经济负担，群众医疗保障意识强烈，接受度比较高。但是，除公务员、企事业单位员工外，普通群众养老保险意识薄弱，缴纳养老保险比例较低，城乡之间差距更大。云南省应进一步强化养老保险的宣传力度，完善养老保险制度，使普通群众能够尽快转变观念，有能力为自己缴纳养老保险，提高居民的生活质量，最终确保群众能够老有所医，老有所养，晚年生活更有保障。

（七）提高人均可支配收入，缩小城乡收入差距，统筹城乡均衡发展

近年来，云南省城乡人均可支配收入普遍增长，人民生活水平显著提高，但由于二元经济结构的问题，城乡之间的收入存在着较大差距，这是城乡统筹要解决的主要问题。那么，随着产业结构的调整和转移，云南省各州市应该结合当地的产业特点、资源优势，适时转变经济增长方式，因地制宜发展本地经济。同时，加大农村基础设施建设，教育、医疗等资源进一步向农村转移。最终，实现人均可支配收入的快速提升，城乡之间收入差距动态缩小，实现机会均等，促进统筹城乡均衡发展。

（八）加大城市绿化覆盖率，防范环境污染，有效控制环境质量

与全国其他地区相比，云南省环境质量算是优中之优。正因如此，在促进经济发展过程中，我们才要更加注重保护环境。可以通过加大建成区城市绿化覆盖率、进一步增加人均公园地绿面积、提高城市污水处理率、大力提高工业固体废物处置利用率等方式方法继续保持丰富的环境资源，才能为旅游业的可持续发展带来助力。同时，要严格防范环境污染，经济发展不能以牺牲环境为代价，凡是会带来环境污染可能性的项目均要仔细研究，进行严密的可行性分析，不能盲目上马，以免造成不可挽回的境地，要确保空气综合污染指数始终处在极低水平，从而有效控制环境质量，确保我省城市发展质量有效提高，进而带动经济可持续发展。

参考文献

[1] 白先春,凌亢,郭存芝.城市发展质量的综合评价——以江苏省13个省辖市为例[J].中国人口.资源与环境,2004(6):93-97.

[2] 崔木花.城市群发展质量的综合评价[J].统计与决策,2015(4):61-64.

[3] 范柏乃.我国城市居民生活质量评价体系的构建与实际测度[J].浙江大学学报(人文社会科学版),2006(4):122-131.

[4] 方创琳,王德利.中国城市化发展质量的综合测度与提升路径[J].地理研究,2011(11):1931-1946.

[5] 国家城调总队福建省城调队课题组.建立中国城市化质量评价体系及应用研究[J].统计研究,2005(7):15-19.

[6] 郭相兴,夏显力,张小力,冯晨.中国不同区域小城镇发展水平综合评价分析[J].地域研究与开发,2014(5):50-54.

[7] 顾成林,李雪铭.基于模糊综合评价法的城市生态环境质量综合评价——以大连市为例[J].环境科学与管理,2012(3):172-179、187.

[8] 韩士元.城市经济发展质量探析[J].天津社会科学,2005(5):83-85.

[9] 李磊,张贵祥.京津冀城市群内城市发展质量[J].经济地理,2015(5):61-64.

[10] 卢丽文,张毅,李小帆,李永盛.长江中游城市群发展质量评价研究[J].长江流域资源与环境,2014(10):1337-1343.

[11] 沈玲媛,邓宏兵.武汉城市圈和长株潭城市群城市发展质量比较研究[J].地域研究与开发,2008(6):7-10.

[12] 王慧.区域城市化发展水平的综合分析——以陕西省为例[J].地理学与国土研究,1997(4):15-21.

[13] 王剑锋.山东半岛城市群城镇化发展质量测度研究[J].重庆交通大学学报(社会科学版),2014(3):16-18、22.

[14] 袁晓玲,王霄,何维炜,陈跃.对城市化质量的综合评价分析——以陕西省为例[J].城市发展研究,2008(2):38-41、45.

[15] 杨文,刘永功.中国城市发展质量评价[J].城市问题,2015(2):2-7.

[16] 叶裕民.中国城市化质量研究[J].中国软科学,2001(7):28-32.

[17] 赵雪雁.西北地区城市化质量评价[J].干旱区资源与环境,2004(5):69-73.

[18] 孜比布拉·司马义,苏力叶·木沙江,张泳福.喀什市城市生态环境质量评价研究[J].云南大学学报(自然科学版),2011(2):218-223、231.

劳动力流动对江苏城镇化影响的实证研究

樊士德　徐友红

（南京审计大学，江苏 南京 211815）

摘　要：基于江苏省1978—2014年时间序列数据，引入劳动力流动指标，利用多元线性回归模型分析了其对江苏省城镇化的影响，研究发现：外来劳动力流动、农业现代化、经济发展、公共支出水平、外贸依存度对城镇化建设起着正向作用，而省内劳动力流动、城乡收入差距对江苏城镇化水平起负向作用。经测算，省外劳动力流动每提升1%，提高江苏省城镇化率1.72%，对江苏省城镇化水平有显著正向效应；而省内劳动力流动每提高1%，城镇化率降低0.59%。应当深化户籍制度改革，促进公共服务均等化，调控城乡收入差距，让流动中的劳动力能够真正融入城市，实现职业、居住地、户籍身份三大转换，进而实现真正的新型城镇化。

关键词：劳动力流动　城镇化　劳动力流动测算

基金项目：本文系江苏高校哲学社会科学研究重点项目"劳动力流动与江苏新型城镇化协同机制研究"（编号：2014ZDIXM016）；教育部人文社会科学研究规划基金项目"中国劳动力流动的地区福利效应研究"（编号：16YJA790012）；中国浦东干部学院长三角改革发展研究课题"长三角流动人口政策评估及其比较研究"（编号：CELAP2014 - YZD - 07）；江苏高校优势学科建设工程资助项目（PAPD）的阶段性成果。

作者简介：樊士德，南京审计大学研究生院副院长、党委副书记、研究生工作部副部长、副教授、硕士生导师，作者系中国社会科学院经济学博士、美国Boston University高级访问学者（政府公派）、首批"江苏青年社科英才"（全省各系统共20人入选）、教育部人文社会科学研究项目和江苏省社科应用研究精品工程评审专家、江苏省"333工程高层次人才"中青年科学技术带头人，担任《中国工业经济》《中国农村经济》《经济评论》等多家知名学术期刊匿名审稿人、校重点学科带头人、硕士生导师，先后主持国家社会科学基金项目、中国博士后科学基金特别资助与面上资助项目、教育部人文社会科学研究基金项目等国家和省部级项目20余项，在《中国工业经济》《中国农村经济》《新华文摘》《光明日报》等发表学术论文40余篇，联系电话:13611572286，邮箱：fanshide79@126.com。

一、问题提出

改革开放30多年来,中国的城镇化建设取得了突出成绩,全国平均城镇化水平从1978年的17.92%增长到2015年的56.1%,年均增长3.13%,其中,作为东部发达省份的江苏,城镇化率从1978年的13.73%增加到66.50%,年均增长4.36%,相比全国同期高出1.23%。这不能不说是城镇化建设的一个奇迹。然而,江苏省的城镇化水平真有这么高吗?根据国家统计局的统计口径,64.50%的城镇化率中包括了在城镇地区居住超过半年的流动人口,而江苏省2014年进城务工半年以上人员约1000万人,其中本省约600万,外省约400万,占到江苏省全部常住人口的12.56%。从上述一系列数据来看,显而易见,劳动力流动在数值上提高了江苏的城镇化率,但提高的程度是多少,劳动力流动究竟对江苏城镇化有什么样的内在影响,在推进新型城镇化建设过程中,我们又应当怎样实现劳动力流动与城镇化建设二者间的相互协调,这一系列问题构成了本文构思的出发点与落脚点。

二、文献述评

在理论研究方面,大多数学者认为劳动力流动促进了城镇化。国外学者从研究城镇化进程中劳动力流动机理出发,考察城镇化进程中劳动力流动规律,发现劳动力流动与城镇化进行相一致。在托达罗移民模型中,劳动力在期望收入城乡差异存在的情况下,会持续从乡村进入城市。刘易斯两部门模型将剩余劳动力的转移与部门间劳动生产效率差异相结合,指出农村剩余劳动力会不断从生产效率较低的农业部门转移到生产效率较高的工业部门,这种"二元经济"经典理论和结构主义分析方法,实际上隐含了二元经济体制下劳动力流动对工业化与城镇化有促进作用这一经济思想。配第—克拉克定理表明劳动力在产业中的流动具有自主选择性,其在三次产业间的配置直接表现了产业结构的优劣与经济发展水平的高低,随着经济发展,人均收入水平提高,劳动力首先由第一产业向第二产业转移。当人均收入进一步提高时,劳动力将会向第三产业移动。这同样蕴含着劳动力流动会促进地区经济发展、提高城镇化水平的思想。也有学者将中国经济增长的贡献因子分解为劳动力流动、对外贸易与技术引进、国内投资与外商投资、市场发育的溢出效率,并测算出劳动力流动对中国经济增长的贡献率达到 16.3%。[1]

国内对劳动力流动的许多研究也表明劳动力流动有助于缩小城乡差异,实现区域间经济协调发展,促进城镇化水平的提升。有学者认为新型城镇化与人口转移是相辅相成、相互促进的互补关系,城乡二元经济结构保证了城镇劳动力的大量供给,满足了城镇地区发展第二、第三产业的用工需求,促进了城镇化水平不断提高。[2]农民工市民化有助于扩大消费、拉动投资、缩小城乡收入差距、倒逼产业结构转型升级、推动农村发展与社会融合,因而促进农村人口市民化、推动农村劳动力转移,是中国未来几十年经济社会发展的持续动力。[3]孙久文、周玉龙使用广义矩阵分析法(GMM)建立劳动力迁移的数理模型,发现促进劳动力城乡流动能够对城镇化起推动作用。[4]农村劳动力向城镇流动打破了改革开放之前城乡要素分割的格局,是中国城镇化的独特方式,农村劳动力对城镇化的贡献表现在 3 个方面:对 GDP 的贡献;是工业化发展的重要力量;促进了城市劳动力市场的发育。[5]持有相近观点的还有蔡昉,他认为劳动力从低生产率的农业向高生产率的非农业转移贡献了我国改革开放以来近一半全要素生产率增长,经测算,如果在 2011—2020 年期间,每年将劳动参与率提高 1 个百分点,可以使该时间段内平均每年的潜在 GDP 增长率提高 0.88 个百分点,保持劳动力转移继续进行,保持资源重新配置效率,从而提高全要素生产率,将进一步支撑我国经济的可持续增长。[6]

相反的,也有学者的研究表明劳动力流动对城镇化建设会产生负向影响。有学者在研究中国劳动力流动与收入差距的库兹涅茨效应时发现,劳动力流动促进经济增长的"强正效应"会因为劳动力流动对欠发达地区的"漏出效应"而削弱,最终表现为"弱正效应"[7],即劳动力流动对发达地区与欠发达地区的经济效应方向是不一致的,甚至会表现出负效应。也有学者对劳动力流动的特点进行分析,发现具备初中文化程度的农民工较具备小学文化程度以下的农民工明显更倾向于跨省流动,有一技之长的农民工比没有技能的农民工跨省流动的发生率要高 2.25 倍。同时月收入高于 1800 元的农民工与月收入 1200—1800 元的农民工相比,其发生率要高 6.39 倍[8],表明了劳动力流动带来优质资源流失这一客观事实,高水平劳动力资源外流无疑影响了城镇化的有效推进。中国的城镇化建设中劳动力流动是一独特方式,以"候鸟型"和"钟摆式"为特点的大规模"非家庭式"人口流动给中国城市经济注入活力的同时,也产生了高昂的代价,以"大城市病"为表现的城市管理问题实质上产生了非协调的城镇化。[9]

上述研究为本文的展开奠定了重要理论基础,然而,这些研究大多围绕劳动力流动与经济增长的关系进行讨论,间接考察了劳动力流动对城镇化的作用方向,对劳动力流动与城镇化进程的关系也停留在定性层面,并没有直接对劳动力流动与城镇化之间的定量关系进行考察,测度劳动力流动对城镇化发展影响效应的研究文献较少。再者,大部分学者的研究都偏向于全国范围内劳动力流动与城镇化关系的分析,而结合江苏特点,对江苏省城镇化水平进行分析的却很少。鉴于此,本文立足江苏省城镇化建设,考察劳动力流动对江苏省城镇化建设有怎样的影响,是正向的还是负向的,对江苏省城镇化率的贡献度究竟是多少。为了弄清楚这些问题,本文在第三部分与第四部分纳入劳动力流动指标,对影响江苏省城镇化水平的因素进行了多元线性回归分析。

三、江苏省城镇化水平影响因素分析

城镇化水平的高低不仅受经济因素影响,也受众多非经济因素的影响。传统的城镇化影响因素有国土面积、人口密度、自然资源等,转型时期新出现的城镇化影响因素包括市场经济、户籍制度等。[10] 经济因素决定着自然城镇化率。[11] 教育水平、地区经济发展水平、对外贸易规模也会对城镇化产生影响。综合以上研究及本文重点,笔者选择劳动力流动作为核心解释变量,同时选择公共服务、产业结构、经济发展、对外贸易、农业现代化以及城乡收入差距指标作为本文的控制变量,以期得到无偏的估计结果。

1. 劳动力流动

劳动力流动对城镇化建设的影响是本文的研究重点,本文选择省外劳动力占从业人数的比重与省内转移劳动力占农村劳动力的比重考察劳动力流动,分别用 RFL、RLM 表示。首先,劳动力作为重要的生产要素,是促进产业结构升级与经济发展的动力,劳动力流动带来城镇人口集中,能够发挥城镇的集聚效应,其产生的经济效益与人文效益有助于城镇化提升。其次,劳动力流入城市,对城市的公共设施、基础建设等方面都提出了更高要求,也存在透支城市地区资源的可能性,伴随着劳动力流动规模绝对量的扩大,其对城镇化的边际生产效用可能是降低的,反而会阻碍城镇化进程。最后,农村地区劳动力转移到城镇,带来农村地区人才与技术的外流,不利于农村经济发展,农村地区缺少主动融入城镇化的内在经济基础。基于上述3点,本文认为,劳动力流动对城镇化的影响方向尚不确定。

2. 公共服务水平

本文选用政府一般财政支出占地区生产总值的比重来测度公共服务水平,用 RGBP 表示。中国的城镇化建设较大程度上依赖政府指导规划,受政府城乡建设规划的政策因素影响明显,因此将公共财政支出指标纳入考虑。一般而言,政府公共支出水平越高,越有助于完善基础设施建设,社会福利覆盖的广度与深度也能够得到更好落实,城镇新进入人口拥有更多机会享受到更好的社会待遇,实现更高水平的城镇化。因此,本文预期其与城镇化的关系为正向关系。

3. 产业结构

这里采用江苏省第一产业产值占 GRP 的比重,即 RA 来表示产业结构,本文预期城镇化水平与第一产业占比负相关。有研究表明,城镇化率与产业结构中农业化率负相关,随着农业化率不断下降,城镇化率将呈现明显上升趋势[12],同时产业结构指标能够反映一个地区的经济增长活力。"诺瑟姆曲线"给出了城镇化进程的"S"形规律曲线,表明产业结构的升级调整是城镇化的重要因素。城镇人口占总人口的比重达到 10%、30%、60%,城镇化进程分别进入初始阶段、加速发展阶段、后期缓慢发展阶段,与之相应,产业结构由第一产业占主导发展为第二产业推动,进而发展为以第三产业和高新技术产业为主。产业结构的优劣与一个地区的自然资源、科学技术密切相关,合理的产业结构能够在更大程度上发挥劳动力这一生产要素的重要作用,推进城镇化发展。

4. 经济发展水平

本文选择人均 GRP、人均固定资产投资额两个变量对地区经济发展水平进行衡量,字母表示分别为 AGRP、ACIFA。地区经济总量取决于地区物质资料、服务资料生产能力,是资本、劳动力、自然资源综合配置的结果,反映了地区生产、流通、消费整体循环情况,当经济循环系统优良,政府更能够集中资金布局城镇化建设。本文预期经济发展水平对城镇化建设是起推动作用的,即一个地区经济总量越高,经济发展越稳定,其城镇化建设往往也走在其他地区前列。

5. 对外贸易水平

文章采用江苏省对外贸易总额占地区 GRP 的比重对江苏省的外贸依存度指标进行说明,并用 RTXM 表示。本文预期进出口贸易对城镇化建设起推动作用。古典贸易理论的代表人物李嘉图认为,各国依据劳动成本的相对差异(比较优势)进行国际分工和国际贸易可以改善各自的福利[13],江苏省作为东部沿海地区,发展对外贸易有独特的地理优势,外向型经济对城镇化发展的贡献不容忽视。

6. 农业现代化水平

选取每公顷耕地消耗的农机总动力数(PHAL)以及每万人拥有的耕地面积(CAEM)两组数据作为衡量农业现代化水平的指标。农机总动力直接反映农村地区对于农业机械的使用程度,现代机械应用于农业建设领域,能够改变农业传统种植方式,使得更多的农村剩余劳动力能够从事于非农产业,同时农业技术的变革也有助于农村产业发展进行多路径的开拓,因此,本文预期农业现代化技术对城镇化建设起积极作用。

7. 城乡收入差距

笔者选择江苏省城镇居民人均可支配收入与农村居民人均纯收入的比值作为衡量城乡收入差距的指标,用 GRRUI 表示,其与江苏省城镇化水平的关系不确定。一方面,根据刘易斯二元经济理论,收入差距是劳动力在欠发达地区与发达地区之间流动的内在动力,另一方面,城乡收入差距拉大进一步反映城乡之间经济发展的不平衡,而分配的不合理给农村居民迁入城市带来经济压力,对城镇化的推进起阻碍作用。

四、实证分析

(一)指标测算

为保证数据准确性,本文依据 1985—2014 年《江苏统计年鉴》对数据进行收集与整理,由于劳动力流动数据没有直接公布,因此,本文依据相关数据进行测算,具体测算的指标及方法介绍如下:

首先,笔者对国家统计局中关于人口统计的相关指标做了一个梳理:在我国,反映一个地区人口总量的统计指标主要有 3 个,即常住人口、户籍人口和现有人口。常住人口是指经常居住在某一地区的人口,包括居住在本乡镇街道且离开户口登记地所在乡镇街道半年以上的人口;户籍人口是指公民依照《中华人民共和国户口登记条例》已在其经常居住地的公安户籍管理机关登记了常住户口的人;现有人口是指在规定的标准时点上,居住在某一地区的全部人口。下列公式简要反映了常住人口、户籍人口与总人口之间的关系:常住人口－户籍人口＝离开户籍地半年以上的外来人口＋户口待定人口－户籍人口中外出半年以上人口。下面,笔者介绍具体的测算方法:

1. 江苏省外来流动劳动力人数测算

我们以江苏省常住人口数减去江苏省户籍人口数,得到江苏省外来流动人口数,进一步测算出外来流动人口数中的劳动力比例,就可以得到流动劳动力数。据《中国农村统计年鉴》统计,2005 年中国农村流动劳动力达到 1.26 亿人,第二次全国农业普查的结果表明 2006 年中国农村外出农民工达到 1.32 亿人,我们折中取 1.3 亿人,同时根据《2005 年全国 1% 人口抽样调查主要数据公报》中公布的当年全国的流动人口约为 1.47 亿人,可以推算得到,劳动力流动比率约为 88.44%,我们假设这一比率保持平稳,并且适用于江苏省外来劳动力的大致流动情况,那么我们可以得到这样的公式:外来劳动力 =(常住人口数 - 户籍人口数)× 88.44%。[14]

2. 江苏省省内农村劳动力转移至城镇人数测算

我们以江苏省各年的从业人数除以当年的常住人口总数,得到一般常住人口中的从业比例,将此比例记作 a。由于 1958—1977 年,中国二元制户籍制度不断确立,城乡分割,户口与社会保障和日用品供给紧密结合,公民如果没有户口将难以生存,此阶段城乡间户口迁移壁垒森严[15],直至 1978 年市场经济体制改革之后,劳动力在城乡的不断流动要求户籍制度不断改革,户籍制度才有所放宽。因此我们以 1978 年的江苏省农村户籍人口数为基数,依照江苏省历年人口自然增长率,算出在没有人口流动情况下的江苏省农村户籍人口数,记作字母 b。我们把农村劳动力数记作 c,则在没有人口流动的情形下,可以得到 $c = a \times b$。我们假设农村劳动力就业有两个方向,一是留在农村地区,从事以农业、畜牧业、渔业、养殖业为主的第一产业,二是在城镇地区从事建筑业、服务业等第二、第三产业(在此,我们假设不存在失业人数,劳动力就业是充分的),则我们以第一产业从业人数近似等于农村劳动力在农村地区的就业人数,记作 d,则从农村转移入城镇的劳动力数 $e = c \times d$,农村劳动力流动比率 $= e/c \times 100\%$。

(二)描述性统计

本文数据来源于 1985—2014 各年《江苏统计年鉴》,城镇化率采用城镇人口数占常住人口数的比重计算;进出口总额的计算则根据人民币对美元的历年年平均汇价将年鉴中以美元为单位加以统计的进出口总额折算成以人民币衡量的进出口总额数,算出进出口总额比重;为剔除通货膨胀对数据准确性的影响,故采用商品零售价格指数将地区生产总值、固定资产投资额折算为 2014 年可比价格。表 1 中给出了各项变量的统计描述。

表1　城镇化影响因素实证研究相关变量的统计描述

变量	均值	标准差	最小值	最大值	度量说明
城镇化率(RU)	34.24048	17.58069	12.47975	64.50178	占常住人口比重
外来劳动力流动比(RFL)	4.083210	2.190254	0.446996	7.491400	占从业人数比重
省内劳动力流动比(RLM)	46.73365	17.33249	15.52305	75.15898	占农村劳动力比重
第一产业比重(RA)	17.78463	10.11370	5.583646	34.84843	占GRP比重
每公顷耕地农机总动力(PHAL)	5.421667	2.152968	1.834796	10.13072	千瓦/公顷
人均GRP自然对数(AGRP)	9.492277	1.049820	7.878857	11.31249	2014年可比价格
城乡收入差距(GRRUI)	1.977568	0.351816	1.40	2.57	城乡居民收入比
公共财政支出比重(RGBP)	8.372842	2.454051	4.845441	13.17859	占GRP比重
进出口总额比重(RTXM)	39.35279	31.77383	7.209918	104.1278	占GRP比重
每万人拥有耕地面积(CAEM)	0.676017	0.065155	0.576629	0.798856	按常住人口计算 千公顷/万人
人均固定资产投资自然对数(ACIFA)	8.364264	1.494479	5.433711	10.86287	2014年可比价格
样本量			37		

数据来源:根据1985—2014年《江苏统计年鉴》经笔者加工计算而得。

(三) 实证检验

根据上述研究指标,结合本文的研究重点,即劳动力流动对江苏城镇化的影响,本文建立以下形式的多元回归实证模型:

$$RU_t = \beta_0 + \beta_1 RFL_t + \beta_2 RLM_t + \sum_{i=1}^{n} \beta_i \times Control_i t + \varepsilon_t$$

上式,RU_t表示江苏省的城镇化水平,β_0为截距项,β_1为外来劳动力占江苏省从业人数比重的回归系数,β_2为农村劳动力流动比率的回归系数,β_i为其他各项控制变量的回归系数,$Control_{it}$为模型中的其他控制变量,ε_t为其他误差项。

利用Eviews 7.0分析软件对模型进行回归分析,分析结果如表2所示。

表 2　劳动力流动对江苏城镇化影响的实证结果

被解释变量	江苏省城镇化率（RU）					
解释变量	回归模型 1	回归模型 2	回归模型 3	回归模型 4	回归模型 5	回归模型 6
常数项	-102.1518 (-6.9387)***	-137.8798 (-14.7516)***	-47.0913 (-5.0991)***	-79.3981 (-7.3006)***	-126.3911 (-11.4884)***	-84.5749 (-4.5802)***
外来劳动力流动比（RFL）	1.7237 (3.0544)***	1.7220 (2.7228)**	1.2616 (2.0882)**	1.7317 (3.4594)***	1.9837 (3.3229)***	1.4604 (2.5243)**
省内劳动力流动比（RLM）	-0.5942 (-6.8261)***	-0.5195 (-5.5670)***	-0.4519 (-5.1072)***	-0.6537 (-7.5277)***	-0.3560 (-4.0292)***	-0.5500 (-6.1142)***
第一产业比重（RA）			-0.2804 (-3.3876)***	-0.2174 (-3.1735)***		-0.1515 (-1.5205)**
每公顷耕地农机总动力（PHAL）	2.5980 (2.9452)***		8.6994 (10.8623)***	6.9156 (8.8653)***		2.6452 (3.0638)***
人均 GRP 自然对数（AGRP）	15.0810 (6.8878)***	20.1111 (13.0983)***			16.8596 (10.5355)***	13.4380 (5.6020)***
城乡收入差距（GRRUI）	-7.0725 (-4.0253)***	-7.6694 (-3.9213)***				-7.8898 (-4.3816)***
公共财政支出比重（RGBP）	1.1434 (7.0215)***	1.3061 (7.6079)***	0.5198 (3.1193)***	0.9202 (5.5286)***	1.0911 (6.2102)***	1.2621 (7.1149)***
进出口总额比重（RTXM）	0.1092 (4.8015)***	0.0685 (3.3842)***	0.1633 (7.8133)***	0.1341 (7.3230)***		0.1115 (5.0018)***
每万人拥有耕地面积（CAEM）			65.5938 (5.7641)***	71.5731 (7.7030)***		
人均固定资产投资自然对数（ACIFA）				5.0360 (4.0757)***		
R^2	0.9954	0.9940	0.9951	0.9969	0.9897	0.9957
$Ad-R^2$	0.9942	0.9928	0.9939	0.9960	0.9884	0.9945
F 统计量	889.1596	824.8954	836.2723	1127.718	770.9285	813.4982

注：括号中的数值表示 t 值；*、** 和 *** 分别表示 10%、5% 和 1% 的显著性水平。

模型 1 将每公顷耕地所消耗的农机总动力、人均 GRP 增长率、收入差距、公共财政支出比重以及进出口贸易额比重作为控制变量，考察了外来劳动力及农村劳动力流动对城镇化率的影响；模型 2 在模型 1 的基础上，剔除了显著性水平较低的每公顷耕地消耗的农机总动力这一指标；模型 3 在模型 1 的基础上，增加了第一产业生产总值占比以及每万人拥有的耕地面积这两项指标,剔除了人均 GRP 增长率及农机总动力消耗指标;模型 4 在模型 3 的基础上,纳入人均固定资产投资增长指标;模型 5 考察了劳动力流动、人均 GRP 增长率、公共财政支出比重对江苏城镇化水平的影响;模型 6 在模型 1 的基础上,纳入第一产业占 GRP 比重指标,将产业结构因素考虑进模型。

模型 1—6 分别对变量选择进行控制,得到了不同的回归分析结果,进一步对各模型结果进行比较,我们发现模型 1 是最为合适的回归结果,其综合考虑了各项变量,且各变量的 t 统计值均在 1% 的显著性水平下显著,可决系数为 0.9954,修正后的可决系数为 0.9942,F 统计量为 889.1596,远高于边界值,说明该模型拟合较好。对模型进行 DW 检验,在 5% 显著性水平下,$d_L = 1.071$,$d_u = 1.948$,$d_L < DW = 1.2419 < d_u$,不能判定是否存在自相关。进一步采用序列相关 LM 对模型进行检验,结果显示:$Obs \times R^2 = 7.5484$,P 值为 0.023,结果显示并不存在自相关。对各个变量进行单位根检验,避免因为时间序列数据的不平稳性而造成结果的"伪回归",检验结果表明序列为一阶单整序列,模型是平稳的。

(四) 结果分析

第一,外来劳动力进入江苏对江苏的城镇化水平有显著的正向影响。实证结果表明,外来劳动力流动比的回归系数为 1.7237,外来劳动力占江苏省从业人数的比重每上升 1%,将带来江苏省城镇化率上升 1.7237 个百分点。笔者认为,原因有以下两点:其一,主动适应、迁入城市的流动劳动力对城镇化建设能够产生正向效应。劳动力流动直接表现为由欠发达地区流向发达地区,由农村地区转移到城镇,人口直接实现了地理区位上的转移,劳动力在城乡之间流动的一个重要因素就是城乡收入差距,即对于城市工作较高的收入预期,因而其就业需求的职业转换要优先于居住地的变更和农民到市民的身份转换。劳动力进入城镇,在实现职业转换之后,直接实现工资收入的有效增加,为在物质上融入城镇提供了经济保障。其二,长期的工作经验使得这部分流动劳动力在城镇积累了社会关系,也逐渐适应了城镇的生活习惯与文化氛围,在心理上培养起城市的融入感与认同感,在主观上产生定居城镇的愿望。劳动力主动融入城镇,逐渐实现居住地转换与市民身份转换,这部分新融入城镇的人群能够获得与城镇户籍制度相联系的社会福利,真正地内生到城镇化之中。因此,其对城镇化的促进作用比较明显也是合理的。

第二,省内劳动力流动比对江苏省城镇化为负向影响。劳动力流动每上升

1%,会带来城镇化率下降 0.5942 个百分点。这一发现引起了笔者的重视,在实证结果上表明农村劳动力流动对农村地区城镇化建设的"负向效应"是存在的,即劳动力流动带来的智力流出、技术流出与资本流出对江苏省农村城镇化建设的负面效应超过了其对城镇化建设的积极效应。笔者认为可能的原因有:首先,劳动力从农村迁入城市,带来农村地区优质劳动力资源的流失,农村发展的乏力,形成城镇化推进过程中的阻力。农村劳动力向城镇地区的转移,尤其是具有一定技术水平、学历层次的劳动力进入城镇之后通常会选择留在大城市,而没有返乡参与农村建设的内在愿望,导致农村地区人力资源、技术资源不断流失,并陷入"经济发展落后—人才、技术、资本缺失—经济发展更加落后—人才继续外流"的循环,农村在主动融入城镇化建设方面缺少了经济支撑。其次,劳动力流动过程存在劳动力流动"失序",给城镇化建设带来负向效应。劳动力流动有其自身的盲目性,追求较高的工资收入与宽广的职业发展前景,其往往偏向于选择经济发展程度较高的大中城市,形成了特大城市,带来"大城市病"等城市管理问题。城市建设在主观方面更倾向于选择设置更高的进入壁垒,阻止或者减缓农民工进入城市的步伐,给他们设置诸如工作年限、社保缴纳年限、持有住房等城市户口取得门槛,这在一定程度上阻碍了城镇人口的增加。同时,治理"大城市病"分散了政府进行城镇化建设的精力,资金更偏向于进入城市设施建设维护领域,不利于城镇化的有效规划推进。

对江苏省区域经济数据进行分析后,笔者发现江苏省区域经济发展一定程度上佐证了上述分析。苏南、苏中、苏北发展不平衡,苏南城镇化水平明显高于苏中与苏北地区(见图 1)。2013 年,苏南的城镇化率高于苏中约 14 个百分点,高于苏北近 20 个百分点;但这一差距较 2006 年有明显的缩小,在 2006 年苏南的城镇化水平高于苏中 19.8 个百分点,高于苏北 26.7 个百分点。苏南地区是江苏省劳动力净流入地区,苏中、苏北为劳动力净流出地区(见图 2),外来劳动力流入推高了苏南地区的城镇化率,而苏中、苏北地区的劳动力流出则在一定程度上阻碍了城镇化发展的速度。劳动力由农村向城市、由欠发达地区向发达地区的大规模转移,带来了中国整体经济的增长,但伴随劳动力流动,欠发达地区的人力资本、技术要素进一步外流,给欠发达地区的经济增长带来了明显的负向效应,这一影响对劳动力流出较多的地区更为明显。[16] 这也解释了苏南、苏中、苏北城镇化水平存在较大差距的客观事实。

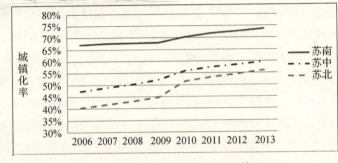

图1 苏南、苏中、苏北城镇化情况

数据来源：2007—2014年《江苏统计年鉴》，经笔者加工计算而得。

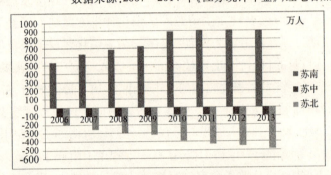

图2 苏南、苏中、苏北人口流动趋势

数据来源：2007—2014年《江苏统计年鉴》，经笔者加工计算而得。

第三，农业现代化推动江苏城镇化。每公顷耕地农机总动力反映了农业中机械用具的使用，其每提高1个单位，将带来城镇化水平提升2.5980个百分点。提高农业技术水平，改进耕作技术，扩大大型机械作业覆盖面与使用度，可以提升农业作业效率与产业化水平，进一步促进农民增收与农村经济，提升城镇化效率。

第四，经济增长对城镇化建设有显著的促进作用。人均GRP每增长1个百分点可以推动城镇化率上升15.0810个百分点。江苏省人均GRP由改革开放之初的2641元（按2014年可比价格计算）增长到2014年的81874元，增长了30倍，年均增长110%，经济的高速增长带来城镇化率的不断提升。在新型城镇化建设阶段，继续把控经济发展方向与发展质量，发挥经济建设的基础性作用，使得转移的劳动力能够顺利进入城镇的第二、第三产业，被工业部门吸收，保证城镇化的平稳推进。

第五，城乡收入差距的不断扩大阻碍着城镇化发展。实证结果表明，城乡居民收入比每扩大1个单位，将使城镇化率降低7.07个百分点。在1978年，江苏省的城乡居民收入比为1.86,在1992年以前,该比率始终控制在2以内,1992年以后,城乡收入差距多在2倍以上,并在2009年达到最高值2.57。城乡居民财富分配不均,贫富差距扩大,社会财富的分配不合理,是社会不稳定的重要因素,不利于社会创造才能的发挥,加剧了城乡之间的对立与分化,不利于城镇化水平的提升,歧视农民工的现象在心理层面上阻碍着流动中的劳动力在城市定居。同时,扩大的城乡收入差距给有意愿融入城市的劳动力在户籍制度障碍之上又附加了非户籍角度即经济压力方面的障碍,流动的劳动力在城镇居住更为困难,不利于城镇化的推进。

第六,公共财政支出对城镇化建设有正向的推动作用,公共财政支出占GRP比重每提升1个单位,将推动城镇化率上升1.1434个百分点。说明社会公共服务的不断完善有助于新型城镇化水平的不断提高,同时,进一步在理论上佐证了中国城镇化建设进程受政府主导的影响明显。在建设新型城镇化的过程中,应该合理规划财政支出结构,进一步提高财政支出比例。

第七,对外贸易也有助于推动城镇化建设向更高水平迈进,进出口贸易总额占GRP的比重每上升1个百分点,将推动城镇化率上升0.1092个百分点。虽然对外贸易对城镇化的影响程度要弱于其他因素,但是江苏省作为东部沿海地区的重要省份,是外商投资的重要地区,应进一步利用好其辖江临海的区位优势以及自由贸易区框架不断完善的政策契机,发挥对外贸易对城镇化的推动作用。

五、主要结论与政策内涵

综合本文的理论分析与实证研究,得出以下主要结论:(1)外来劳动力流动对江苏城镇化发展起推动作用,与之相反,省内农村劳动力流动对城镇化建设的作用方向为负,但外来劳动力流动对江苏省城镇化的推进作用更加显著,对城镇化的推动比率为1.7237%;(2)经济发展、农业现代化、公共支出增加、对外贸易都能够推动江苏省城镇化进程,且经济发展对江苏城镇化率的促进作用最为显著;(3)城乡收入差距对城镇化有较为明显的负向影响。

外来劳动力流动提高了江苏城镇化率,笔者认为,二者要实现相互间的协同,也就是让流动中的劳动力实现真正地融入城市,进而实现真正的新型城镇化,可以采取的具体措施有:其一,深化户籍制度改革,放宽城镇落户限制,让有能力、有意愿居住在城镇的流动劳动力有更为宽松的取得江苏省城镇户籍的政策环境;其二,实现公共服务均等化,不断完善财政管理体制,在医疗卫生福利、子女接受义务教育福利等基本社会福利方面实现城镇居民与农民工的全覆盖;其三,跟进社会保障体系,实现城乡间的转移与对接,避免"城市身份、农村待遇"。如此,劳动力的流动有望从"外生式流动"向被城镇化吸引的"内生式迁移"转变,实现真正的新型城镇化。而省内劳动力流动与城乡收入差距对城镇化建设产生了负向影响,笔者认为在新型城镇化建设中,应更加注重农村自身发展,推动基础设施与公共服务向农村地区延伸,给予农村金融政策扶持,吸引人才、资金进入农村,使农村经济上与城镇差距不断缩小,使农民成为城镇化建设中的积极融入者。

本文的贡献可能在于测算了江苏省劳动力流动数据,通过实证模型分析了劳动力流动与江苏省城镇化建设的内在关系;重点分析了劳动力流动指标,为新型城镇化建设中更好地关注流动劳动力这一群体提供理论参考。本文也有诸多不足之处:第一,未能对江苏省13个市的情况进行横向分析,整理出劳动力流动对各个市的具体效应;第二,对劳动力流动与城镇化建设的理论关系分析不够深入。笔者将在之后的研究中就这两方面进行专门分析。

参考文献

[1] Lees, Francis A. China Superpower: Requisites for High Growth[M]. New York: St. Martin's Press, 1997: 186.

[2] 吕文静. 论我国新型城镇化、农村劳动力转移与农民工市民化的困境与政策保障[J]. 农业现代化研究, 2014(1): 58 – 62.

[3] 张红宇, 等. 城镇化进程中农村劳动力转移:战略抉择和政策思路[J]. 中国农村经济, 2011(2): 10 – 14.

[4] 孙久文, 周玉龙. 城乡差距、劳动力迁移与城镇化——基于县域面板数据的经验研究[J]. 经济评论, 2015(2): 29 – 41.

[5] 白南生, 李靖. 城市化与中国农村劳动力流动问题研究[J]. 中国人口科学, 2008(4): 34 – 62.

[6] 蔡昉. 以农民工市民化推进城镇化[J]. 经济研究, 2013(3): 9 – 20.

[7] 樊士德. 劳动力流动对欠发达地区产出效应的测算[J]. 中国农村经济, 2011(8): 18 – 26.

[8] 赵金华, 曹广忠, 王志宝. 我国省(区)人口城镇化水平与速度的类型特征及影响因素[J]. 城市发展研究, 2009(9): 33 – 38.

[9] 辜胜阻,孙祥栋,刘江日.推进产业和劳动力"双转移"的战略思考[J].人口研究,2013(3):3-10.

[10] 曹广忠,王纯洁,齐元静.我国东部沿海省区城镇化水平影响因素的空间差异[J].地理研究,2008(3):18-26.

[11] 苏剑,贺明之.对中国城镇化进程的一个定量解读[J].经济学动态,2013(9):11-18.

[12] 苏素,贺娅萍.经济高速发展中的城镇化影响因素[J].财经科学,2011(11):18-24.

[13] 李坤望.国际经济学(第三版)[M].北京:高等教育出版社,2012:45.

[14] 樊士德,姜德波.劳动力流动与地区经济增长差距研究[J].中国人口科学,2011(2):12-16.

[15] 黄筱倩.中国当代户籍法律制度研究[D].山东大学,2007.

[16] 樊士德.劳动力流动对中国经济增长贡献显著吗?——基于区域递归视角的经验验证[J].财经科学,2014(1):18-26.

第四部分

城镇化国际比较研究

基于国际城镇化经验的中国新型城镇化建设研究

卞素萍

(南京工程学院,江苏 南京 211167)

摘　要:新型城镇化由过去片面注重追求城市规模扩大和空间扩张,改变为以提升城市的文化、公共服务等内涵为中心,真正提升城镇的品质。世界城市化进程不可逆转,以人为核心的新型城镇化刻不容缓。借鉴国外城市化经验,促进中国城镇化的可持续、健康发展至关重要。新型城镇化建设,是统筹城乡经济协调发展的根本途径。本文着重分析了其问题与策略,国外城镇建设的多中心化、郊区建设的得失、绿色花园城市理念、社区建设理论都值得我们深层次学习。由此进一步对优化城镇布局和形态,规范新城新区建设,改善城乡接合部环境,努力实现城市发展模式的转型和营造城镇人文魅力空间,建设新型城镇化下的美丽乡村和新型社区,不断完善城镇体制机制等方面进行了研究。

关键词:新型城镇化　转型　优化　以人为核心　可持续发展

我国当前城镇化存在各地发展不均衡、过于依赖土地支持、资源承载力低、人口构成质量不高、忽略农民权益 5 个问题。表现在城镇化发展不均衡,大城市过度发展,中小城市吸纳力不足,部分小城镇发展较盲目;城镇化重心以土地为取向,过于依赖土地支持;城市能源资源缺乏,与经济、人口不相适应;统计的城镇人口缺乏与城镇居民同等的社会权益;对农民生活水平的提高和其他公共服务的保障重视不够,利益被弱化。陈为邦先生指出:"我国传统的城镇化发展考核方面,比较重视城镇化率,地方之间甚至互相攀比。而对于人的发展问题,对农民工的生存和发展质量往往重视不够,在出现拖欠农民工工资问题、拆迁问题、农村留守儿童老人问题等,社会矛盾突出后,才认识到城镇化质量问题的重要性,才认识到城镇化质量的核心是人的问题。我国建立在出口和投资驱动

基金项目:江苏省社会科学基金(16SHB007)、江苏省政府留学奖学金(JS – 2014 – 127)。

作者简介:卞素萍(1973—),女,江苏扬州人,南京工程学院副教授,美国伊利诺伊理工大学访问学者。博士后,主要从事城乡规划学方面的研究。

基础上的外向型发展模式面临着严峻的挑战。"[1]

一、新型城镇化的发展趋势

新型城镇化紧紧围绕全面提高城镇化质量,加快转变城镇化发展方式,以人的城镇化为核心,有序推进农业转移人口市民化;以城市为主体形态,推动大中城市和小城镇协调发展;以综合能力为支撑,提升城市可持续发展水平。新型城镇化道路要体现以人为本、四化同步、优化布局、生态文明、文化传承,并通过改革释放城镇化发展潜力,促进经济的转型升级和社会和谐进步。[2]

1. 世界城市化进程不可逆转

尽管各国在定义城市的标准方面有所不同。但众所周知,2006年是见证世界城市化的重要时刻。联合国人类住区委员会 HABITAT(人居中心)在《世界城市的状态》的报告中,第一次正式宣布,世界上大多数人口现在住在城市群而不是农村地区。这个转折点正是衡量更广泛、集中和加速的城市化进程的标志,尽管这一进程在过去至少30年已经遍布整个地球。[3]

表1 全球代表性城市城市化进程中人口数据一览

城市	1950年	1985年	2005年
莫斯科(Moscow)	5 356 000	8 580 000	10 672 000
洛杉矶(Los Angeles)	4 046 000	10 181 000	12 146 000
北京(Beijing)	3 913 000	9 797 000	10 849 000
上海(Shanghai)	5 333 000	12 395 000	12 665 000
孟买(Mumbai)	2 981 000	10 341 000	18 336 000
东京(Tokyo)	11 275 000	30 304 000	35 327 000

资料来源:Ricky Burdett, Deyan Sudjic. The Endless City[M]. London:Phaidon Press Inc, 2008:60.

由表1可看出,包括北京在内的诸多城市人口增长迅速,城市化的进程不可逆转。学者 Ricky Burdett 和 Deyan Sudjic 研究发现:1900年只有10%的人生活在城市,2007年50%的人生活在城市,而到2050年将会有75%的人生活在城市。我国《国家新型城镇化规划(2014—2020年)》的发展目标指出:稳步提升城镇化水平和质量,使其健康有序发展,常住人口城镇化率达到60%左右,户籍人口城镇化率达到45%左右,户籍人口城镇化率与常住人口城镇化率差距缩小2个百分点左右,努力实现1亿左右农业转移人口和其他常住人口在城镇落户。

2. 以人为核心的城镇化

以人为核心的城镇化首先不以追求发展速度为目标,不能盲目地追求城镇化率,需注重城镇化质量的提高;其次,避免传统城镇化牺牲生态环境和资源过度消耗的现象,坚持集约、智能、绿色低碳的发展方式。此外,缩小城乡差距,切实保障农民的权益,在城乡一体化的进程中保护村镇的原始风貌,改善居民的生活条件,杜绝"土地财政"对村镇居民的伤害,更多地关注"三农问题"。

内外双重的发展趋势使我国城镇化必须转型,其实质是寻找其新动力和新模式,走出符合中国特色的新型城镇化道路。其内涵与传统城镇化相比体现在以下方面:格局、阶段、模式、动力、目标、机制。以下将就这几方面论述中国特色的新型城镇化发展的问题和对策研究。

二、新型城镇化转型发展的内涵与策略研究

我国小城镇面广量大,所面临的状态和问题也错综复杂,小城镇的布局和形态需要优化,公共管理和服务设施亟待提高,城市发展模式需要转型,新城及郊区需要规范建设,社区建设需要推进,由此推动大中小城市和新农村建设协调发展、产业和城镇融合发展,这样才能促进城镇和新农村建设协调推进。

1. 统筹发展:优化城镇化的布局和形态,推进生态文化

着力开展新型城镇化综合试点,积极探索由单纯的产业功能区向城市综合功能区过渡,改革行政管理体制,完善城市功能。以发展新兴产业为主导,安排吸纳农民进城,实现就近城镇化模式。同时实施以引进民营资本参与产城融合为模式的试点建设,在新能源装备制造、现代农业、休闲旅游、创意产业和养老服务产业方面探索中国新型城镇化示范区(科技生态小镇)建设。

Edward L. Glaeser写道:"来自人类协作的力量是文明成功背后的核心真理,也是城市存在的主要原因。为了了解我们的城市和他们做什么,我们必须坚持这些真理,分离有害的观点。我们必须抛弃这样的观点,环保主义者意味着生活在树木周围,城市居民应总是和保持城市过去的自然规律做斗争。我们必须停止崇拜家庭所有权,他们支持郊区有大片土地的房子而非高层公寓,同时停止浪漫的村庄建设。"[4]

Timothy Beatley、Kristy Manning 在 *The Ecology of Place* 一书中提到:追求紧凑和可持续的城市形式也不以其自然与人为的尖锐分离为目标,也不假定人们生活和工作的地方应该是无生命的,没有自然的。相反,紧凑型城市的设想是丰富的自然场所,城市和城镇都被定义为嵌入在一个复杂的自然系统的自然景观,包括地形地貌、大气和水资源、平原和溪流、树木、植被和开放的空间等。紧凑的城市可以是绿色的城市。确实有很多社区试图保护其独特和重要的自然特征:居民容易接触自然的地方,其特征作为培育地方感的重要成分。如俄勒冈州的波特兰市为城市公园预留了大量土地,同时包含区域和发展。而这些目标是相容的。[5]

图1　鸟瞰绿色芝加哥

(来源:作者拍摄)

图2　美国佛罗里达州空间规划

(来源:Tigran Haas. Sustainable Urbanism and Beyond:Rethinking Cities for the Future,Rizzoli International Publication:New York,2012:176.)

图1为芝加哥北区市中心的公共空间,可供人活动的区域和绿化空间占比较高,市区的开放公园数量较多,自然特征明显。图2为佛罗里达的空间规划(2005—2030—2050年),对都市化地区不同时期以及保护地区进行了地域上的分类,优化城镇的空间布局和形态。[6]

我国新型城镇化通过调整城市布局及发展若干城市群,有助于农村人口特别是已在城市就业但户籍仍在农村的转移人口实现"二次城镇化"。优化城镇化结构和空间布局,大力提升中小城市功能定位。切实提高城镇建设用地集约化程度,守住耕地红线。按照守住底线、试点先行的原则才能稳步推进土地制度改革。建设用地不能盲目扩大。按照生产空间集约高效、生活空间宜居适度的要求,形成生产、生活、生态空间的合理结构。工业用地适宜,适当增加生活用地和保护农业空间,划定生态红线。

2. 分步发展:规范新城新区建设和郊区发展

当前我国许多城市面积急剧扩大,但管理服务水平较低,不少城市交通拥挤、环境恶化、资源短缺,但人口不断涌入。一些中小城市和小城镇则因经济实力较弱,公共服务不足而发展迟缓。顾朝林先生在我国城市化研究的综述中指出:"改革开放后近二十年的时间内,中国城市化过程结束了大起大落,实现了持续增长,进入中期加速阶段;城市化发展的区域重点发生转移:东部快于中西部,南方快于北方;小城市在城市体系中的地位提高,大城市人口的实际增长率大幅度回升;城市适度走向国际化;大城市已经开始了郊区化过程;都市区和都市连绵区形成;城市内部的社会分化在扩大。"[7]

赫尔辛基大都会区位于芬兰南部的新城地区,拥有约130万居民,是当前欧洲增长最快的城市地区之一。目前新城地区人口每年增长约1.5万人,到2030年,估计将增长20万至30万人。迁入该地区人数增加,对住房需求加大,推高了住房和土地的价格,房屋匮乏蔓延到城市边缘地区甚至更远,供求差距加大,许多人在更远的卫星城市寻求替代方案。较低的价格、某些质量因素增加了对大都市地区次级区独立式住房的需求,整个地区多中心发展持续增加。美国政府对郊区化实行政策鼓励,其利用市场机制优化城市空间对我国有借鉴意义。在郊区化作用下,美国城市空间结构由单中心逐渐发展成多中心,形成了大都市区并带动广大地区发展。虽中心城市出现一定程度的衰退,但联邦政府及地方政府采取有力政策,使中心城市职能发生转变并逐步走向复兴。[8]

我国的城市化处于发展阶段,郊区化处于萌芽阶段。因此我国政府应该将城市郊区化纳入城市整体的长期发展规划中,建立正确的城市空间发展政策,积极引导城市向合理的方向发展。同时,在郊区化发展的同时,要提高中心城市的现代化功能,发挥其作为区域经济发展中心的作用。[9]国家新型城镇化明确指出:"严格新城新区设立条件,防止城市边界无序蔓延。因中心城区功能过度叠加、人口密度过高等原因,确需规划建设新城新区,必须以人口密度、产出强度和资源环境承载力为基准。"综上所述,在我国城市化进程中,要吸取西方国家城市化发展的经验教训,统筹生产区、生活区、办公区、商业区等功能区规划建设,推进功能混合和产城融合,在集聚产业的同时集聚人口,防止新城新区空心化。

3. 转型发展:变更城市发展模式和营造城镇人文魅力空间

(1) 城市发展模式的转型。以紧凑型开发模式为主导,逐步提高建成区的人口密度。大力发展绿色产业,使绿色消费成为城市经济生活的主流,大幅提高节能节水产品、再生产利用产品和绿色建筑比例。

欧盟委员会试图将对可再生能源的支持与在建筑部门使用较少能源的努力结合起来。2001年1月发布的第6届2001—2010年环境行动计划,优先考虑到2012年欧洲温室气体排放量减少8%—12%。可再生能源的使用在不同国家之间差别很大。在瑞典,30%的消费电力和热量来自可再生能源(主要是水电和生物能源);奥地利、芬兰和葡萄牙的这一比例高于15%,而比利时仅为1%。2000年12月,欧盟要求到2010年21%的电力来自可再生能源。为了实现这一目标,不同国家根据其各种地理特征、产业政策,关注水电、风能、太阳能或生物质能源和政治战略。

所以我国应加快建设绿色能源体系,完善绿色建筑标准和扩大执行范围,加快绿色交通建设及配套实施建设,倡导绿色消费,实施生态保护工程,努力调整产业结构,保护饮用水源,加大环境基础设施建设、河网畅流、生态修复等项目;加强土壤山体修复工程,全面恢复山体生态景观风貌,坚持土地安全、高效、永续利用;加大对工业危废、污水厂污泥、园林绿化废弃物及生活垃圾的规范化处理等,实现发展转型。

(2) 城镇人文魅力空间的营造。当前城镇文化中的问题:一是在中国目前的城市发展中,对历史文化功能的开发倾向性比较严重;二是不知如何发挥自己的比较优势、培育自己的竞争优势。全国政协委员刘庆柱先生在"中国未来城市发展模式研讨会"上指出:"近年来在文化遗产保护和历史文化的保护上走的路不正,有些被作为政绩工程,有些是为了发展经济,这样达不到保护历史文化遗产的目的。对待文化遗产不能搞复古主义。政届把它当作政绩工程。"国务院发展研究中心研究员张保明提到:"我们谈文化的时候漠视了民众分享和文化遗产保护的权利,忽视了重建民族和文化遗产之间的情感联系。我们必须建立非常严格的立项过程,不是哪个领导能批的,而且建议走向法制化等,是城市发展模式中需要注意的一大问题。"

我们需要深刻反思在城镇化过程中出现的一些功利性建设,反思在城镇空间建设改造过程中的诸多"复制的假古董"以及在拆迁过程中的粗暴执法甚至利用社会上闲散人员干预拆迁的不文明行为,加强城镇法制化建设,切实保护群众利益。注重旧城改造中历史文化遗产、民族文化风格和传统风貌、街道空间的生活延续性,只有把老百姓生活的原真性体现在城镇空间的更替中,才能促进功能提升与文化文物保护相结合。加强历史文化街区和文化生态的整体保护,保存城镇的历史文化记忆,剔除那些功利性项目建设,保护老百姓的利益。而在新城新区建设中也要不断融入传统文化的元素,并与原有的人文特征相协调。

此外要完善公益性群众文化设施。要充分利用街道文化站、社区服务站、文化广场等现有文化活动设施,组织开展健康有益的科教文体等活动;形成优质、优秀的城镇文化氛围。

4. 和谐发展:加强新型社区规划和建设的思路与对策

城市居民需求的多样性要求加快社区建设。社区生活着多样化的人群,不同国籍、性别、民族、职业、年龄的人群聚集在一起,需求大相径庭,迫切需要通过完善社区服务来满足他们多元化多层次的需求。《中共中央关于全面深化改革若干重大问题的决定》中提出:"发展社区养老服务事业,满足城乡社区老年人物质和精神文化的需要,改变传统的完全由家庭承担养老义务的方式,实现家庭养老与社区养老相结合的养老方式,成为当前解决老年人养老问题的新出路。"目前,我国大多数社区缺乏应对复杂社区环境、开展社区工作的经验以及专业人才,还未满足居民对社会福利的多元化需求。这要求我们进一步加强社区建设,依靠社区力量加强社区的服务和管理,不断提高居民群众的生活质量。

加强社区规划。社区规划是社区发展的蓝图、指导社区各项工作的纲领,其目的是有效利用社区资源,协调社区各种社会关系,合理配置生产力,有计划地发展居民的生活服务设施,提高社区规划的合理性,从而提高社区整体建设的经济与社会效益,保护生态环境,促进社区经济、社会和生态的协调发展。美国的道格拉斯·凯尔博在《共享空间——关于邻里与区域设计》中写道:必须更多地进行零碎的、折中的填充、修补式的开发计划,城市中心、城市邻里、郊区、新城或小城镇中都是如此,即所谓失落的空间再设计。尤其是城镇中心区的失落空间再设计,通过这些虽然零碎但为数众多的区域再开发,可以调整原有的不合理的城市功能布局,使工作、居住、生活、学习走向平衡,有效减轻远距通勤交通对道路的压力,降低车行的比重,同时促进城市居民的交往、交流。[10]

图3　美国士麦那镇中心　　　　　　　图4　美国村庄街道的停车设计

道格拉斯·凯尔博.共享空间——关于　　道格拉斯·凯尔博.共享空间——关于
邻里与区域设计[M].吕斌,等,译.北　　邻里与区域设计[M].吕斌,等,译.北
京:中国建筑工业出版社,2008:113.　　京:中国建筑工业出版社,2008:113.

美国智能增长倡导者和新城市主义者所倡导的另一替代方案是重新配置郊区办公室、零售和高密度住宅开发的一部分,以建立传统的城镇中心或城市村庄。图3为美国士麦那镇中心(Smyrna),这些市中心将被设计为紧凑、混合使用、以步行为导向的场所,能为社区提供亮点,提高城镇的辨识度。美国村镇中心街道能提供各种日常活动的场所,并有足够宽度的停车以及景观设计。图4中小镇的街道宽达16米,设有宽4.3米的步行道和有角度的停车场。

社区规划要从原来局限于成熟的城镇社区向新型的城郊社区、农村社区延伸;从原来注重物质性社区规划向综合性社区规划转变;全面、系统地进行社区近期、中期和远期的发展规划,实现全面科学、可持续的社区发展。社区规划包含两方面:社区物质空间的改善,即各类城市生活功能设施的完善和景观环境的整治提升等内容,包括社区住房、商业、交通、公共配套等,其目的在于塑造宜人的社区空间和人居环境;社区软环境规划,即社区组织机构和制度建设、社区管理、社区文化等方面的内容,满足社区居民精神层面的需要。从社区产业与经济、人口与社会、组织与管理、物质与空间等层面,挖掘和发现社区发展的各方问题,才能全面提升社区品质。

建立社区服务多元化投融资体制,推进社区服务业的社会化、产业化、实体化进程。将社区服务业作为一项产业推向市场,实行市场化运作,减轻政府负担。社区组织建设是社区的重要载体和保证。图5为国外学者关于社区建设的研究,只有公民活动、社区团体、邻里组织参与其中,才能形成良好的循环运营机制。

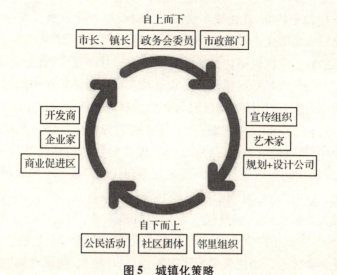

图 5　城镇化策略

（来源：Mike Lydon, Anthony Garcia. Tactical Urbanism: Short-term Action for Long-term Change[M]. Washington, D. C: Island Press, 2015.）

我国城乡社区正在快速发展,社区发展状况直接影响城乡居民的生活水平和质量以及管理与经济发展的水平。应加强城乡的社区建设,同时加强培育居民对社区的认同感、归属感,使社区建设成为当前社会管理的新载体,社区服务成为满足人们不断增长的物质和文化需要的新平台,向以人为核心的新型城镇化目标迈进。

5. 协调发展:新型城镇化下美丽乡村建设的重点

城镇化发展还需要加强乡村建设。随着我国城镇化的加速,大批具有一定知识和技能的青壮年劳动力涌向城市务工或经商。农村出现了大批的留守儿童、妇女、老人和空巢家庭,对农村传统的家庭结构、社会结构造成重大的冲击。城镇化不是弱化农村和农业,而是通过城镇化、城乡一体化实现城乡共同发展。因此,在我国新农村建设中,在大量农村成为城市空间以及农村实现集中居住的过程中,加强农村社区建设,节约土地和拉动消费,改变农村面貌、改善农民生活,向农民提供全方位的社区公共服务,是民生建设公共服务均等化的要求,要让城乡居民共享城镇化发展成果。

优化社区生活设施布局,健全社区服务网络,建设高效便利的生活服务和市政设施网络体系。建设新型农村社区,改善农民居住生活条件,通过建设联建社区、现代农业园区、工业园区,推进生态特色产业建设和农村新型社区建设。(1)推动农民向社区集中,促进就地城镇化。完善统筹协调、有机衔接的

"城—镇—村"规划体系,优化城乡建设、生态保护、产业发展空间布局,加快城乡基本公共服务均等化进程,着力构建资源整合、联动转型、各具特色的城乡一体化发展新格局。中国城镇化发展需要加快农村社区建设,社会流动和农村城镇化发展需要加强农村社区建设。外来流动人口在城镇社区中的比重增大,社会流动的规模增大,跨地区流动已成为必然。避免基础设施建设超负荷运转和城市居民与流动人口的民生问题,力争使建成后的农村变成新型社区,农民就地就近就业,实现就地城镇化,鼓励农民实现多角色转换并使其收入来源多样化。(2)推动耕地向规模经营集中,促进农业现代化。破解土地瓶颈制约,促进新型工业化。针对"空心村"现象,与规划农村新型社区结合,为推动新型工业化提供了巨大发展空间。用现代农业科技打造农业,用现代物质条件装备农业,用现代经营方式推进农业,建成"生态优美、产业融合、科技支撑、营销现代"的现代农业产业体系。加速发展现代服务业,提高层次、规模和辐射范围,实施低碳产业发展模式,建立循环经济体系。通过村镇共建的方式,实施城乡建设用地增减挂钩,特别是土地置换指标易地使用,提高土地的集约利用水平。(3)城镇村落保护要从村镇的整体风貌出发,有计划、分步骤、分段式进行,以保证历史城镇村落风貌的延续性,使特色与活力得以充分体现。树立综合保护的可持续发展观,调动社会各方的资源,真正保护好历史城镇村落。遵循发展脉络,优化空间肌理,同时注重内部的绿化景观、水系资源、市政配套等专项规划的要求,把居住空间的复苏和居住环境舒适性有机地结合起来,包括保护思路与方法,保护地特色,改善生活环境品质,包括公众参与制度的建立,以及加强政府责任及法律法规等方面的有力保障。(4)推动服务网络和美丽乡村建设,促进村庄整治和生态环节的保护。整合乡村的人、财、物等各方面资源,从根本上改善群众的生产生活条件,把共享发展的理念落到实处。重点打造一批特色鲜明的小镇和公共服务配套、生产条件改善、生活便捷且生态良好的乡村,为推进美丽乡村建设提供样板示范,坚持生态、文化、集约的新农村规划理念,优化农村居民点、乡村旅游和现代农业空间布局,优质高效地完成新农村规划全覆盖。尊重乡村文明,保护自然风貌,科学引导村庄建设和环境整治,为完善村庄功能配套,彰显农村自然、人文和产业特色提供全方位的规划引导和服务。

6. 集约发展:不断完善城镇化体制机制

李克强总理指出:推进城镇化关键是提高城镇化质量,目的是造福百姓和富裕农民。要走集约、节能、生态的新路子。着力提高内在承载力,不能人为"造城",要实现产业发展和城镇建设融合,让农民工逐步融入城镇。要为农业现代化创造条件,提供市场,实现新型城镇化和农业现代化相辅相成。

科学、合理、稳步推进新型城镇化道路,则要提升中小城市综合实力。现代城镇体系建设逐步展开,城市辐射带动能力不断增强,城乡建设改善,但城镇化水平仍较低,城镇基础设施和公共服务设施不完善,城市交通、建设、管理等水平尚不能适应需要,公共服务设施建设滞后;农村村镇面貌亟待改善,这些已成为制约城镇化建设的突出矛盾。要从以下方面着手:(1)创新城镇规划理念,提高村镇规划和管理的科学性,全面提升小城镇承载功能和品质内涵。新型城镇化建设要突出自身特点和体现自然地域、历史文化、产业特色,实现功能分区明确且交通便捷流畅。完善配套基础设施和公共服务设施,增强城镇聚集能力。高起点引领小城镇发展,坚持产业项目与城市建设协调推进,借助产业项目扩展的契机,重视重大基础设施工程,增强城市服务功能;同步规划建设生活性服务设施,增强新型城镇对产业和人口的吸引力、承载力,从本质上提高城镇化水平。(2)城镇产业结构的转型升级。拓宽产业富民渠道,坚持以就业为民生之本,创新建立城乡一体化就业制度,彻底打破城乡就业二元化格局。确保优势产业的稳步提升,如经济技术开发区、高新技术产业开发区,强化体制机制创新,抓好载体能级提升,打造"优势产业"。着力增强自主创新能力、产学研结合创新能力和开发式创新能力,强化专利转化和科技成果产业化。注重错位发展,系统深化与高校和科研院所的合作,在加大项目团队引进的同时,大力拓展科研服务平台对内和对外的服务功能。加快建设创新型城市,加大科技进步先进市(县)的比例。(3)加强和创新社会管理。坚持在改善民生和创新社会管理中加强社会建设,确保社会建设与经济建设同步加强,人民生活水平与经济发展水平同步提高。制定与率先实现现代化相适应的社会管理指标体系,落实深化社会管理创新,使社会管理创新综合试点稳步推进,城乡综治网格化全面覆盖,立体化社会治安防控体系和公共安全体系不断完善。加强制度的顶层设计,统筹推进土地管理、生态环境、人口管理等重点领域及关键环节的改革。

新型城镇化要努力推动新型工业化和现代服务业的发展,就可以形成以城带乡、以工促农、城乡互动、协调发展的新格局,进而促进县域经济不断壮大。优化财政资金配置和完善城镇化投融资机制。推动生产要素双向流动,促进了城乡一体化,同时形成城镇化健康发展的制度环境。

三、结　语

中国新型城镇化道路研究意义重大,它丰富和扩展了城镇研究的深度和广度,在未完全探索诠释城镇化特有规律之时,深入这一领域必将促进其理论和方法体系的形成。本文就城镇发展过程中的相关重点问题,采用理论研究和实例研究相结合的方法,立足于本国国情开展新型城镇化建设的研究。借鉴国外关于城镇化空间形态优化、新城新区建设、社区建设、绿色城市等思路和方法,寻求城镇保护与建设方法,改善城镇的人居环境,并为城镇化的发展提供参考,以期应对城镇化面临的风险挑战。

新型城镇化的研究开拓了城市可持续发展的新视角,它对加快城市发展,有效预防和治理"城市病",建设和谐宜居、富有特色、充满活力的现代城镇至关重要。它有助于解决目前的理论争议,还能促进中国特色城镇化路径的构建。新型城镇化的实践价值有助于降低城镇建立中因保护不力和政策实施的不合理可能导致的隐性成本和损失,从整体上提高城镇发展的效率,促进城镇健康发展,并为城镇保护和规划建设中合理定位政府责任提供指引。这对建设美丽中国,增强民族自豪感和心灵归属感,提升国际影响竞争力和国家文化软实力,都具有重要的现实价值。

参考文献

[1] 陈为邦. 历史的机遇与挑战[J]. 城市,2014(3):4.

[2] 国家新型城镇化规划(2014—2020 年)[Z]. 北京:人民出版社,2014:15 - 16.

[3] Ricky Burdett, Deyan Sudjic. The Endless City [M]. London:Phaidon Press Inc, 2008:60.

[4] Edward L. Glaeser. Triumph of the City:How Our Greatest Invention Makes Us Richer, Smarter, Greener, Healther, and Happier[M]. New York:The Penguin Press,2011:14 - 15.

[5] Timothy Beatley, Kristy Manning. The Ecology of Place:Planning for Environment, Economy, and Community[M]. Washington,DC:Island Press, 2013:43.

[6] Tigran Haas. Sustainable Urbanism and Beyond:Rethinking Cities for the Fu[M]. New York:Ture, Rizzoli International Publication,2012:176.

[7] 顾朝林,吴莉娅. 中国城市化研究主要成果综述[J]. 城市问题,2008(12):109.

[8] Mike Jenks, Daniel Kozak, Pattaranan Takkanon. World Cities and Urban form:Frag-

mented, Polycentric, Sustainable[M]. London:Routledge,2008:99-100.

[9] 王春艳.美国城市化的历史、特征及启示[J]. 城市问题,2007(6):97.

[10] 道格拉斯·凯尔博.共享空间——关于邻里与区域设计[M].吕斌,等,译.北京:中国建筑工业出版社,2008:113.

[11] Mike Lydon, Anthony Garcia. Tactical Urbanism: Short-term Action for Long-term Change[M]. Washington,D.C:Island Press,2015.

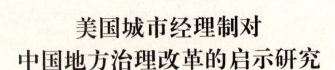

美国城市经理制对中国地方治理改革的启示研究

任 禹

（中南财经政法大学哲学院，湖北 武汉 430013）

摘 要：本文通过对美国城市经理制起源及其特征的考察，明晰了城市经理制的优势、劣势，分析了其所面临的机遇与威胁；进而在城市经理制及其所遵循的"企业家政府"理念的基础上认为，中国社会治理改革应当转变政府行政理念与职能，创新政府管理机制，引入竞争与绩效管理机制，控制政府成本，并积极推动公民参与，完善监督体制。

关键词：城市经理制 治理 善治

城市经理制作为美国、德国等发达国家市政管理体制的主要形式之一，对城市的发展有着极为重要的作用。虽然城市经理制是在19世纪末、20世纪初才形成并逐渐被采用，形成、发展的时间较短，但其所倡导的专业化、科学化、企业化的城市管理理念及其所遵循的"企业家政府"的理念，愈发受到许多国家地方政府的推崇。中国的地方治理，尤其是城市管理体制较为单一的现状使得城市在发展过程中面临接连不断的、情况各异的问题与风险，借鉴美国的城市经理制，促进中国地方治理改革，不仅有着其重要性与现实紧迫性，更能为实现地方的"善治"提供巨大帮助。

一、美国城市经理制概述

（一）起源

目前，美国城市主要采取3种市政体制：市长议会制、委员会制和城市经理

作者简介：任禹（1991— ）男，中南财经政法大学哲学院2014级中外政治制度专业硕士研究生，研究方向：地方治理。通讯地址：湖北省武汉市东湖新技术开发区南湖大道182号，邮编：430073，电话：18771070986，邮箱：rymyu13@163.com。

制。市长议会制是美国最早实行的一种市政管理模式。与美国联邦政府体制结构相类似,基于三权分立的原则,在立法、司法与行政方面实行分权,并分设市的决议与行政机构。市长议会制下的市长是市行政部门的首脑,由选民选举产生;其他市行政部门的负责人有的由选民直接选举产生,有的由市议会选举产生,有的由市长直接任命产生。市议会是市的立法机关,行使州的立法权。市长议会制依照市长与市议会的关系而分为两类:一类是"弱市长制",这是市长议会制的原始形式,所有市行政官员都由选举产生,市议会权力较大;另一类是"强市长制",其中市长在与市议会的关系上处于优势,权力较大,除市长是由选举产生外,市其他行政长官均由市长任命产生。"强市长制"改进了"弱市长制""无法统一领导市的行政工作,使市的行政管理陷入混乱,效率极低"[1]的缺陷,使市长能够充分有效地领导市行政部门开展市政工作,而这种体制也为美国与法国的多数城市所采用。

  1900年,德克萨斯州的加尔韦斯顿市遭受到了猛烈的飓风袭击,市政府面对突如其来的灾害束手无策,州议会不得不依照改革派的要求,建立了一个临时的委员会代行市政府职能。第二年,由该委员会拟订的新的城市宪章在州议会处获得通过,这种集合了立法权与行政权的城市委员会制得以确立。"在城市委员会制中,委员会委员既担负立法职能,又兼任市政府各部门的主管。委员会通常有3至5名成员,市长通常从委员中产生,大部分职责都是礼仪性的,并没有超出其他委员的权力。"[2]城市委员会制的各个委员之间相互制约,避免了权力的滥用,也避免了"弱市长制"在面对突发状况时回应效率低下的状况,因而使得其曾一度流行于美国的许多中小城市。但是,由于立法权与行政权的统一,委员会得不到必要的监督;委员会中的成员由于地位平等且分别承担行政事务,缺乏统一领导,而显得权力较为分散,导致行政效率较低;此外,由民众选出的委员并不一定具有足够的知识应对复杂的城市管理工作,所以也有许多委员因为无法胜任工作,而使城市管理效果较差。由于种种原因,城市委员会制逐渐被城市经理制所取代。

  在1908年,斯汤顿市议会设置了"总经理"职位,负责该市的行政管理工作,这一和企业经理制相类似的制度,契合了当时市政管理改革者的想象,从而得到人们广泛关注。后来被称为"城市经理制之父"的理查德·S.蔡尔斯,通过"斯汤顿试验",并结合当时城市委员会制的缺陷,得出了全新的、完善的城市经理体制的理论。蔡尔斯认为,城市委员会制的主要弊端在于没有将立法权与行政权分立。在1911年,他为纽约州洛克波特市制定了第一个城市经理制方案;

同年,南卡罗来纳州萨姆特市率先采用了这一方案,很快,城市经理制便逐渐在全美盛行。城市经理制充分体现了将城市企业化管理的思想与原则,城市中既有能够提供稳定决策的立法机关,也有负责执行的、权力集中的城市经理,有效规避了城市委员会制的弊端,提高了决策的稳定性、可持续性及行政的效率。

(二)定义与特征

城市经理制指的是城市议会由选民直接选举产生,并且掌握该市的立法权,进而由该市议会选择、聘任一位城市经理掌握该市的行政权,进行该市行政管理工作的一种地方行政组织体制。这一体制主要流行在美国、德国、加拿大、爱尔兰、芬兰、挪威及瑞典等国家。城市经理制最明显的特征是市议会聘用一位城市经理,并将该市的行政权授予这位城市经理,由他对该市进行专业化的管理。

在城市经理制下,市议会由选举直接产生,并掌握全部的立法权和预算批准权;市行政管理工作由市议会委托给一位由市议会雇用的城市经理在受市议会监督下完成。城市经理全面负责该市的一切行政管理实务,有权任命市行政官员,拟订市财政预算;同时,市议会会选举另一人为市长,负责主持市议会,并作为该市在礼节上的代表,但不能

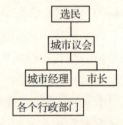

图1 城市经理制基本架构

干预该市的行政工作(如图1)。城市经理制最早始于20世纪初,目前美国有"2500多个城市实行这种制度。大多是中小城市,也有少数大城市(如圣迭戈、达拉斯、堪萨斯等)"[3]。

二、美国城市经理制的 SWOT 分析

(一)中国地方治理的目标与实现途径

"善治实际上是国家的权力向社会的回归"[4],其基础在于公民自愿自觉地进行合作,自觉地认同权威,并且能积极参与治理。所以,善治的过程是一个政府将权力归还公民的过程。中国的地方治理,其最终的目标是实现地方的"善治",而实现这一目标需要引入一个合理、合法、稳定、高效的治理模式、治理机制,形成一个健全、发达、参与程度高的公民社会。

城市经理制这一在美国兴起的城市治理模式,能够更好地协调公民与政府之间的关系,促使民众参与治理并能有效回应民众的诉求,保证信息的公开、政府及公职人员的责任性,保证其能依法、高效地治理地方。其在实现"善治"目标上的优越性能够为地方政府更好地治理城市提供帮助,也能够规避某些可能出现的风险与危机;而中国的现实国情、未来发展趋势、公民的诉求与基本权益的保障也都为城市经理制的施行提供了机会与条件。所以,当前中国地方治理的战略目标是实现地方社会的"善治"。

作为地方政府公共物品供给的一部分,城市经理制可以被视为地方政府为民众所提供的公共性的产品。为更好地分析作为产品的城市经理制的特征与适用性,本文将首先分析推行城市经理制的外部环境,进而将其作为分析对象,考察其优势、劣势,分析其所面临的机遇与威胁,并基于此,对中国地方治理的改革提出相应的对策建议。

(二)实行城市经理制的外部环境——基于 PEST 分析

所谓"PEST 分析方法"是一种企业所处宏观环境分析模型,主要从政治、经济、社会与技术层面分析企业所处的宏观环境,本文引入 PEST 分析方法是为了能够更好地分析采用城市经理制时城市所处的宏观环境,进而对城市经理制进行 SWOT 分析奠定基础。

从政治环境看,目前,中国的政治环境较为稳定,发展经济一直是政府的首要任务;税收结构在经过多次税收制度改革之后显得比较合理,能够在保证政府财政收入来源的基础上,保障公民、企业的收入。但是,国家与地区的制度、政策、相关法律法规仍有待进一步完善,比如在公民参与、各方利益协调、制度与法律的公平正义以及相关的监督机制等方面,还有许多亟待解决的问题。

从经济环境看,社会主义市场经济体制表现出了优势与特点,政府、企业之间有着较为良性的互动;社会经济结构也在不断的产业调整过程中趋向合理与稳定;经济发展水平不断提高。但是,全球经济仍处在危机之后的恢复期,国家整体经济形势在今年及未来一段时间内仍然不容乐观,产业结构有待进一步优化升级,政企关系也在监督、互动等方面有待提高。

从社会环境看,人口结构趋向老龄化带来的人口红利逐渐消失的问题、社会阶层的固化与同质化问题,以及健康、环保等问题仍然存在。虽然中国的社会环境比过去有所改善,但仍然有许多方面是存在问题的,也是需要改善的。

从技术环境看,社会技术水平取得了极大发展,技术革新对企业、城市发展有着巨大的推动作用,也取得了一定成效。国家对于科技研发应用投入力度的加大,专利保护措施的建立健全,技术转移速度的提高与商品化进程的加快,都使得技术环境在向着促进城市、地方经济、社会等方面发展。但核心技术、先进理念的缺失仍然是困扰企业发展的重要因素,进而影响着城市发展的速度与质量,影响着地方治理的效用。

(三) 美国城市经理制的 SWOT 分析

1. 优势

城市经理制的优势在于它很好地贯彻了"善治"的内涵,能够为地方"善治"的实现奠定坚实的基础。第一,合法性的取得。"被一定范围内的人们内心所体认的权威和秩序,才具有政治学中所说的合法性。"[5]合法性与善治程度呈正相关的关系,"取得并且增加合法性的主要途径就是要增加公民的共识和政治认同感"[6]。在实行城市经理制的城市中,城市的立法机关是由公民投票选出,而负责执行政策,实施治理的城市经理是由城市的立法机关选出,能最大限度地代表公民的利益,发展城市,协调各方关系,解决冲突与问题。所以,城市经理制在取得并增加合法性方面有其特殊的优势。

第二,政治信息的公开,即透明性。城市经理制的核心思想是将城市依照企业运作模式来进行治理,所以在信息公开方面,相比于其他模式治理下的城市,其力度将会更大。与民众切身利益息息相关的信息将通过不同渠道传达至民众,以促进民众更广泛、有效地参与城市决策的制定,参与城市治理。

第三,责任性与回应。"责任性意味着管理人员及管理机构由于其承担的职务而必须履行一定的职能和义务。"[7]善治所要求的责任性是通过法律手段和道德正义等方面实现的,城市经理制下的城市立法、司法及行政机构是由公民直接或间接选出,其在法律层面被要求以保障公民基本利益为出发点实行各项职能,所以以城市经理为首的公职人员在其自身的责任心方面,要更胜于其他人。同时,由于城市经理制是依照"企业家政府"的思想而建立的市政管理模式,所以城市公职人员必然对其所面对的"市场"的动向有着十分敏感的把控能力,即对城市中公民的要求做出及时、有效的回应,并能够主动地寻求公民的意见,采纳其合理的建议。所以,在对于公民诉求的应对方面,城市经理制能够更好地做到及时、高效地回应,即能更好地做到"善治"。

第四,法治。法律是所有公民与公职人员的基本行为准则,它既规范了公民的各项行为,也制约了政府的行为。公民通过投票选举出城市立法机关,并由此确立城市的基本法律法规与城市最高行政长官;由此,在法律基础上进行各项活动的城市政府能够更好地遵守、运用法律法规,实现善治。

第五,管理的效率。企业家政府所追求的就是以管理企业的方式来管理城市,而企业管理最重要的、也是其所追求的,就是管理的质量与效率。这就充分反映在管理机构的设置与管理成本的控制两个方面。城市经理制下的城市,对于治理成本的控制要明显优于其他模式,只有控制了治理的成本,才能更好地发展城市经济,促进公民社会保障与福利体系的建设;而要降低治理成本,首要的任务就是要科学、合理地设置城市管理机构,优化市政管理体系的机构,提高管理的效率和科学性,也是城市经理制这一市政管理模式所要求的重要内容。

2. 劣势

首先,城市经理制无法调和多元利益主体之间的关系。当城市规模由较小向中等发展时,市长议会制城市面临的是越来越多的行政管理问题,需要整合力量发展城市并为城市发展提供各方面保证。由此,市政管理把更多精力放在了城市发展方面。此时,行政管理专家以企业家政府的形式开始对城市进行管理并着手城市的全面发展工作。而当中等城市发展为大城市时,城市管理的主要内容由城市经济发展、基础设施建设、社会保障、社会福利等向协调城市内部政治矛盾等方向发展,政治领导成为市政管理所需要的,由此,市政管理体制则会回到市长议会制的道路。

由此可以看出,随着城市规模的不断扩大,城市内部公共利益的分散化倾向也愈发明显,尤其是在大城市,市议会中的议员分别代表着不同的利益集团或社会团体,其社会背景与价值观也非常复杂;而由于城市利益向多元化方向发展,市政管理过程中政策的制定与执行变得愈发困难,城市政府在政策制定上难以达成一致,在政策执行上的协同也变得困难,同时,市政政策的变更也愈发频繁,难以连贯。

此外,在城市经理制下缺乏一位真正的城市政治领导者。城市经理在制度上被设计为一位政治中立的、不参与城市政治的行政管理专家,仅仅负责城市的行政事务;同时,由于城市议会掌握着城市的立法权,而其议员之间地位平等、权力相同,市长属于城市议会的成员,负责外交性事务,并没有比其他议员更多的权力和更高的地位。由此可以看出,在制度设计层面上,城市经理制缺少一位法定的政治领导者。而这也被许多学者看作是城市经理制的主要缺陷:由于城市经理必须要保持价值中立、政治中立,并且仅仅负责执行城市议会的各项决策,加之市长在权力、地位方面的弱势,所以在政治领导层面并没有能够

担当城市的政治领导人的人存在。

综合城市经理制的两个缺陷可以看出,由于实行城市经理制的城市中并没有具有政治号召力与领导力的领袖,加之城市经理仅仅负责行政事务,执行城市议会的各项决议,所以,一旦城市规模变得足够大,公民因种族、收入、社会地位、政治地位等原因而形成不同阶层或团体,城市经理制就会因不能协调各方利益与关系,不能对城市进行政治领导。而这恰恰是城市经理制最大的缺陷,也是城市经理制最应注意与避免的劣势。

3. 机会

中国市政体制存在一定问题为在中国实行市政体制改革、推行城市经理制创造了较好的外部环境。

中国市政管理体制主要有分级管理、结构统一、职能广泛等特征。(1)中国市政体制实行分级管理的体制,主要分为省级市(或直辖市)、副省级市、地级市与县级市4个级别;下级行政机关隶属于其上级行政机关,同时,本级行政机关受到来自本级人民代表大会和上级行政机关的双重领导与监督。(2)中国城市的政权组织形式全部是按统一模式进行设置。中国的城市不仅具有一般的地域性建制的特点,还兼有市政型建制的特点:在市领导县或经过县改市后成立县级市的城市,城市的行政区域内包含了大片原来是农村的地区,城市辖区内也包含了大量的农村人口;由此,市政府必须要对其辖区内的城市地区及农村地区实行专门管理,还要按照同一地域,对整个辖区进行一般性的管理。(3)由于不同城市的规模不同,城市所设层级、具体职能也不尽相同。但总的来说,城市政府的职能范围非常广泛,涉及多个领域:既要关注城市经济发展,培育市场经济,保持宏观调控,又要做好城市基础设施建设工作,做好科教文卫等多方面促进社会发展的工作,还要做好解决就业、住房、交通及环境等问题的社会保障与社会福利工作。

中国市政管理的特点反映出了中国市政管理在领导体制、管理体制及管理层级等方面的诸多弊端。(1)市政领导体制的弊端。城市政府的各个部门之间缺乏统一标准,缺乏协商机制,"政出多门",从而导致政策制定出现盲目性、不科学性等问题,重复建设、浪费现象严重,造成了城市政府行政效率十分低下及城市资源的严重浪费。(2)城市政府职能的混乱。城市政府职能混乱主要表现在职能的错位与同质化上:城市政府承担了过多职能,不仅会造成巨大的财政、税收负担,还会导致政府部门林立,职能交叉,各部门职责含混不清,上下级、同级部门之间关系不良等乱象的产生;此外,城市各级政府在机构设置、职能规定上的高度同质化,也导致了严重的资源浪费及行政效率的低下。由此,可以看出,城市政府职能的混乱不仅使得城市治理效率难以提高,更带来了严重的资源浪费,也滋生了权力寻租与贪污腐败等违法乱纪现象。(3)缺乏监督,政府信用受到严重威胁。城市职能及市政领导体制上的种种弊端,使得城市政府在管理城市的过程中乱象丛生,各类信息的不对称、行政效率的低下、贪污腐败的频发、资源的浪费与环境的破坏等现象都使得政府的信用受到不同方面、不同程度的挑战;同时,由于相关法律法规的缺失、媒体及公民的监督作用不明显,城市政府在行政过程中的各种行为得不到有效监督,从而也就诱使各类问题不断产生,并且难以得到根治。

目前来说,转变城市管理体制是中国地方治理改革中比较迫切的任务之一,尤其是在经济形势较为严峻、社会问题与社会矛盾频繁的当下,采取一种能够更好地提高城市行政效率、满足公民基本需求、保证公民基本权益的市政管理体制是十分必要的,这也就为城市经理制在中国城市的实行提供了有利的外部条件与机会。

4. 威胁

市政管理的根本目标在于实现城市的"善治",实现城市公平的全面、健康发展。但是,现阶段的中国在公民参与治理、政策制度稳定性与持续性、政府公职人员的公正廉洁以及地方政府协同治理等方面仍然存在着诸多问题,这些问题给城市经理制充分发挥其作用带来了严重威胁。

(1)公民参与程度仍待提高。从近年来的研究与报道可以看出,公民参与地方治理取得极大的发展,参与主体更加多元、领域更加广阔,也取得了一定的成效。但是,必须看到的是中国的公民参与治理的机制仍然处在不断完善与发展的阶段,仍有许多问题威胁到地方治理的有效开展。

一方面,公民参与到地方治理的意识仍然不高。这主要反映在公民的积极性、主动性与创造性的不足等方面,公民并未完全意识到自己是社区的主人,认为管理社区或城市应该且必须只能是政府的责任,自己只是被动地、消极地参与到地方治理的过程中,即使参与了,很多时候也仅仅是为了完成任务、走走过场,而并不能对政府改进地方治理方法提供有效帮助。同时,公民组织化程度较低,个人的力量不足以影响政策的制定或具体的政府治理行为,所以,只能消极应对,从而导致公民参与的热情不高,效果也并不明显。此外,保障公民参与地方治理的机制不健全,制度层面的缺失也使得公民参与程度不高。

另一方面,政府对公民参与地方治理的回应不足。地方政府对公民参与治理的支持力度不够,参与渠道建设不善,加上政府公职人员"官本位"与"全能"思想倾向严重,使得政府并未对公民参与有足够重视,从而忽视了公民对政策制定科学性、执行有效性及相应监督管理工作的帮助作用,并认为引入公民参与,只会是增加开支与成本,且不具有效果,因而在对公民参与治理的支持力度方面便有所不足。

（2）地方协同治理的隐患。城市经理制将一个个城市看作一个个企业,这种治理模式势必要促成城市之间的协同合作,通过协同治理的方式,促进城市的发展。但是在中国社会的治理中,协同机制存在各种缺乏顺利运行的必要条件,所以对城市经理制充分、高效的运行是极大的挑战与威胁。

地方协同治理机制中的隐患主要来自于传统治理思维的限制、利益主体之间的矛盾与保障机制的不健全。首先,中国政府长期受到全能主义的影响,政府职能涵盖了社会各个方面,使得政府之外的其他社会主体难以在治理中充分发挥作用,政府是唯一承担社会治理的主体,这就使得其责任也随之无限扩张。随着经济、社会的全面发展,利益多元化导致社会矛盾与社会问题频发,治理盲区不断出现,使得大包大揽的政府在地方治理过程中的负担日趋加重。长期以来的管制思想,使得政府并不能有效地通过放权与合作而形成高效治理,由此形成了一种恶性循环:问题越多,越不敢放权,越不敢或不愿意合作,进而带来了更多问题。可以看出,传统治理思维的缺陷为地方协同治理在指导思想与理念上带来严重隐患,也不利于地方合作治理的开展。

其次,随着中国经济和社会的快速发展,社会结构日趋复杂,利益主体日益多元,各个利益主体之间的对抗性矛盾与冲突频发。中国自改革开放以来经济结构发生了巨大变化,使得不同阶层逐渐产生、分化与稳定,多元利益主体的社会逐渐形成,从而逐渐引发不同的社会利益矛盾;同时,频发的社会矛盾使得治理成本居高不下,政府成本也年年攀升,但治理效果并不明显。这些都使得地方政府只能顾及自身而难以有资源与精力参与合作,也就加大了城市间合作的难度。

最后,协同治理的保障机制不够完善,尤其表现在信息共享机制的不健全。花费在寻找信息、辨别信息、筛选信息上的交易成本是影响城市协同治理的重要因素,由信息不对称而导致的治理成本的增高极大地抑制了城市之间协同治理的发展与效用。信息的不对称与信息的不公开,使得合作的风险与困难急剧增加,不论是管理城市还是公司,对于信息的需求都是巨大的,信息的缺失是导致管理最终低效甚至失败的主要因素。城市之间的协同需要双方甚至多方的信息共享,不仅是政府部门,还应该是社会组织或者公民个人的信息共享。然而,中国的信息共享与公开工作的缺位,使得城市之间的协同变得十分困难,这也直接威胁到了城市经理治理城市的效用。

(3)廉政建设不到位的影响。首先,立法权、行政权及司法权应该由独立、高效的国家立法机关、行政机关及司法机关独立行使。但是由于制度建设、监管力度的不到位,权力运用效率不仅低下,还缺乏有效监督,这使得保证城市经理制高效、独立且受到有效监督是非常困难的。此外,纵然制度设计足够高效、合理,但若缺乏有效监督,也会导致制度的失效,而就目前中国的情况来看,监督机制的不健全,使得公职人员在行使权力时受到的约束不足,并不能明确规定其权力边界并有效规范其行为,这也使得城市经理制在实行的过程中,会面临各种风险,进而威胁到其治理效果。

(4)制度公正的缺失导致社会不公正。社会不公正首先表现在制度公正的缺失上,而制度的不公则普遍涉及教育、就业、住房、医疗等社会中关乎国计民生的方面。由此造成了各种社会问题与矛盾,从根本上危及政治合法性的基础,从而也危及城市经理制的设立与运行基础。另一方面,制度不公产生的根源在于制度文化及制度执行方面的缺失,中国传统政治文化重视整体思维与抽象思维,加之长久以来的"人治思想",都使得科学的、理性的、逻辑严谨的政治文化缺失;同时,由于社会利益主体多元化,各方利益博弈趋于复杂,一定程度上导致了制度执行不到位,从而形成即使有公正制度的存在,在操作层面上也会出现不公正的现象,从而难以保证制度的公正性,也就难以为城市经理制的实行提供可靠条件。

(5)政策制度缺乏稳定性与持续性。邓小平在谈到政策连续性问题时曾多次强调,政策连续性首要的标准就是"看政策本身对不对"[8]。目前来看,中国许多地区的领导干部在制定当地发展政策时,首要考虑的仅仅是其个人的政绩及其表现,将精力放在了盲目建设、重复建设甚至是浪费上,而不是根据当地实际情况进行科学合理规划。同时,由于领导人的变更等多方面原因,政策规定缺乏科学合理的理论研究与实践论证,政策变化繁多,随意性、短期性十分明显,"运动式治理"频发。这些都为政策的稳定性与持续性带来了极大的消极影响,使得在城市治理过程中,政府治理的行为显得非常随意、无理、无据,从而使得地方治理环境十分恶劣,从而威胁到了市政体制的健康运行。

三、美国城市经理制对中国地方治理改革的启示

美国的城市经理制是依照奥斯本提出的"企业家政府"的基本特征与模式进行地方治理的制度,具有其独特的优势,但也呈现出其不足之处。对于中国而言,当前政府治理能力、社会发展水平与现状以及地方"善治"的要求都为"企业家政府"的建立创造了条件,但其中也蕴含了潜在的风险。所以,要使中国地方治理水平有质的提高,"企业家政府"的建立是必不可少的。

(一) 转变政府行政理念

提高地方治理水平首先要做到的是政府行政理念的根本转变。奥斯本认为,传统的官僚制度过分注重投入,最终只会使得官僚机构恶性膨胀;而企业家政府则是讲求效率、重视产出的体制,能够更好地避免官僚机构恶性膨胀的结果。

所以,政府首先应当树立投入—产出的观念,时刻谨记治理成本、治理效率,引入企业在成本控制、效率提升方面的经验与机制,提升治理能力,谋求更好的治理效果;单纯地追求产出,必然会导致政府权力寻租的现象产生,所以还应当树立起相应的服务理念,政府是为社会、为民众提供服务的主体,而不是凌驾于社区与公民之上的管理、控制的主体,政府治理的基本要求就是要对社会负责,及时回应民众的要求并积极主动地寻求公民的参与;最后,政府还应当在变化发展的过程中不断创新理念,与时俱进,积极寻求更加高效、合理、能够为大众服务的新理念、新方法,进而从思想上改变现有的、落后的、消极的观念,促进政府职能的转变,提高治理能力与效果。

(二) 转变政府职能,创新政府管理方式

奥斯本提到了政府的角色应该是"掌舵",而并非"划桨",政府应该退出公共服务的微观,而"进行更多的决策"[9],"使更多的社会和经济机构行动起来"[10],促进城市的发展。政府向"掌舵型政府"方向转变,它"制定政策,给(公、私)执行机构提供资金,并评估它们的业绩,但是很少自己去发挥执行机构的作用"[11]。所以,首先,政府应通过职能的转变,更好地处理其与市场、企业及社会的关系:在市场机制失灵的行业、地区进行坚决果断的调控;在微观的经济领域则"弱化"自身在管制各方行为、配置不同资源方面的作用;并在某些领

域将政府职能下放到社区,由社区承担政府职能,进行治理。此外,政府还应在转变过程中更加充分地明晰自身的定位:政府应当逐渐将对经济的管理、控制转向社区管理、公共服务提供方面,并且明确自身城市经营者的身份,将自身职能逐渐从管理城市向经营城市转变。

城市经理制的成功实行及其对企业家政府理论的贯彻还表明,政府管理方式的创新对于地方治理有着十分重要的推动作用,而政府管理方式创新的基本要求就是建立企业化政府,采取企业运作模式运行政府,进行治理。首先,应当树立服务意识,发挥政府的引导作用。政府部门及公职人员应当树立起"服务市场、服务社会"的理念,通过一种"服务式"的管理方式,进行各项职能与工作的开展并且通过制定各项法律法规完善、保障这种服务的可持续,进而以一种"顾客导向"的思维方式进行治理工作。以满足并拓展公民权益为起点,针对公民、社区的需求提供各类服务;在法律框架下,创新治理方式,更高效地满足公民与社区的发展需要,提高治理的效率。最后,还应当积极分权,将政府权力下放,通过充分授权于下级,提高行政效率,提高地方治理的质量。

(三)引入竞争机制与绩效管理,控制政府成本

奥斯本认为,由于竞争机制的缺乏,政府并不如企业一般高效,必须要引入竞争机制,才能提高政府效率;同时,打破政府垄断的格局,避免浪费与重复建设现象的发生。这就要求政府在运行过程中必须要坚持经济人的理念,强化成本观念、效率观念,重视政府成本管理,重视投入—产出比例,以最合理的投入获得最大的收益。政府应当引入竞争机制,引入市场机制,利用不同部门之间的竞争,提高治理的效率与质量;同时,引入激励—惩罚机制,对低成本、高效益的部门或组织进行奖励,并对高成本、低效益的部门或组织予以一定惩罚,从而建立起良性的治理机制,在合理控制治理成本的基础上,实现治理效果的最大化。

与此同时,还应当引入绩效管理机制,加强对公职人员及政府的考核。公职人员的专业化水平是决定治理能力高低的重要影响因素,只有拥有了高水平的知识与技能,才能更好地应对各种问题、风险与突发情况,才能更好地保证治理的有效性,才能更好地使政府权威、社会秩序为公民所认可、接受并服从,才能形成一个更有事业心的政府,能够使政府、社会及公民个人都能"盈利"且拥有"取得收益"的能力。所以,还应当根据实际情况,对政府及公职人员进行量化考评,以公民对政府辖区内公职人员工作的满意水平为基本指标,结合社区

发展,社会保障与福利事业发展情况等内容,对政府及其公职人员进行考核,从而促进政府更加公正、廉洁,提升公民参与治理的热情与能力,从而推动政府治理能力向更高水平迈进。

（四）推动公民参与治理,完善监督体制

奥斯本提出要建立顾客取向的政府,以满足顾客(即公民)的需要,而不是满足政治官僚们的需要。这就要求要进一步加快公民参与治理的进程,并且完善对政府监督的机制。公民参与决策、参与治理是现代社会发展的必然结果,也是其必然要求。公共事务的决策不再仅仅是以政府为唯一主体进行的行为,而是由政府协调社会组织、公民个人共同参与的行为。而公民参与程度的加深,加之公民自身素养的不断提高,对于治理的全面开展与高效推进有着重要的积极作用。所以,应当加强公民教育,提升公民自身素养,拓宽公民参与渠道,鼓励公民通过结社参与公共生活,通过有效的指导,使公民积极、有序、合法并且高效地参与治理过程,在提高治理效用的同时,体现"以人为本"的政府执政理念。同时,还需要建立健全监督体制,加强监督力度,形成政府自身、社会与公民监督三位一体,实现对政府治理过程的全方位监督,从而保证在治理过程中政策的制定、执行公正合理,公职人员廉洁正义,从而保障治理过程的高效、全面与正义。

城市经理制作为美国市政管理体制的重要组成部分,有着其独特的优势与特点;同时,其所遵循的"企业家政府"理念,对中国社会治理也有着巨大的启发、参考与借鉴意义。通过对城市经理制的考察与分析,基于"企业家政府"的指导理念,我们提出了对中国社会治理改革的相关建议,并希望能通过市场化、企业化、竞争性政府的建立,进一步提升中国政府在社会治理方面的能力,提高社会治理的效果,实现社会的"善治"。

参考文献

[1] 许崇德.中华法学大辞典·宪法学卷[M].北京:中国检察出版社,1994:589.

[2] 崔学民.美国的城市政府管理体制及历史演变[N].中国纪检监察报,2011-01-28(004).

[3] 刘海藩.现代领导百科全书·政治与历史卷[M].北京:中共中央党校出版社,2008:208.

[4] 俞可平.治理与善治[M].北京:社会科学文献出版社,2000:11.

[5] 俞可平.治理与善治[M].北京:社会科学文献出版社,2000:9.

[6] 俞可平.治理与善治[M].北京:社会科学文献出版社,2000:9.

[7] 俞可平.治理与善治[M].北京:社会科学文献出版社,2000:9.

[8] 邓小平.邓小平文选(第三卷)[M].北京:人民出版社,1993:245.

[9] 戴维·奥斯本,特德·盖布勒.改革政府:企业家精神如何改革着公共部门[M].周敦仁,译.上海:上海译文出版社,2006:8.

[10] 戴维·奥斯本,特德·盖布勒.改革政府:企业家精神如何改革着公共部门[M].周敦仁,译.上海:上海译文出版社,2006:8.

[11] 戴维·奥斯本,特德·盖布勒.改革政府:企业家精神如何改革着公共部门[M].周敦仁,译.上海:上海译文出版社,2006:17.

以加拿大于人村为例探讨城乡接合部边界效应

章心怡

(苏州大学艺术学院,江苏 苏州 215123)

摘 要:本文选取加拿大多伦多市(Toronto)与约克区(York)边界的于人村(Unionville)为案例,从城市空间、生态体系、文化特色3个方面,探讨城市边界效应开发利用的方法。科学认识城乡边界区,有效激活边界效应,有益于抑制我国城市化不断扩张对农田和自然林地的侵蚀,维持社会平衡发展所需的生态活力。

关键词:于人村 城乡规划 边界效应 空间活力

一、引言

城市是人类社会组成的聚居系统,其相邻或异质地域(如城市与城市、城市与城郊、古城与新城)之间的交接地带形成贯穿城市各层级空间的边界区。边界区有特殊的区位条件与生态特性,在城市居民、环境、社会、经济等系统之间产生时间、空间、过程、结构、功能等层面上的耦合关系、协同作用和整合效益,从而超越各单独区域产生的系统效应的简单相加,这种现象属于"边界效应"[1]。

城乡边界作为城市和乡村地域的结合部和过渡区,既是城乡功能的混合区,也是城乡人口的混居区,具有城乡经济和文化混合发展的特点,对于城市整体发展起着至关重要的作用。[2] 它能抑制城市化的无限蔓延和扩张,能缓冲城市及农村发展不平衡的矛盾,能成为城市生态环境的保护屏障。然而,我国的城乡边界在人居环境的建设方面缺乏统一的规划和完善的理论体系,经济的利

作者简介:章心怡(1984—),女,无锡人,浙江商业职业技术学院讲师;苏州大学艺术学院博士生,研究方向:建筑设计与艺术。通讯地址:苏州市工业园区仁爱路199号,苏州大学独墅湖校区二期C02-2504,邮编:215123,电话:13656656343,电子邮箱:zhangxinyi00@163.com。

益使大量的农业用地向非农建设用地无序转化,导致城乡边界模糊不清,耕地资源大量浪费,传统村落异化瓦解,乡土文化逐渐消失,水源森林大量破坏,人居环境面临重重问题。

本文选取加拿大的经济大都市多伦多市区(Toronto)与以农业生产和居住功能为主的约克区(York)的边界地带万锦镇于人村(Unionville)为案例,研究城市化进程中,城乡接合部边界效应产生的条件和影响,并结合我国目前快速城市化所面临的相关问题,探索健康和可持续的发展策略和模式。

二、于人村的历史渊源和特征分析

(一)于人村的区位特征

于人村(Unionville)是加拿大安大略省约克区万锦镇的一个社区,位于多伦多市中心东北方约33千米,处于约克区和多伦多市的交接地带(如图1)。多伦多市是加拿大安大略省的首府,是加拿大的经济中心,也是世界上最大的金融中心之一。约克区是多伦多以北的一个地方行政区,交通便利,环境优美,是极佳的宜居地,现有90多万居民,是加拿大人口增长速度最快的地区。于人村作为多城市系统重叠的交错区,可以便利地获取两地共有的资源环境,融合两地的文化特色,吸引周边城市人流,形成多元丰富的空间形态和功能组合。

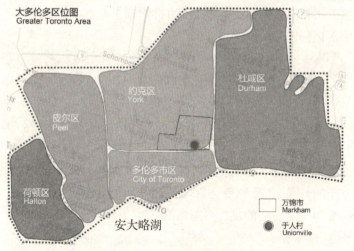

图1 大多伦多市行政区划分地图

(二) 于人村的历史渊源

于人村始建于1794年。为了远离纷杂拥挤的城区，一批德国人选择了自然条件得天独厚的约克区，沿奥斯哈瓦河(Oshawa River)建屋居住，为当地带来了欧式生活方式和建筑风格[3]，形成了于人村社区的雏形，也就是现存的于人村主街(Main Street Unionville)。之后自然演变，形成以主街为中心，小镇向四周辐射的发展模式。1840年开办的联合磨坊(Union Mill)是于人村主街成立的第一个商业店铺，其生产作物远销全国。1849年于人村成立了邮局；1871年多伦多到尼披盛的铁路开通至此，每件大事都提供了推进当地旅游业发展和经济繁荣的契机。于人村也得以从单一的农耕村落演变为功能多样的复合生态系统。

(三) 于人村的文化发展

于人村拥有丰厚的历史积淀、独特的城镇形态和欧美结合的建筑风格，是典型的承载着北美城市发展历史的主街(Main Street)。加拿大安大略省市镇事务与住房局(Ministry of Municipal Affairs and Housing)于2001年发布并于2004年、2010年两次修订的《商业促进区指南》，推动了主街更新改造，将主街改造成商业服务用地，从而进一步改善了街区环境，提高了社区居民的生活品质。如今，这里是一个充满历史气息和文化韵味，同时又富有现代功能的活力社区，早期的空间形态和建筑风格，与现代化的设施相得益彰，为边界效应最大化提供了最佳的文化背景。

三、于人村的边界效应和活力分析

(一) 地域功能的复合性

处于边界地带的于人村，兼具农村和城市空间混合发展的特点，又是异于两地的独立空间体系，在受城市化影响的开发和改造进程中，于人村从单一的农耕村落演变为功能多样的复合生态系统。

1. 整体空间分析

于人村的整体发展，空间景观经历了各具鲜明特点的4个阶段，即：(1)原生自然景观；(2)农田、鱼塘、果园等生产景观的开拓；(3)分地块建造住宅区形成村落景观;(4)受城市扩张影响的"城市化"景观(注:作者另有文章阐述相关细节)。于人村社区的中心地段(主街)开发成服务于社区居民和外来游客的金融和商业中心。其农业、居住、商业开发模式交互有序,循序渐进,形成多功能并存的空间复合区,成为结构多样的复合生态系统。图2可见自然景观、生产景观、村落景观、城市化景观并存在于人村的整个社区,相互交错,有机发展,前三者所占面积与比例相近,而"城市化"景观特别狭小,全长约300米,仅占据一小段的主街街道(图3),有别于国内城市占用大量农业用地的"城中村"现象。[4]

由此可见于人村的用地规模:北以生产景观为主,同时保留大片的自然景观,建筑密度较低;城市化景观所在的中心区域,村落景观相较北部逐渐增多,较少能见到成片的农场,但仍有不少自然景观保留完好;往南临近多伦多市区边界,受城市影响,村落景观面域增加,居住空间趋于密集,建筑风格也逐步由古典向现代风格演变,而自然景观依然不乏其中。自然景观、生产景观、村落景观、城市化景观有机平衡发展的土地利用模式有效保护了自然生态环境,保留了耕作生活方式和历史建筑风格,使空间功能混合度极高,兼具生态、生产、居住、商业、游憩等功能。

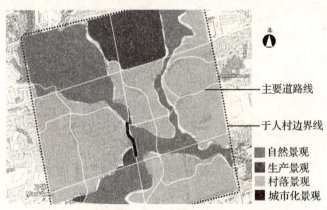

图2　于人村空间形态

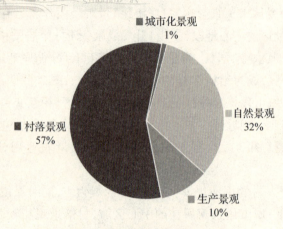

图3　于人村空间形态面积比

2. 生态环境分析

林地、水系等自然环境区具有涵养水源、防止水土流失、除尘降噪、储存洁净空气、减小热岛效应、维持地区生态平衡、供给野生生物良好生境的作用,也为人类提供游憩场所。于人村良好的边界区位,受益于相邻地域单元环境资源的相互补充和组合,有极高的生态价值,地缘生境优势尤为突出,但由于用地扩张和建设需要,原生生态环境被部分占用,野生物种的持续生存主要靠当地妥善使用土地和对改造的控制。

(1)自然林地。原生环境是城郊最宜人的空旷地带,是储藏自然生态系统的信息宝库。由于地方政府和城市居民的生态保护意识,于人村的自然林地保护区没有任何形式的移植和砍伐(如图4-1、4-2、4-3)。商业氛围最繁华的主街东面也留有大片原始山林和纯自然的历史风貌形态。同时,这些山林供游客和远足爱好者活动、休闲和观赏,丰富了居民的户外生活。自然景观与人工景观在这里有机交融,居民在喧闹街市的一隅还能享受大自然带来的轻松和宁静。为避免商业活动区给林地动植物群落带来影响,在山林前设次干道,停车场位于主街建筑背面与山林前之间的空地并下沉,既有效隔离了商业街道,天然的植被又能缓解尾气和噪音污染(如图4-4)。

第四部分　城镇化国际比较研究

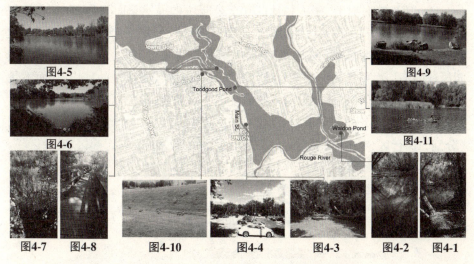

图4　于人村生态环境（图片来源：作者自摄）

（2）自然水系。于人村主街的西北角有一处水库（Toogood Pond）（如图4-5），除了让水系维持生态自循环，禁止工业污水的排放，在水库周边方圆100米距离内保留了原始生态绿地和植被的景观廊道（如图4-6），还设置自然驳岸以提高水库的自净能力（如图4-7），滨水空间的步行廊道和休憩景观（如图4-8），及西边广阔的生态公园，供行人休闲漫步和驻足停留，享受远离尘嚣的大自然风景（如图4-9）。临街较宽（大约10米）的绿化斜坡使自然生态和水系更好地与公路等带状基础设施隔离，避免城市污染和对生境的破坏（如图4-10）。

（3）生物群落。由于边界区生境条件的特殊性和复杂性，毗邻群落的生物可能更多聚集于这一生境重叠区，从而造就了丰富多样的动植物种类。于人村对生态山林及水资源的保护策略为野生动物提供了温馨的家园和自然安全的生存环境。加拿大严令禁止对生境的人为破坏，和谐的动植物群落共同创造了健康可持续循环的自然环境（如图4-11）。

3. 生态功能评价

景观生态学中的岛屿生物地理理论揭示了物种存活数目与所占据面积之间的密切关系，即岛屿面积是决定物种数量的最重要因子。[5]因此，可以选择单个斑块空间的面积作为其生物多样性和生态功能实现的指标，研究将选择于人村的绿地面积大小和国内外重点城市的城郊区域绿地平均面积大小的对比，体现于人村生态服务功能的优劣。即平均绿地面积越大，其生态功能越完整（这里统计的绿地面积均为公园绿地，生产性绿地和街道绿地不计入统计范围）。

通过 GIS 软件计算，于人村社区 6 个公园所占绿地总面积为 256 公顷（各公园所占绿地面积见图 5），平均绿地面积为 42.66 公顷。于人村处于国际化大都市多伦多的城郊区域，因此，文中采用国内同级城市——上海城郊区域的公园绿地的平均面积作为参照值。统计上海所有郊区公园绿地的平均值，而不是单个区域的平均值，以体现上海郊区的整体生态功能，避免以偏概全，以此衡量于人村的生态服务功能评价。上海共有 18 区 1 县，其中 9 个区域属于城郊区域（分别为闵行区、宝山区、嘉定区、浦东新区、金山区、松江区、青浦区、奉贤区、崇明县），各区域现有公园 239 个（图 6），公园面积共 5390 公顷（图 7），计算可得上海郊区的公园绿地平均面积为 22.55 公顷。

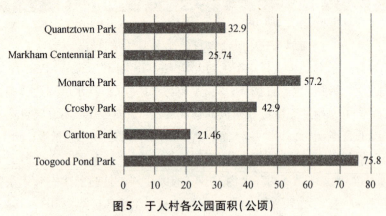

图 5　于人村各公园面积（公顷）

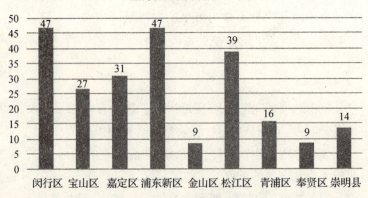

图 6　上海各区公园个数（个）

第四部分 城镇化国际比较研究

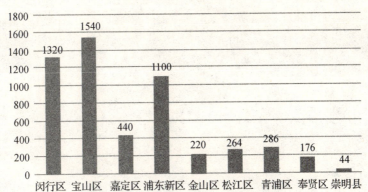

图7 上海各区公园绿地面积(公顷)(2011年数据)

表1 三地的绿地平均面积数据比较

地区	绿地平均面积(单位:公顷)
于人村	42.66
上海郊区	22.55
伦敦全市	47.01

(伦敦的数据来源见为 *Walking Toars of Union ville*;其他数据均为笔者自行计算)

通过于人村和上海城郊的平均绿地面积指标的比较(42.66∶22.55),可以初步判断于人村的生态服务功能和物种多样性明显优于上海城郊。全球生态环境保护趋于领先的城市英国伦敦,常被用作各地区的优秀典范和生态目标,据相关资料记载,伦敦地区的公共绿地面积达17200公顷,其绿地平均面积为47.01公顷[5],于人村所占的42.66公顷与之相近,可见在全球范围内也是处于领先水平,这和于人村对原生环境的保护、对城郊开发和绿地砍伐的控制是离不开的。而在国内经济发展和城市建设较为领先的上海地区,绿地平均面积指标较低,仅为其他两地绿地平均面积的一半,可见生态环境相较伦敦和于人村处于劣势,这和国内的土地开发方式有关。

(二)空间形态的多样性

由于边界区位的特殊性——受到南部多伦多的经济辐射,北部约克区大量居民对其有消费需求,加上地方政府对生态环境和历史建筑的保护和更新策略,于人村不同种类的空间形态聚于此地,逐步形成商业空间、交通要道、居住空间、公园广场等多种形态共存的城市空间(如图8)。

图8　于人村主街(图片来源:作者自摄)

1. 主街空间的复合表现

仅200米长、12米宽的于人村主街,如何发挥边缘效应和地域优势,增强街区活力?提高商区竞争力是其城镇发展的关键挑战。调研发现,主街虽定位为商业服务功能区,空间形态混合度却极高,除了商业店铺外,还有原生环境、教堂、广场绿地、艺术画廊、图书馆、农场等多种不同形态的空间群落(如图8)。街道长度的限制使临街店面数量有限、分布紧凑,但内容丰富、功能全面、风格突出,在平日足以满足小镇居民和少量游客所需。底层以商业店面为主,如餐饮酒吧、食品店、服装店、饰品店、摄影店等,二楼以办公空间为主,空间利用合理巧妙。艺术画廊、小型博物馆、教堂和图书馆更为街道增添了文化氛围;冰壶俱乐部、室内滑冰场、水边凉亭、露天剧场等为居民提供了绝佳的活动场所;农贸市场利用了城乡交界的地理优势,将郊外农场的新鲜蔬果销入城内;磨坊、火车站旧址虽已不再使用,但保留下来的建筑遗产被赋予了新的功能。

于人村主街在社区中是经济实用的多元化购物和休闲中心,多地交界的优势,加上独特的历史文化和建筑形态,相较那些远在郊外、与居住区隔离、功能单一的商业综合体而言,人们的可达性和购买欲大大增加,自然成为社区和周边城市居民更乐于前往的场所。

2. 交通要道布置合理

作为一处安详宁静的小镇,交通枢纽简单便捷,没有现代化城市的地铁和高架公路,甚至主街街角曾经重要的铁路转运口都被废弃不再使用。约两千米外的铁路和高速公路提供了足够的可达性。

于人村主街在平日作为城市主干道满足车辆的正常通行,仅在一些特殊节假日活动之际,为适应场地活动(如游行、街市、表演等节目)的需要,政府才将主街临时设为限制一切车辆行驶的步行区域,店铺展品向街道延伸,临时舞台、集市纷纷增设,街景鲜花焕然一新,海报旗帜空中飞扬,此时的于人村主街,繁忙而喧闹。

为适应日渐增长的人流,商业街往往被打造为人车分流的步行街,而于人村主街的改造并未这么做。其一,商业街道并不会因为隔离城市道路而变得亲切宜人,相反可达性降低,并且需要规划周边城市道路与之相适应。其二,步行街改造需做大量的重新设计(道路铺装、步行景观、街景灯具等),建筑立面也必须改造。这样做除了成本的无谓增加,还破坏了历史街区的原真性。其三,步行街缺乏良好的装载工具、垃圾回收系统及足够的停车区域。

3. 街道的紧凑有致

扬·盖尔在《新城市空间》中分析了适度街区尺度的重要性。通过自己的亲身感受,他认为城市街区尺度的增大会使步行变得困难,街头生活就会大大减少,城市活力也随之下降。[6] 于人村的商业街范围南始于人村火车站(已弃用),北至于人村公共图书馆,在街道改造中并未因街道的繁荣而进行商业范围的拓宽或加建。主街行人平日以于人街的居民为主,偶有前来拜访和参观的游客,因此,仅300余米的主街,丰富紧凑的临街店铺足以满足3万多居民的日常生活所需。

关于商业街道的尺度,有研究表明,建筑高度与街道宽度比例为1:1时方能形成良好的空间尺度。[7] 于人街主街的建筑普遍为两层,个别有第三层阁楼,层高均为4.5米左右,因此建筑总高度为10—15米。其街道宽度为12米(6米的行车道,两边各3米的人行道),接近于1:1的比例,形成舒适亲切的街区尺度。

(三)城乡文化的交融性

富有德国风情的小镇于人村,接纳着不同地域和社会阶层的居住群体(据加拿大地产局统计,小区平均家庭年收入由8万至20万加币不等),具有极强的包容性。经济的发展也吸引了不少外来游客前往观光度假。加上边界区域的有利条件——多数居民穿梭于约克区和多伦多两地生活、工作和学习——集纳了两地的文化特色,承载着多元化的社会经济活动,形成了特殊的文化氛围。在良好的社会文化氛围下,不同种类的文化也相互影响和促进,形成了文化的多元性和融合性。值得一提的是,随着中国居民的增加,这里的中国元素在社会各个层面和角落也更多地得到体现。

1. 居民的参与性

笔者通过计算平日周末及文化节日各一天同一小时内的人流量,分析了于人村主街的空间活力度变化(如图9)。结果显示,主街在周末主要以社区居民活动为主,村内居民占总街道人数的70%,其次为万锦当地的居民,占20%,其他城市的游客在平日极为罕见(如图10);而在文化活动时外来游客量大大增加,占据半数以上,万锦、多伦多、约克区都有相

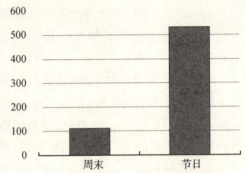

图9 于人村周末和节日每小时人流量

当数量的游客前往,其中,多伦多地区的居民占外地人数最多,仅亚于本社区的居民人数(如图11)。笔者通过对游人的调研访谈了解到,多数居民搭乘地铁、公交或自驾较为方便,不超半小时,乐意经常参加社区活动(如表2),这正体现了于人村地处三地交界处的地域优势。另选取了一个工作日前去观察,主街特别空旷宁静,与节假日繁闹的景象大相径庭,除了拥有风格独特的建筑和正常经营的门市之外,并无特别的氛围。主街平日以服务于社区内3万多人口的当地居民为主,街道不会过于拥挤,仅在街区活动时才会流量大增。

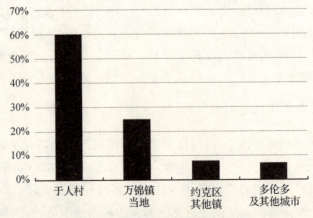

图10 于人村周末各区域人数比

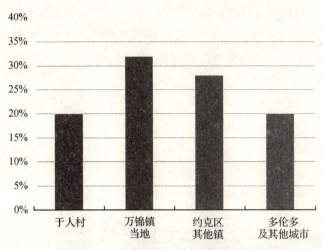

图 11 于人村节日各区域人数比

表 2 部分访谈记录表

来访群人数	居住区域	路程耗时	到访频率
5（儿童）	于人村	步行 8 分钟	每周
3（三口之家）	多伦多	自驾 25 分钟	第一次前往
2（一对夫妇）	多伦多	公交车 1 小时	每逢节假日
4（四口之家）	万锦镇其他村	步行 20 分钟	每月
1（老人）	于人村	步行 5 分钟	经常
4（年轻人）	杜咸区	开车 15 分钟	第一次前往

以上分析显示，于人村主街在节假日的繁华源于两方面明显的优势条件，其一为客观因素：其地域上多地交界的优势明显，边缘效应突出。其二为人为因素：地区充分抓住该地域优势，位于万锦镇的于人村，有别于多伦多市区浓厚的商业氛围，同时又区别于约克区以工农业为主的特点，是两地有利因素的延续，同时通过挖掘地方历史价值，提高社区活力和吸引力，增加了社区的影响力和吸引力。

2. 活动的多样化

街道平日宁静，只在周末及节假日各项演出和活动开放之时，临街才会摆满丰富的露天街市，更不时有当地和远道而来的艺术家献艺和互动，从而增加街道活力，丰富居民生活，促进社区邻里和谐（如图 12-1）。

在一年一度的历史文化纪念活动时节（Unionville Heritage Festival），于人村主街会被改设为步行街。此时,献技献艺的艺术家,人声鼎沸的音乐会,乔装打扮的街道游行、民俗文化风情盛宴、新鲜蔬果的品尝活动等,都为街区注入了丰富多样的文化活力。对街区文化的宣传还通过各类互动节目和游戏的方式进行:专业导游免费为游客讲述村镇与街道的历史及每一栋建筑的历史溯源和变迁(如图12-2);磨坊的各种体验游戏及玩具火车的游乐活动(如图12-3),使居民在游乐中了解磨坊及铁路对地区经济繁荣的重要作用;观光车也设计成古典小火车的样式,供游客免费乘坐并体验街区的历史风貌。凡此种种,都深受广大居民特别是少年儿童的喜爱,每逢此时都有成千上万的游客前来参观,更有知名乐队为村镇的历史和文化谱写曲目,自编自演如(图12-4)。

图12-1　　　　图12-2　　　　图12-3　　　　图12-4

图12　于人村主街在节日期间的文化活动(作者自摄)

趣味丰富的活动形式与历史文化有效契合,独一无二的街头小景与建筑风格、小镇风貌交相呼应,于人村正是靠着这样的包罗万象、兼收并蓄,吸引着城里城外络绎不绝的人群,街区文化的生命力也愈加蓬勃。

四、于人村的发展模式和经验总结

(一) 城乡边界的空间规划原则

城乡边界是由空间交叉形成的一个由线扩面的有机系统形态,其整体规划需要考虑城市和乡村混合发展的需要,促进生态、社会、文化在两地间的相互渗透。所以各部分元素并不是简单的空间相连,而是拥有观念和文化上的深层联系。我国城市化急速扩张,使城乡边界模糊,大量的生态绿地与村庄农田被缺乏地域特色的建筑风貌所取代,形成自然、生产和生活空间的分离,环境和谐度降低,人文价值受到忽视。于人村的空间规划,其城市化用地规模充分考虑当地人口、社区发展及居民切实需要相结合的原则,实现了空间功能的高度混合。其空间科学合理地将生态绿地、农业生产和居民生活统筹发展、相互协调,有助于提高其经济效益,改善环境和生活质量,并与生态系统的承载力相适应。农林业与城市化和谐统一、循序渐进的发展模式,有利于城乡统筹,将边界效应最大化。有鉴于此,我国的多数城郊区域有显著的生态资源、农耕文化和民居环境优势,如果在城市化发展规划之前结合用地现状条件和区域发展需要,进行土地适应性和兼容性评价,划分建设与非建设用地,有机整合各类用地功能、合理开发、兼收并蓄,就能有效防止资源的大面积侵蚀,避免用地性质的机械划分,实现土地资源的优化利用。

(二)城乡边界的生态保护原则

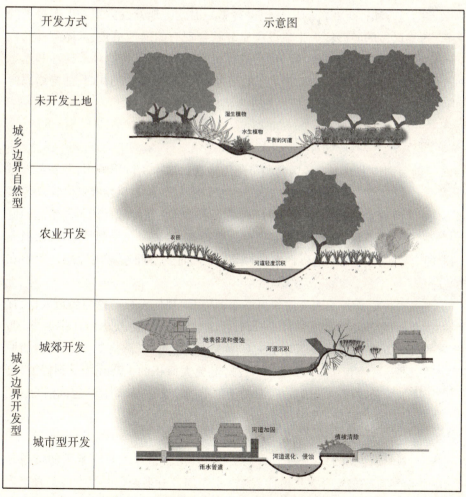

图13 土地利用模式比较(图片来源:笔者自绘)

土地是城市建设最重要的物质载体,土地开发方式成为城市生态环境建设的核心问题。快速城市化造成我国城郊边界区域多以开发型用地为主,使地表径流和侵蚀,河道沉积和退化,植被受到巨大破坏(如图13)。自然生态景观的衰退、农业生产用地的减少,破坏了生境交错区的生物种群多样性和环境自净力,城市失去了绿色保护屏障,大气污染、土壤污染、水体污染滋生于城市的各个区域,表现出脆弱的生态安全格局。

而于人村合理运用自然型的土地保护模式,对大量原生环境的保护及生态农业开发的方式保护了生态环境和生物的多样性(如图13),并促进了自然保护区的和谐持续发展,实现生态保护与社区发展相平衡,使生态效益的改善、经济效益的提升和社会效益的增强相得益彰。因此土地开发方式是生态保护的关键,边界区域的城市化扩张建设应充分结合现有的绿地植被、水体条件及农田作物等生态资源的有机关联,尽可能保留生态空间,保护物种多样性和生态安全,从而实现地域物种和生态文化的结合,并在环境保护的同时,适当增添游憩设施,增加空间活力,满足居民户外生活的需求。

(三)复合空间的利用模式

目前我国许多城乡边界区的城市化用地盲目追求街区影响力,开发范围过大过广,加之主城区内用地资源紧张、土地价格昂贵、建筑风貌和层高控制等多重原因,大型商业综合体、商业步行街、城市广场等往往都选择离城区不远的城乡交界空间,边界区域的生态环境遭到大量破坏,地域文化受到严重侵蚀,商业用地的盲目扩大更使土地资源浪费严重,导致商业空间废弃闲置的现象不在少数。

于人村将主街开发成社区邻里中心,其用地规模充分考虑与当地人口、社区发展及居民切实需要相结合的原则,住宅、办公、商业、娱乐出现在短短200多米的沿街街道,实现了街区功能的高度混合。可见,资源集中、功能复合的城市小型商业街区不仅可以节约用地资源,避免大面积的生态环境受到侵蚀,更有利于增加服务设施的使用效率,有助于邻里和谐交往,提高社区空间活力。

(四)交通要道的发展策略

于人村具有便携的交通条件,与约克和多伦多市区均具有紧密的交通联系,城区游客有多重选择方式出行至此。主街内部有多条公共汽车线路直接连接周边城市,铁路和高速公路设置在主街外围2千米内,避免给平日安详的主街街道带来噪音及空气污染。因此，交通廊道应符合人流需要设置，并与周边重要地区建立便捷联系，过量的交通建设会带来经济浪费，可达性不到位又导致人气缺失。商业街区内应鼓励非机动车出行，铁路、机动车等交通网络可设置于商业区外围。国内人口密集，大型城市的商业区根据需要可增设轨道交通线路，以及人车分流的步行系统和自行车道网络，提倡绿色出行。

另外，商业区是否设为步行街也要根据街区的实际情况而定，城乡边界处的商业街设置往往属于村镇街道改造，具有浓郁的历史气息和丰厚的建筑文化，在提升街区品质的同时更要保留街区风貌，切忌大动干戈，大兴土木。若街区本就以步行系统为主（如旧时的青石板铺装），街巷狭窄，保护完好，不适宜机动车出入，可设置为车辆需绕行的步行系统；若机动车交通网络即已存在，特别是属于区内较重要的交通主道，合理设计好步行道和车道的混合交通系统及停车系统即可。

（五）特色文化的塑造方式

我国城乡边界区域众多，各地差异明显，不仅要根据城市化发展的需要，也要符合乡村的地域文化特征，特别是结合村庄风貌、历史文化，设置不同的发展类型，营造具有独特属性与功能的有异于城、乡区域的独立空间体系，通过地方政府的宣传打造和居民游客的共同经营，引导城乡边界向多元化、共生型发展，避免盲目攀比，千城一面。

四、结　语

我国城市化扩张加剧，城乡接合部这一有利地带的土地利用变化尤为频繁，使边界区域破碎化、模糊化，丧失了城市和乡村之间动态而有机的联系，大量的农业耕地、生态环境变为城市空间的一部分，空间肌理、村落形态被打破，城市绿肺、休闲开放的空间功能被剥夺，建筑风貌、文化特色处于趋同化，边界区域的优化功能和边界效应难以发挥。

因此，城乡接合部有效的土地利用方式、生态环境保护模式、文化传承发展策略，对于城市整体发展起着至关重要的作用，良好的边界效应能成为城区生活的一个补充，能保持城市的可持续更新发展，能缓冲城乡发展不平衡的矛盾，能形成城市生态环境的保护屏障。鉴于篇幅限制，本文以加拿大于人村为案例，对城乡边界开发利用的策略探讨主要从空间形态、生态环境、文化特色三方面进行分析,从而激活城乡边界空间的边界效应,以便为后续进行深化研究,为我国城乡统筹规划提供指导性策略。

参考文献

[1] 邢忠.边缘区与边缘效应[M].北京:科学出版社,2007.

[2] 孔德智,张沫杰,郎显源.城乡结合部线性公共空间功能定位新思路[J].规划师,2006(Z2).

[3] 朱薏婷,廖再毅,吴永发.历史遗产建筑保护与更新平衡策略研究——以加拿大于人村主街历史遗产建筑为例[J].建筑学报,2014(4).

[4] 鲍梓婷,周剑云.当代乡村景观衰退的现象、动因及应对策略[J].城市规划,2014(10).

[5] 李华.城市生态游憩空间服务功能评价与优化对策[J].城市规划,2015(8).

[6] 扬·盖尔.新城市空间[M].北京:中国建筑工业出版社,2003.

[7] 白德懋.城市街道空间剖析[J].建筑学报,1998(3).